Kernbohrung

Bernd Schreiber

Impressum

Bibliografische Information der Deutschen Nationalbibliothek:
Die Deutsche Nationalbibliothek verzeichnet diese Publikation in der Deutschen Nationalbibliografie; detaillierte bibliografische Daten sind im Internet über http://dnb.dnb.de abrufbar.
© 2021 Bernd Schreiber
Lektorat und Korrekturat: Dominique Stefanie Bender-Jansen
Herstellung und Verlag: BoD – Books on Demand, Norderstedt
ISBN: 9783754324721

INHALT

Ausdrücklich möchte ich betonen, dass es dabei nicht um Wissenschaftsschelte geht, ganz im Gegenteil: Die Wissenschaft ist die einzige Disziplin, der wir wohlbegründet unser volles Vertrauen schenken dürfen. Das Wissenschaftsbashing können wir getrost der Esoterikerszene überlassen, die offensichtlich ein gespaltenes Verhältnis zu wissenschaftlichen Erkenntnissen hat.

Die Frage ist, wie wir mit wissenschaftlichen Erkenntnissen umgehen bzw. wie wir mit den Ergebnissen umgehen sollten. Es ist töricht, einer logischen Schlussfolgerung zu widersprechen, das sieht wahrscheinlich jeder ein. Mit dieser Einsicht sind wir bislang auch gut gefahren.

Schwierig wird es erst dann, wenn neben logischen Schlussfolgerungen noch andere Faktoren ins Spiel kommen, um eine Gesamtsituation angemessen zu beurteilen.

Die Frage, warum man Kathedralen gebaut hat, ist mit dem Bauplan nur unzureichend beantwortet. Eines wissen wir allerdings ganz genau: Rationale Gründe waren es nicht. Unsere Ratio hat es nur ermöglicht, ein solches Bauwerk zu realisieren. Die Intention, also die Idee, ein solches Bauwerk zu initiieren, stammt aus einem Milieu, das mit Ratio und linearem Denken nichts zu tun hat. Die Wirkung dieser Intention können wir heute sehen: Die Kathedrale steht, wir können hineingehen, sie ist ein Teil unserer Wirklichkeit. Die Idee, ein solches Bauwerk zu errichten, ist mit rationalen Erwägungen nicht zu erfassen. Rationales lineares Denken war nur das Werkzeug, die Idee in die Tat umzusetzen. Wir können jedoch nicht verleugnen, dass die Idee in dem gleichen menschlichen Gehirn entstand wie der spätere Bauplan. Wir können auch nicht verleugnen, dass die Idee zeitlich vor dem Bauplan entstanden ist. Eine Idee oder ein Gedanke steht immer am Anfang einer Entwicklung.

Da stellt sich doch die Frage, wie ein Gedanke überhaupt entsteht bzw. was ein Gedanke ist? Was passiert mit einem Gedanken, bevor er sprachlich übersetzt werden kann und nach außen dringt?

Was hat Einfluss auf die Produktion von Gedanken und Ideen?

Man ahnt es schon: Bei diesen Fragestellungen kommen wir mit unserer Ratio schnell an unsere Grenzen.

Emmanuel Kant stellte die vier philosophischen Grundfragen:

Was kann ich wissen?

Was soll ich tun?

Was darf ich hoffen?

Was ist der Mensch?

Ich möchte mit der letzten der vier kantischen Fragen anfangen: „Was ist der Mensch?"

Die Einordnung des Menschen in den Kreislauf der Natur ist keine ganz einfache Angelegenheit.

Das liegt unter anderem daran, dass es „den" Menschen gar nicht gibt, sondern nur die jeweilige Entwicklungsstufe, die man betrachten möchte. Wir unterscheiden uns von unseren Vorfahren, beherbergen aber noch immense genetische Anteile von ihnen. Unsere gemeinsamen Vorfahren haben irgendwann einen entscheidenden Überlebensvorteil entwickelt. Im Detail müssen wir das heute gar nicht so genau wissen, denn wir sehen, was uns heute im Besonderen von anderen Lebewesen unterscheidet: Es ist die ausgeprägte Fähigkeit, Ursache und Wirkung in eine sinnvolle Beziehung zu setzen, kombiniert mit einem Gedächtnis und lebenslanger

Lernfähigkeit. Doch alles muss einmal ganz klein angefangen haben.

Der Mensch hat eine Anpassungsfähigkeit entwickelt, die in der Natur absolut einmalig ist. Die Bedingungen, unter denen menschliches Leben möglich ist, sind äußerst beeindruckend. Allein die Gesamtzahl der Menschen in Bezug auf ihre körperliche Größe, also die reine Biomasse, muss jedes andere Lebewesen in Angst und Schrecken versetzen. Für andere Lebewesen bleibt auf dem Planeten Erde immer weniger Platz. Die Selbstbehauptung des Menschen ist atemberaubend. Dies ist nur eine Beobachtung oder Feststellung und keine moralische Wertung.

Wenn wir über Natur sprechen, müssen wir uns stets im Klaren darüber sein, dass es in der Natur keinerlei moralische Wertmaßstäbe gibt. Moral existiert nur innerartlich zwischen uns Menschen und ist stets auf den Menschen bezogen. Die innerartliche Evolution hat aber völlig andere Grundsätze als die allgemeine Evolution, die sich auf das Behaupten gegenüber anderen Arten und der Naturgewalten bewähren muss. Bei der innerartlichen Rivalität spielt zum Beispiel das Sexualverhalten eine erhebliche Rolle. In der Auseinandersetzung mit anderen Arten ist das Sexualverhalten dagegen völlig unerheblich.

Ein Lebewesen muss sich immer seinem Lebensraum „und" seiner Stellung innerhalb seiner Artgenossen anpassen. All dies ist relevant für die Beantwortung der Frage: „Was ist der Mensch?"

Welche Eigenschaften bringt der Mensch schon von Geburt an mit in sein Leben, also wie sieht seine Grundausstattung aus?

An dieser Frage beißen sich die Wissenschaft und Philosophie seit hunderten von Jahren die Zähne aus. Die Frage ist deshalb wichtig, weil der Mensch auf genetische Dispositionen keinen Einfluss hat, auf erlernte Verhaltensweisen aber sehr wohl.

Wenn jemand blaue Augen hat, dann ist das so. Daran wird sich lebenslang nichts mehr ändern. Auf seine moralische Entwicklung kann man gesellschaftlich sehr wohl von außen einwirken.

Das Grundwesen der Wissenschaft ist es, Fragen, die sie stellt, auch eindeutig beantworten zu wollen. Man kann aber nicht alle Fragen wissenschaftlich eindeutig fundiert beantworten. Die Grundfragen des Lebens wollen sich einfach nicht den arithmetischen Anforderungen fügen.

Jede mathematische Formel scheitert an der Anzahl ihrer „Unbekannten". Gerade auf dem Gebiet der menschlichen Emotionen herrscht jedoch kein Mangel an „Unbekannten".

Ich fürchte, wir werden in absehbarer Zeit noch mit einer gehörigen Mängelwirtschaft leben müssen. Man darf aber auch die ketzerische Frage stellen: Was ist daran wirklich schlimm?

Es scheint unerträglich für uns Menschen, wenn wir einem Ereignis keine Ursache zuschreiben können. Es passiert etwas und wir wissen nicht warum. Das Empfinden ist hier vergleichbar mit einer nicht heilen wollenden Wunde. Es ist geradezu eine Demütigung unseres Verstandes. So entstehen dann oft völlig abstruse Erklärungsversuche und wir befinden uns schon auf dem weiten Feld der Religionen und Esoterik. Es scheint eine Beleidigung für den Menschen zu sein, wenn sein Erfolgsmodus plötzlich nicht mehr zu funktionieren scheint. Der Mensch hält es einfach nicht aus, wenn er das Warum nicht beantworten kann.

„Die Wege des Herrn sind unergründlich " – solche Weisheiten spenden wenig Trost, außer der Hoffnung, dass es doch noch irgendwo Gründe geben könnte. Allerdings wird das Problem dadurch nur ausgelagert. Eine falsche Erklärung scheint uns lieber zu sein als gar keine. Tragisch wäre dies nur, wenn wir allein auf das Ursache-Wirkungsprinzip angewiesen wären. Das sind wir aber nicht. Alle anderen Ausprägungen des Denkens haben wir einfach nur vernachlässigt. Dies möchte ich im Folgenden noch detaillierter aufzeigen. Damit möchte ich selbstverständlich nicht das Ursache-Wirkungsprinzip infrage stellen, das wäre ja auch töricht, sondern darauf aufmerksam machen, dass wir uns auch ausschließlich mit den Wirkungen beschäftigen könnten, selbst wenn wir das Ursachengeflecht nicht entschlüsseln können.

Jedes Ereignis hat eine Ursache. Diese Ursache kann auch der Zufall sein. Ob wir mit unseren Beschreibungen allerdings den tatsächlichen Ursachen nahekommen, steht auf einem anderen Blatt. Wir tasten uns voran, einmal mehr und einmal weniger erfolgreich. Um sich gegenüber dem Tierreich abzugrenzen, reicht es allemal.

1.TEIL GEDANKENENTWICKLUNG

1. Naturwissenschaftlicher Aspekt
Heimatforschung – Wie ist unsere Stellung in der Natur?

Das „Ziel" eines jeden Lebewesens ist es, innerhalb seiner natürlichen Umgebung zu überleben und sich erfolgreich fortzupflanzen. Diesbezüglich hat die Natur unglaublich viele Strategien entwickelt.

Der Begriff „Ziel" klingt in diesem Zusammenhang natürlich irreführend, da der Zielbegriff einen Willen voraussetzt. Mit einem gezielten Willen kann die Natur aber nicht dienen, es handelt sich vielmehr um logische Konsequenzen, also um einen Algorithmus. Jede Mutation, die einen Überlebensvorteil bildet, setzt sich durch und wird im Erbgut verankert. Die Natur ist abhängig von physikalischen und chemischen Gesetzmäßigkeiten. Innerhalb dieser Grenzen liegt ihr riesiger Spielplatz, auf dem ständig Experimente durchgeführt werden. Diese Experimente stehen alle unter dem Wirkungsprinzip von „Versuch und Irrtum". Es gibt in der Natur nur sehr wenige Mutationen, die im Sinne der Arterhaltung zum Erfolg führen. Dennoch geht die Zahl der erfolgreichen Versuche in die Milliarden. Man muss nur lange genug warten können. Auch wir Menschen sind das Ergebnis dieser Versuchsanordnungen. Leider haben wir nur ein unzureichendes Gefühl für das Zeitvolumen, das der Natur zur Verfügung steht, da wir selbst nur durchschnittlich 80 Jahre für unsere Beobachtungen zur Verfügung haben. Unsere Fähigkeit, Wissen über Generationen weiterzugeben, hat diesen Horizont allerdings erheblich erweitert. Zumindest können wir uns heute theoretisch vorstellen, was lange Zeiträume bedeuten. Fühlen können wir es allerdings nicht, da unsere Gefühle Gefangene unserer tatsächlich gelebten Zeit sind. Das Vertrauen in unser erworbenes Wissen ist alles, was uns zur Verfügung steht.

Wie konnte es dem Menschen gelingen, in diesem ausgeklügelten System der Natur eine derartige Vorrangstellung einzunehmen?

Nun, der Mensch hat die Natur in gewisser Weise überholt, indem er mit seinen eigenen Experimenten über das Stadium von „Versuch und Irrtum" hinausgelangte. Es war die Entdeckung der Logik, also das Erkennen des Prinzips „Ursache und Wirkung". Der Mensch konnte seine Beobachtungen von da an gezielt für Manipulationen einsetzen. Ein unschlagbares Erfolgsrezept, zumindest in Konkurrenz zu anderen Tieren.

Dabei dürfen wir aber niemals vergessen, dass es hier nicht um den Sieg „über" die Natur geht, sondern nur um einen Sieg im Konkurrenzkampf „in" der Natur. Die Natur können wir nicht besiegen, weil wir ein Teil von ihr sind. Wir sind dazu verdammt, mit der Natur zu leben – Widerstand ist zwecklos. Wenn wir uns gegen die Natur wenden, werden wir sie von ihrer grausamsten Seite kennenlernen, indem sie uns einfach ausrottet und dann weitermacht, als wäre nichts gewesen. Die Natur wird den Menschen nicht vermissen, das ist nur umgekehrt möglich. Die Entwicklung des Menschen ist ein Experiment der Natur, das dürfen wir niemals vergessen, denn jedes Experiment kann auch potenziell scheitern.

Nur weil wir ein einfaches Wirkungsprinzip (Ursache-Wirkung) halbwegs verstanden haben, neigen wir sofort zur Selbstüber-schätzung und glauben, alles verstanden zu haben. Diese Neigung zur Selbstüberschätzung bringt uns näher an den Rand des Abgrundes als alle bisherigen innerartlichen Kriege zusammengenommen. Wir sind nicht als Nation bedroht, sondern als Art, das ist ein gehöriger Unterschied. Wir müssten eigentlich ein transnationales „Art-Gefühl" entwickeln, um dieser immensen Gefahr zu entgehen.

Im Sinne einer Utopie vom guten Leben kann es daher kein Fehler sein, alles dafür zu tun, diese Empathie für die gesamte Menschheit zu fördern. Global denken und lokal handeln ist diesbezüglich ein guter Weg. Global fühlen wäre ein noch besserer Weg. Das ist jedoch ein Aspekt der „Utopie", mit der wir uns später beschäftigen.

Nichtsdestoweniger hat uns die Erkenntnis, dass jeder Wirkung eine Ursache zugrunde liegt, eine uneinnehmbare Festung eingebracht. Wir thronen in dieser Festung in dem Glauben auf ihre Uneinnehmbarkeit. Dieser Glaube hat auch eine gewisse Berechtigung, zumindest bezüglich der Gefahren, die wir kennen.

Anders sieht es allerdings mit uns unvertrauten Gefahren aus. So hat 2020 ein winzig kleines Virus ausgereicht, um diesbezüglich enorme Verunsicherung zu erzeugen. Von heute auf morgen wurden wir gezwungen, uns als Art zu begreifen, die als Ganzes angegriffen werden konnte. Da spielten weder Nationen noch Hautfarben eine Rolle. Da wurden plötzlich Kräfte und Gelder freigesetzt, um mit den uns zur Verfügung stehenden Mitteln der Wissenschaft (die Hochburg des Ursache-Wirkungs-Prinzips) einer Gefahr zu begegnen, wie es sie bis dahin in der Geschichte der Menschheit noch nicht gegeben hat.

Doch war es nur ein kleiner Wink mit dem Zaunpfahl, dass uns die Experimentierfreudigkeit der Natur immer noch gewaltig in die Quere kommen kann. Es bestätigt die untergeordnete Stellung des Menschen in den Hierarchien der Natur. In den Augen der Natur hat ein Virus die gleichen Rechte wie jedes andere Lebewesen, einschließlich des Menschen. Wenn das Virus Mittel und Wege findet, sich durchzusetzen, dann war das Experiment aus Sicht der Natur erfolgreich. Der erfolgsverwöhnte Mensch hört das natürlich nicht so gerne, wie alles, was sich gegen ihn richtet.

Positiv gesehen könnte es aber dazu beitragen, dass wir ein „Art-Gefühl" entwickeln, das heißt, dass wir, statt uns ständig voneinander zu separieren, wieder enger zusammenzurücken. Wir brauchen das Bewusstsein, alle in einem Boot zu sitzen. Wir müssen etwas für uns alle tun, nicht nur für einzelne Gruppen. Biologisch heißt das übersetzt: Wir sollten den kräftezehrenden innerartlichen Kampf um Vorherrschaft radikal reduzieren. Wenn es uns allen an den Kragen geht, nutzen Binnenkriege reichlich wenig. Das sollte uns sogar unsere einfache „Ursache-Wirkungs-Logik" schon klarmachen. Für diese Erkenntnis muss man nicht mal sehr kompliziert um die Ecke denken.

Zusammenfassend kann man sagen: Wir haben eine Stellung „in" der Natur und nicht „zur" Natur.

Die Fähigkeit, ein Ursache-Wirkungs-Prinzip zu erkennen, ist wie ein zusätzliches Sinnesorgan, welches die Überlebenschancen erheblich erhöht. Das Vorhandensein eines Sinnesorgans macht aber die anderen Sinnesorgane nicht überflüssig, sondern dient stets nur als Ergänzung.

Nur weil wir logisch denken können, heißt da ja nicht, dass alle anderen Sinnesorgane oder evolutorisch erworbene Eigenschaften in den Hintergrund treten. Sämtliche Reflexe und Instinkte sind nach wie vor vorhanden und oft sehr viel älter und erprobter als unsere quasi „neue" Fähigkeit.

Wir sehen aber gerne, was uns von anderen Lebewesen unterscheidet, um uns abzugrenzen, und das Augenmerk auf Gemeinsamkeiten verblasst immer mehr.

Die Ergebnisse der Genforschung belehren uns jedoch eines anderen. Unsere Genetik hat eine 99-prozentige Übereinstimmung mit der der Schimpansen. Da kann für das rationale Denken nicht allzu viel übrigbleiben. Zumindest nicht so viel wie wir dieser Fähigkeit zumessen. Da stellt sich schon die Frage, inwieweit das logische Denken einen Einfluss auf unser Handeln hat.

Eine andere Frage ist es, ob ich mich nach den Ergebnissen meiner logischen Schlussfolgerungen bezüglich meiner folgenden Handlungsweise auch richte.

Ein Beispiel: Angenommen ich habe mich bei einer Partnervermittlungsagentur angemeldet und durch genaueste, aufwendige Analysen unter tausenden Kandidaten den idealen Partner herausgefunden, so kann beim ersten realen Treffen der erste Eindruck oder der Pheromoncocktail des potenziellen Partners die ganze Analyse in Bruchteilen von Sekunden vom Tisch fegen. Da muss man nicht traurig sein, denn es bedeutet auch, dass die natürlichen Instinkte noch intakt sind. Zusätzlich sind sie schneller und zuverlässiger als jede noch so raffinierte logische Folgerung.

Auf diese wundervollen Eigenschaften unserer Sinnesorgane sind wir aber nicht stolz, da sie ja jedes andere Säugetier im Grunde auch besitzt. Nein, stolz sind wir auf das, was die anderen nicht haben. Eine menschliche, allzu menschliche Schwäche.

Es geht mir nicht um die Diffamierung logischer Schlussfolgerungen, sondern nur um die Einordnung der Logik in einen Gesamtkontext. Die Fähigkeit zum logischen Denken ist nur ein Teilaspekt unseres gesamten Denkens. Bei allen Errungenschaften, die uns diese Fähigkeit beschert hat, bleibt sie dennoch ein Teilbereich. Die Stellung unserer Ratio in der Denkhierarchie wird man kaum einordnen können. Seit Jahrtausenden wird jedoch ausschließlich dieser Teil unseres Denkapparates trainiert. Dies muss quasi zwangsläufig zu einer Verzerrung der Wahrnehmung führen. Die Erfolge dieses Trainings sind allerdings verführerisch groß. Es ist schon unglaublich, was aus dem Menschen seit der Steinzeit geworden ist. Darauf kann er völlig zurecht stolz sein.

Wir verfügen heute über Hilfsmittel, die fast jede miese Laune der Natur kompensieren. Fast jeder Mensch ist heute dank unserer Hilfsmittel bis ins hohe Alter überlebensfähig.

Man muss nur einen Mediziner fragen, um zu erfahren, mit welch miesen Bauplänen manche Menschen für ihr Leben ausgestattet sind. Ohne Hilfsmittel haben sie keine Chance, auch nur den nächsten Tag zu überleben.

Alles können wir natürlich nicht, aber schon sehr, sehr vieles. Wir sind schon sehr weit gekommen, wenn es darum geht, Defizite auszugleichen.

Frei nach Sokrates könnte man jedoch postulieren, dass wir keine Ahnung davon haben, wie viel wir noch nicht wissen. Unser Wissen ist schon beeindruckend groß, aber beeindruckt sind nur wir selbst. Niemand weiß, wie groß das dem Wissen gegenüberstehende Nichtwissen ist. Ein Hinweis auf dieses verheerende Verhältnis liefert allein schon die Tatsache, dass sich bei jeder beantworteten Frage mindestens zwei neue auftun. Das Nichtwissen stellt sich als Hydra dar.

Man könnte dies aber auch als Warnung auffassen: Auf diesem Weg entfernst Du Dich immer weiter vom Ziel! Setze nicht auf die Logik allein!

Unsere Stellung in der Natur wird leider durch nichts besser veranschaulicht als durch das Ausmaß, wie wir der Natur ernsthaften Schaden zufügen können. Das schafft kein anderes Lebewesen, das ist sicher. Es gibt mittlerweile Anzeichen, dass die Natur nicht alles hinnimmt, und das ist noch extrem vorsichtig formuliert. Wenn wir den Bogen überspannen, müssen wir leider mit einer völlig rücksichtslosen Antwort rechnen. Wir sollten uns die Natur besser nicht zum Feind machen. Die Natur verfügt über Antwortmöglichkeiten, die uns allen keinen Spaß machen werden. Der Natur ist es völlig gleichgültig, ob beispielsweise die Niederlande oder New York im Meer versinken. Es ist ihr auch gleichgültig, ob in Bordeaux oder in Hammerfest Wein angebaut wird. Moral ist kein Bestandteil ihrer Spielregeln. Wenn wir mitspielen wollen, sollten wir erst mal ihre Spielregeln erlernen und uns danach richten.

Gemessen an dem Schaden, den wir der Natur zufügen können, ist unsere Stellung in ihr eine Spitzenposition. Schade, dass wir uns dieser Position nur von der Schadensseite nähern. Die Natur reagiert, das bedeutet: Wir werden ernstgenommen. Auf das Aussterben der Dinosaurier hat sie es nicht für nötig befunden zu reagieren. Sollte der Mensch eines Tages verschwunden sein, wird die Natur sich vor Erleichterung den Schweiß von der Stirn wischen.

Angesichts der von uns zugefügten Schäden nutzt es leider nichts, wenn wir ein Insektenhotel bauen oder den „Hambi" besetzen, da muss es schon eine Nummer größer sein. Da könnte man auch auf einem Kreuzfahrtschiff eine Topfpflanze aufstellen, um für die Begrünung der Erde zu sorgen.

Leider handeln wir jedoch oft nach diesem Prinzip. Da scheint es mit der Ratio doch nicht so weit her zu sein. So aber geht es immer aus, wenn die Logik gegen den blanken Egoismus steht. Wir dürfen nicht vergessen, dass unsere Emotionen auch ein Teil unserer natürlichen Grundausstattung sind. Unser Maßstab ist eben nicht die Vernunft, auch wenn wir das gebetsmühlenartig wiederholen.

Die Vernunft, die Fähigkeit, Schlussfolgerungen zu ziehen, Ursachen und Wirkungen zu erkennen, die Logik sowie die Abstraktion haben uns weit gebracht, aber nur um unsere Emotionen zu befriedigen. Kein schöner Gedanke, das muss ich zugeben. Wir sind kollektiv dem Machbarkeitswahn verfallen.

Es wäre wirklich schon viel getan, wenn wir auf diesem Planeten etwas bescheidener auftreten würden. Um einen aus der Mode gekommenen Begriff zu bemühen: demütiger!

Wir sollten dringend unseren Moralkodex überdenken und nicht jahrelang darüber diskutieren, ob der Begriff sinnvoll oder existent ist. Jeder kennt den Begriff der Moral und kann sich etwas darunter vorstellen, also ist er in der Welt und damit existent.

Ich brauche keine wasserdichte Definition, es reicht, wenn sich die Menschen etwas darunter vorstellen können. Ich muss auch nicht genau wissen, was beim Atmen geschieht, mir reicht die Vorstellung vom Luft-Holen, um den Erstickungstod abzuwenden. Der Definitionswahn ist eine Perversion des logischen Denkens.

Wir verhalten uns so wie ein Kellner, der einen Gast nach einer langen Wüstenwanderung so lange nach seinem genauen Getränkewunsch fragt, bis der Gast verdurstet ist. Sicher sind Diskussionen über die Existenz der Moral interessant, ob sie aber auch hilfreich sind, steht auf einem ganz anderen Blatt. Wir befinden uns an einem Punkt, wo wir hilfreiche Diskussionen brauchen und sonst nichts. Die Zeit drängt.

Evolution

Charles Darwin (* 12. Februar 1809 † 19. April 1882) veröffentlichte 1858 seine Schrift „Über die Entstehung der Arten". Es war eines der kontroversest diskutierten Bücher nach seinem Erscheinen. Man hat lange Zeit gar nicht verstanden (oder wollte nicht verstehen), was er eigentlich darzustellen versuchte. Darwin musste viel Spott über sich ergehen lassen und war bis zu seinem Lebensende unsicher, wie sich seine Theorie mit ihm als gläubigen Christen vereinbaren lässt.

Das ist jetzt gerade mal gut 160 Jahre her, also ein Wimpernschlag in der Geschichte der Menschheit, und heute ist die Evolutionstheorie eine der am besten gesicherten Erkenntnisse. Doch nach so kurzer Zeit steht auch diese Wissenschaft noch am Anfang und quasi täglich wird sie von neuen Erkenntnissen ergänzt und korrigiert. Die Forschung über die Herkunft und Entstehung der Arten läuft sozusagen auf Hochtouren.

Darwins Beobachtungen haben die biblischen Schöpfungsmythen quasi hinweggefegt, eine Tatsache, die Darwin selbst unter keinen Umständen wollte (Darwin war studierter Theologe.). Es war völlig klar, dass eine solche Blasphemie auf breiten Widerstand stößt. Seitdem ist die offizielle Kirche Schritt für Schritt zurückgerudert.

Wie jeder normale Mensch hat sich auch Darwin hier und da geirrt. Dies ist allerdings kein Grund, seine gesamte Theorie in Zweifel zu ziehen. Man muss ihm zugutehalten, eine völlig neue Theorie entwickelt zu haben, ähnlich wie später Sigmund Freud. Dass bei dieser Mammutaufgabe Fehler passieren, ist ganz normal. Es ist die Aufgabe der Wissenschaft, diese Fehler nach und nach zu korrigieren.

Heute können wir die Evolutionstheorie als absolut gesichert ansehen, auch wenn einige ewiggestrige evangelikale Kreationisten und einige freikirchliche Gruppierungen (etwa Die Zeugen Jehovas) immer noch an den alten Mythen krampfhaft festhalten. Die Gedanken sind frei – lassen wir sie ruhig. Sie spielen für unsere Betrachtungen eh keine Rolle. Nur eine Randbemerkung: Politisch harmlos sind sie trotzdem nicht!

Gregor Johann Mendel (* 20. Juli 1822 † 6. Januar 1884) entdeckte seine berühmten an Erbsen entwickelten Vererbungsgesetze etwa zur gleichen Zeit, zu der Darwin seine Evolutionstheorie entwickelte. Mendel war ebenfalls Geistlicher, nämlich Augustinermönch und später Abt. Er machte seine bahnbrechenden Entdeckungen im Klostergarten. Die Anerkennung seiner Arbeiten erlebte er nicht mehr, die kam nämlich erst um 1900.

Heute verhelfen uns die Erkenntnisse dieser beiden Herren zu ungeahnten Fortschritten.

Alles, was durch evolutionäre Veränderungen in das Erbgut einfließt, ist von diesem Zeitpunkt an unveränderlicher Bestandteil unserer biologischen Grundausstattung. An unserer Genetik können wir nichts ändern, wir müssen mit ihren Dispositionen leben. Auch hier gilt es wieder, die unvorstellbar langen Zeiträume zu beachten, die evolutionäre Veränderungen brauchen.

Selbst wenn wir heute um die Erkenntnisse der Epigenetik wissen, spielt dies in unserem Zusammenhang keine Rolle. Die Epigenetik besagt, dass auch individuelles Erleben schon in das Erbgut einfließen kann (zum Beispiel traumatische Erlebnisse).

Wir müssen nicht genau wissen, wann sich was ereignet hat, denn wir sehen ja die Ergebnisse und können Rückschlüsse ziehen. Sicher ist jedenfalls, dass die Entwicklung unseres Gehirns eine der wesentlichsten Rollen bei der Menschwerdung gespielt hat, sonst sähe das Gehirn nicht so aus, wie wir es heute vorfinden. Die Leistungsfähigkeit dieses Organs unterscheidet uns von allen anderen Tieren.

Es gibt natürlich Lebewesen, die in ihrer Evolution die gleichen Schritte gegangen sind, aber nicht in dieser Ausprägung, wie sie der Mensch vorzuweisen hat.

Die sogenannte Intelligenz ist kein Alleinstellungsmerkmal des Menschen, man denke dabei nur an Affen, Delfine, Papageien, Rabenvögel etc. Die Entwicklung der Intelligenz ist offensichtlich ein artübergreifender Überlebensvorteil. Nur der Mensch hat diesen Vorteil mit Abstand am besten genutzt. In den ersten Anfängen dieser Entwicklung gelang es dem Menschen, Werkzeuge zu entwickeln, die ihn unangreifbar machten. Die mit Abstand wichtigsten Werkzeuge waren: die Entwicklung der Kommunikation; die Fähigkeit, Wissen weiterzugeben und Wissen zu fixieren (Schrift), bis zur Entwicklung der Wissenschaften.

Durch die Entwicklung der Wissenschaften war es dem Menschen plötzlich möglich, Dinge zu wissen und zu gebrauchen, für die er biologisch gar nicht ausgestattet war.

Ich spreche hier von den Errungenschaften der Physik und Chemie, das heißt den wirklich wirksamen Kräften in der Natur. Heute haben wir einen viel besseren Einblick in die Wirkungskräfte, die uns umgeben, als noch vor 100 Jahren. Das heißt natürlich nicht, dass wir alles verstanden hätten, aber immerhin sehr viel mehr als früher. Dies alles haben wir nur der Entwicklung unseres logischen Denkens zu verdanken. Unabhängig davon sind aber die uralten biologisch fixierten Kräfte außerhalb der Logik unvermindert wirksam. Damit sind die Überlebensstrategien vor der Zeit der Entwicklung des logischen Denkens gemeint. Die Logik ist nur hinzugekommen, das heißt, die Fähigkeit zur Logik ist die jüngste unserer Eigenschaften, sie hat indes keine andere Strategie ersetzt. Nur weil ich besser sehen kann, kann ich deshalb nicht schlechter hören. Leider hinkt dieser Vergleich etwas, wie wir gleich sehen werden.

Dazu müssen wir einen kleinen Ausflug in die Welt der Tiere unternehmen, um anschließend den Menschen damit zu vergleichen. Daran kann man schon erkennen, welch eminente Rolle die Entwicklung des Geistes in unserer Evolution gespielt haben muss.

Biologisch gesehen ist der Mensch ein Mängelwesen, der fast nichts kann.

Das ist zugegebenermaßen ein bitteres Zeugnis, aber leider zwingend, denn ohne seine intellektuellen Fähigkeiten überlebt der Mensch in der Natur nicht eine Woche, wenn er Pech hat, bleibt ihm nicht mal eine Stunde. Er kann nicht fliegen, nicht klettern, nicht schnell rennen, hat keine Krallen, er hat ein miserables Gebiss, keine Giftdrüsen, kurzum: Er kann eigentlich gar nichts.

Wie sollte sich ein solches Wesen seiner Haut erwehren können und zu seinen täglichen Mahlzeiten kommen?

Da sind einige Tiere schon wesentlich besser ausgestattet. Manche Tiere besitzen Fähigkeiten, die uns völlig unzugänglich sind, da wir nicht einmal ein Sensorium dafür haben. Ich kenne zumindest keinen Menschen der Ultraschall hören kann oder Infrarot-Strahlung wahrnimmt.

Alles, was die Physik zu bieten hat, ist von der Natur irgendwo als Überlebensstrategie umgesetzt worden. Dank den Erkenntnissen unserer Wissenschaften können wir dies heute nachweisen.

Die Evolution basiert auf dem Überlebensprinzip: Wer sich gegenüber einer anderen Art durchsetzen kann, ist der Gewinner und kann sich fortpflanzen. Dabei geht es oft rustikal zu und man sollte sich hüten, hier moralische Maßstäbe anzulegen. Zeitgenossen, die zurück zur Natur wollen, müssen sich darüber klar sein, dass sie von diesem Zeitpunkt an alle moralischen Werte begraben müssen. Die Natur ist aus unserer heutigen Sicht brutal und grausam. Da werden beispielsweise auch schon mal die eigenen Kinder gefressen oder andere Lebewesen bei lebendigem Leib von innen aufgefressen. Im Vergleich zur Natur ist der Metzger um die Ecke ein ausgesprochen zartfühlender Zeitgenosse.

Also liebe Naturromantiker: Überlegt euch das noch mal!

Jeder Organismus ist auf Energieeffizienz ausgerichtet. Alles, was im Laufe der Evolution oder durch naturbedingte Veränderungen nicht mehr gebraucht wird, verkümmert.

Beispiel: Steigt der Meeresspiegel, kommt es vermehrt zu Inselbildungen. Auf einigen Inseln gibt es nun plötzlich keine natürlichen Fressfeinde mehr, sodass die entsprechenden Abwehrmechanismen überflüssig werden. Sie bilden keinen Überlebensvorteil mehr und verkümmern im Laufe der Zeit zunehmend. So gibt es eine ganze Anzahl von Vögeln, die nicht mehr fliegen können. Sie haben zwar immer noch Flügel, die sind jedoch so zurückgebildet, dass sie ihre eigentliche Aufgabe nicht mehr erfüllen können. Man denke dabei nur an den Dodo auf Neuseeland oder den Pinguin.

Oder Verteidigungsstrategien wurden ersetzt z. B. durch gigantisches Wachstum. Wer will sich noch am Vogel Strauß vergreifen? Er kann sich so gut wehren, dass er auf das Fliegen nicht mehr angewiesen ist. Viele Vögel gehen lieber zu Fuß als zu fliegen, weil das Fliegen sehr kraftraubend ist und nicht im Sinne der Energieeffizienz.

Oft verbrauchen Tiere die meiste Energie, um einen Sexualpartner zu bekommen, also wegen innerartlicher Konkurrenz. Da wird häufig ein erheblicher Aufwand betrieben, dieser dient aber der Arterhaltung.

Steht allerdings z. B. das Balzverhalten im Gegensatz zur Wehrhaftigkeit, spricht man von einer Sackgasse der Evolution. Diese Sackgassen sind sehr viel häufiger, als man vermuten mag. Ein gutes Beispiel dafür bietet der Pfau: Sein sekundäres Geschlechtsmerkmal, der berühmte Pfauenschwanz, wird ihn langfristig am Fliegen hindern und er ist somit wehrlos seinen Feinden ausgeliefert. Noch kann er fliegen, aber seine Tage auf dem Planeten sind gezählt.

Wird eine Eigenschaft allerdings unverzichtbar im Sinne der Arterhaltung, bringt die Natur Sinnesorgane hervor, von denen der Mensch nur träumen kann. Der Mensch ist mit seiner Ausstattung allenfalls durchschnittlich. Mit einer einzigen Ausnahme: dem Gehirn.

Dieses Organ scheint augenscheinlich in der Lage zu sein, jede Schwäche zu kompensieren. Das Gehirn ist die Superwaffe im Kampf ums Dasein. Es verbraucht zwar eine Menge Energie, spart aber durch seine Tätigkeit ein Vielfaches wieder ein und trägt so in der Energiebilanz zur absoluten Effizienz bei.

Das Gehirn sorgt dafür, dass wir mit mittelmäßigen Sinnesorganen trotzdem blendend zurechtkommen. Es kommt sogar mit Totalausfällen von Sinnesorganen einigermaßen klar.

Das Gehirn hat sich schneller entwickelt, als sich die Sinnesorgane zurückgebildet haben. Wir haben es nicht mal mehr nötig, unsere Sinnesorgane zu trainieren, denn sie wären zu weitaus mehr in der Lage als das, was wir von ihnen erwarten und verlangen.

Jeder Blinde zeigt uns beispielsweise, wozu unser Tastsinn fähig wäre, würden wir ihn trainieren und sensibilisieren. Sportler zeigen uns, was mit unserem Skelett und unseren Muskeln möglich wäre. Menschen ohne Arme zeigen uns, was die Füße alles vermögen. Es gibt Sommeliers, die zeigen, was man alles schmecken und riechen könnte. Etc. etc. Kurzum: Wir gebrauchen nur das, was unbedingt nötig ist. Trainierbar wäre alles – wäre …

Je mehr das Gehirn zum Einsatz kommt, umso mehr ist der Körper auf dem Rückzug. Wichtig ist allerdings, dies nicht individuell zu sehen, sondern in den Zeitbegriffen der Evolution.

So ist es zutreffend, dass wir den Körper heute über Gebühr vernachlässigt haben, weil das Gehirn in der Lage ist, uns von allen Anstrengungen zu befreien. Diese Schieflage kann aus Sicht des Körpers noch richtig gefährlich werden. Unser technischer Fortschritt ist sehr viel schneller, als sich der Körper evolutionär anpassen könnte. Man kann heute schon vom Bett aus jede überlebensnotwendige Aktion in Gang setzen. Der Körper ist allerdings an eine andere Art der Interaktion, nämlich an die Bewegung, angepasst und deshalb tut man ihm mit übermäßiger Bequemlichkeit Gewalt an. Man nennt dieses Missverhältnis ja zu Recht Zivilisationskrankheit.

So zeigt uns die Natur, dass auch die Energieeffizienz ihre Grenzen hat.

Anthropologischer Darwinismus

Wenn wir definieren könnten, was uns tatsächlich vom Tier unterscheidet, wo genau die Trennlinie verläuft, würde dies auch die Philosophie auf gesündere Beine stellen.

Die Kernfrage ist: Welche Form des Denkens hat den Menschen in seine vorteilhafte Lage versetzt?

Werkzeuggebrauch? – Kommunikation? – Ursache? – Wirkungsdenken? – Gedächtnis? All das können einige Tiere auch. Denkgeschwindigkeit? – Da gibt es einige Tiere, die sind sogar noch schneller als wir. Denken in Abstrakten und Symbolen? – Auch das können manche Tiere.

Die Frage nach dem Unterschied stellt sich komplexer dar, als man vermuten sollte. Insbesondere nachdem die Verhaltensforschung ständig neue Erkenntnisse über einige erstaunliche intellektuelle Fähigkeiten mancher Tierarten zu Tage fördert.

Es handelt sich interessanterweise um evolutionäre Parallelentwicklungen, da sie in völlig unterschiedlichen Arten auftreten (Vögel, Säugetiere, Fische und sogar bei Weichtieren).

Irgendeine Gehirnleistung muss es aber sein, die uns von den Tieren unterscheidet, denn der Körper ist es gewiss nicht.

Gruppendynamisches Denken kann es auch nicht sein, denn es gibt Staatenbildungen bei manchen Tierarten, die viel effizienter sind als unsere Form des Zusammenlebens (Ameisen, Termiten, Bienen). Es gibt auch einige Tiere, die sich im Spiegel erkennen. Das Bewusstsein seiner selbst kann es also auch nicht sein. Vielleicht transzendentales Denken? Wer will das überprüfen? Wo also lag der Überlebensvorteil? Noch 170 Jahre nach Darwin haben wir mit der Beantwortung dieser elementaren Frage erhebliche Schwierigkeiten.

Die Grundfrage der Philosophie lautet seit Jahrtausenden: Was ist der Mensch? Sie ist bis heute unbeantwortet. Und überhaupt: In welche Richtung zielt diese Frage?

Wie können wir diesbezüglich weiterkommen, wenn schon der darwinistische Ansatz scheitert?

Der Mensch hat sich schließlich irgendwie herausgemendelt, das ist sicher.

Auch etwas anderes ist eine Tatsache: Der Mensch ist Natur Plus. Die Natur müssen wir hinnehmen, das Plus gilt es zu erforschen. Wenn möglich mit rationalen Mitteln.

Nimmt man alle Einzelbestandteile, aus denen das Denken besteht, kommt man zu keinem befriedigenden Ergebnis. Und doch muss es das Denken sein, hier liegt der Schlüssel. Hat man alle Einzelbestandteile genügend analysiert?

Das bleibt zu hoffen. Davon ausgegangen bleibt nur eine Möglichkeit: Es muss eine Kombination sein, eine Vernetzung der Einzelbestandteile. Diese Vernetzung würde die Fähigkeiten eines Lebewesens potenzieren.

Warum ist unser Gehirn so groß? Allein die Größe des Kopfes verursacht bei der Geburt viel Verdruss. Wenn der Kopf raus ist, scheint die Geburt quasi gelaufen, der Körper rutscht nach. Manche Frauen sterben bei diesem Vorgang, was bedeutet, dass die Natur ein hohes Risiko eingeht. Das lässt darauf schließen, dass dieses Organ unabdingbar wichtig sein muss.

Aus der Computertechnik wissen wir, dass Kapazitätserweiterungen immer dann nötig werden, wenn es um komplexe

Vorgänge geht und wenn es um schnelles Arbeiten geht. Also um Kombinationen.

Der Computervergleich mag zwar übel hinken, soll aber einen Hinweis auf mögliche Erklärungen liefern.

Nun darf man nicht vergessen, dass die Tiere, die jeweils eine oder mehrere Einzeldisziplinen des Denkens beherrschen, ihrerseits auch nicht so ganz erfolglos sind. Für sie haben sich ihre Fähigkeiten offensichtlich ebenso bezahlt gemacht. Wenn der Mensch nicht wäre, wären sie die „Krone der Schöpfung". Der Mensch ist jedoch in allem noch erheblich weiterentwickelt.

Im Grunde ist es wie im Spiel: Jeder Spieler findet eines Tages seinen Meister, der den alten Meister wie einen Dilettanten aussehen lässt. Wir wissen nicht, welchem Tier vor dem Auftreten des Menschen die Krone der Schöpfung gebührte, aber mit dem Auftritt des Menschen war es damit vorbei, das Tier rückte ins zweite Glied. Dies verträgt sich im Übrigen sehr gut mit dem darwinistischen Ausleseprinzip.

Die Entwicklung des Gehirns ist bis dato das Maß aller Dinge. Ob diese Entwicklung sich langfristig als eine Sackgasse der Evolution darstellt, wird sich zeigen.

Der Umgang mit unserer Heimat Erde weist fatalerweise zumindest in diese Richtung. Dann hat sich das Superhirn selbst ad acta gelegt. Ironischerweise liegt die Lösung eben genau in diesem Organ. Wir müssen uns wieder dort einfügen, wo wir schließlich herkommen.

Der Natur ist es völlig egal, ob die Erde von Menschen bevölkert wird. Genau diese Tatsache sollte das Ende unserer Arroganz begründen. Die Erde dreht sich nicht um uns, sondern wir drehen uns mit der Erde. Wir stehen auf ihr und sie füttert uns. Man beißt nicht in die Hand, die einen füttert, das weiß jeder Hund.

Die Entwicklung des Menschen war, wie alle anderen evolutionären Entwicklungen, ein sehr langer Prozess. Die ersten Primaten kamen vor etwa 50 Millionen Jahren auf.

Die ersten menschenähnlichen Wesen mit dem Australopithecus vor etwa 5 Millionen Jahren.

Die heutige Menschenform, der Homo sapiens sapiens ist erst gut 30.000 Jahre alt. Das entspricht rund 1.200 Generationen. Gemessen an der ersten Geschichtsschreibung Homers ist die menschliche Spezies schon ganz schön alt. Man kann also nicht von einer schlagartigen Verbreitung sprechen, so groß war der Vorteil dann wohl doch nicht.

Der Mensch war zwar schon schlau, aber keinesfalls ungefährdet. Gegen Tiere seinesgleichen konnte er sich wohl gut zur Wehr setzen, aber gegen Mikroorganismen war er machtlos.

Verhungert ist er immer seltener und hatte aufgrund seiner Intelligenz wohl auch immer mehr Zeit für sich, zur Muße (zumindest einige Wenige). Aber die Lebenserwartung war trotzdem erbärmlich.

Es gab aber auch damals schon, etwa in der Steinzeit, sehr alte und weise Menschen, denn die Lebenserwartung ist ja eine statistische Zahl. Der menschliche Organismus war aber auf das Erreichen eines sehr hohen Alters noch nicht eingerichtet und ist es bis heute noch nicht. Unsere Zipperlein im Alter sind der Preis, den wir heute zahlen müssen. Die Alternative wäre allerdings: einfach früh sterben. Wer will das schon?

Fitness im Alter ist eine genetische Glückssache. Naturgemäß ist sie es jedenfalls nicht.

Erst durch die Einführung der Hygiene stieg die Lebenserwartung erheblich, also etwa seit 100 Jahren. Dies ist eine Zeitspanne, die im Evolutionsprozess keine Rolle spielt. Da muss man schon etwas größer denken. Der Mensch ist seit fast 30.000 Jahren genetisch quasi unverändert. Das heißt: Wir tragen unsere Natur der Steinzeit heute noch in uns. Das betrifft auch unser Gehirn, nur dies haben wir mit der Zeit erheblich trainiert und verfeinert. Der Neandertaler hatte sogar ein größeres Gehirn als der Homo sapiens sapiens. Dies hat ihm aber nichts genutzt; also die Größe allein macht es wohl nicht (gilt auch für andere Körperteile).

Man darf ein zentrales Naturgesetz niemals aus den Augen verlieren: Alles, was nicht der Arterhaltung dient, wird auch nicht vorgehalten! Die Natur geht sogar ein Stück weiter: Alles, was nicht mehr gebraucht wird, verkümmert im Lauf der Zeit. Auch Menschen haben noch einen Schwanz, aber unsichtbar als Steißbein. Dieses Gleichgewichts-, Steuerungs- und Greiforgan ist nicht mehr nötig, seit wir die Bäume verlassen haben. Natürlich hat nicht der Mensch den Baum verlassen, sondern seine Vorfahren.

Ein Mediziner kann noch von zahlreichen Relikten berichten, die wir immer noch mit uns herumschleppen, deren Sinn aber in der fernen Vergangenheit gelegen hat.

Seitdem wir so gut denken können, sind Fähigkeiten, die wir einstmals besaßen, wahrscheinlich ebenfalls verkümmert. Beispielsweise müssen wir uns nicht mehr so sehr auf unsere Nase verlassen, wir bewegen uns in geschützten Räumen. Alle unsere Sinne sind nur Mittelmaß – gerade eben noch so, wie wir sie noch nötig haben.

Dagegen sind uns einige Sinne aus der Tierwelt völlig unzugänglich. Zwar wäre es sehr schick, wenn wir darüber verfügen könnten, sie waren aber offensichtlich für unser Überleben nicht nötig.

Da ist die Natur sehr geizig, effizient und sparsam.

Hier folgt nun eine kurze Aufzählung, was sich im Laufe der Evolution bei Tieren herausgebildet hat. Es sind teilweise Fähigkeiten, von denen wir nur träumen können.

Es handelt sich ausschließlich um Eigenschaften, die wir Menschen nicht besitzen, die wir aber aufgrund wissenschaftlicher Erkenntnisse heute kennen.

Es klingt zwar recht banal und jedermann ist dieses Wissen zugänglich, es zeigt aber, auf was wir alles aufgrund unserer Gehirnleistung verzichten können.

Eine glückliche Dreierbeziehung: Sinnesorgane, Physik und Chemie

Wir Menschen verfügen weder über Krallen, Hörner, Panzer, Gifte, Reißzähne, Flügel, besondere Sprungkräfte, besondere Laufleistungen, besondere Körperkräfte, keinen Rüssel, keine Fluoreszenz, keine nachwachsenden Körperteile, Hautsekrete, Stinkdrüsen, aerodynamische Formen, Schwimmhäute, Magnetismus etc. All dies hat aber die Natur hervorgebracht und noch sehr viel mehr, leider aber nicht bei uns Menschen. Wir haben weder einen Sinn für Elektrizität noch für Ultraoder Infraschall. Infrarot und Ultraviolett können wir nicht sehen. Ach, wir könnten theoretisch so schön ausgestattet sein …

Hier einige besondere Tierarten:

Fluoreszenz ist im Tierreich weiter verbreitet als vermutet, meist allerdings bei Meeresbewohnern. Die romantischste Ausprägung ist allerdings bei den Glühwürmchen und Leuchtkäfern zu finden. Es gibt diese auch Biolumineszenz genannte Eigenschaft auch bei Quallen, Krebstieren, Haien, Kalmaren und Weichtieren. Oft ist diese Fluoreszenz für uns gar nicht sichtbar, da sie sich im ultravioletten Farbspektrum abspielt.

Der Axolotl ist ein Lurch in Mexiko, der verlorene Körperteile nachwachsen lassen kann. Ein Lieblingsobjekt der medizinischen Forschung. Wenn man wüsste, wie das funktioniert, und auf den Menschen übertragen könnte …

Der Schützenfisch schießt durch einen gezielten Wasserstrahl Insekten aus bis zu vier Metern von Blättern und Zweigen über dem Wasser ab. Wenn die Insekten dann im Wasser landen, sind sie seine Beute. Faszinierend ist dabei, dass er die verschiedenen Brechungswinkel des Lichts im Wasser und der Luft ausrechnen muss.

Pigmentwechsel ist ein weit verbreitetes Phänomen, nicht nur bei Chamäleons. Anglerfische können dies auch und noch einiges mehr. Durch Pigmentfarbwechsel kann die Hautfärbung der Umgebung angepasst werden und dient der besseren Tarnung oder als Warnsignal für schlechte Laune.

Knallkrebse oder auch Pistolenkrebse genannt sind eine kleine Garnelenart, die mit ihrer Schere einen Schallpegel von über 200 Dezibel erzeugen können. Außerdem eine Temperatur von über 4.000 Grad im Nahbereich (das ist kein Tippfehler). Damit machen sie Opfer bewegungsunfähig. Es ist das lauteste Geräusch im Tierreich und hat schon Sonargeräte von Armeen verwirrt.

Giftspritzer wie die Speikobra und einige Krötenarten zählen zu den eher unangenehmen Zeitgenossen. Ihr Sekret kann zur Blindheit führen und bildet eine sehr effektive Abwehrwaffe ohne Körperkontakt.

Pfeilgiftfrösche haben ihren Namen von ihrem Hautsekret, das in der Blutbahn tödlich wirken kann. Die Frösche sind in der Regel ziemlich winzig (1 bis 3 cm) und spektakulär gefärbt. Ein übliches Warnsignal für Fressfeinde. Indigene Völker benutzen dieses Gift zum Tränken ihrer Giftpfeile, insbesondere für das Blasrohr. Es handelt sich nicht um Curare, welches aus verschiedenen Lianenarten und Baumrinden hergestellt wird, also rein vegetarisch.

Flöhe sind für ihre enorme Sprungkraft bekannt. Übertragen auf einen Menschen müssten wir über 200 m weit und über 50 m hoch springen, ohne Anlauf! Flöhe haben ein eingebautes Katapult, welches sie zu dieser Leistung befähigt.

Albatrosse sind eine der faszinierendsten Tierarten. Mit einer Flügelspannweite von über 3,50 m sind sie die Weltmeister unter den Fliegern. Sie leben bis zu 90 Prozent ihres Lebens in der Luft und können immerhin bis zu 80 Jahre alt werden. Bei den seltenen Landungen zur Brutaufzucht kommt es wegen Ungeschicklichkeiten nicht selten zu Todesfällen. Sie können Monate in der Luft verbringen und kaum mit den Flügeln schlagen, da sie die Thermik meisterhaft beherrschen.

Libellen und Kolibris sind ebenfalls meisterhafte Flugakrobaten, da sie völlig still in der Luft stehen können. Kolibris haben eine Flügelfrequenz von 40 bis 50 Schlägen pro Sekunde und können als einzige Vögel weltweit auch seitwärts und rückwärts fliegen. Die Libelle ist allerdings noch zusätzlich in der Lage, durch ihre sensationelle unabhängige Koordination von zwei Flügelpaaren sehr schnell zu fliegen, bis zu 50 km/h und ebenfalls auch rückwärts.

Die Aerodynamik eines schwarzen Marlins oder eines Fächerfischs ist nicht zu überbieten. Sie erreichen im Wasser eine Geschwindigkeit von 100 km/h, eine Spitzenleistung. Die

Leistung eines menschlichen Spitzenschwimmers liegt unter 10 km/h.

Schlafrhythmen sind bei vielen Tieren sehr unterschiedlich ausgeprägt. So gibt es Tiere, die nur mit einer Gehirnhälfte schlafen (Delfine, Robben, Krokodile und einige Vogelarten), andere, die fast gar keinen Schlaf kennen oder zumindest extrem kurze Schlafphasen haben (Zugvögel), und wiederum Exemplare, die einen Winterschlaf halten.

Auch das Schlafbedürfnis ist völlig unterschiedlich ausgeprägt. Unsere ganz normale Hauskatze bringt es auf immerhin 18 Stunden täglichen Schlaf. Ein Koala allerdings schafft 22 Stunden. Ein Elefant, ein Pferd und eine Giraffe hingegen kommen mit zwei bis drei Stunden zurecht.

Anhand dieser Beispiele aus dem Tierreich kann man deutlich sehen, was die Evolution an Lösungsmöglichkeiten bezüglich des erfolgreichen Überlebens schon entwickelt hat. Alles, was Physik und Chemie hergeben, wurde im Sinne der Arterhaltung schon experimentiert. Natürlich hat die Natur dafür ein paar Millionen Jahre Zeit gebraucht, dies muss man dabei bedenken. Die einzelnen Evolutionsschritte sind für uns nicht erkennbar – in unseren 80 Jahren Lebenszeit. Die Ergebnisse sehen wir aber sehr wohl. Neben den körperlichen Merkmalen hat die Natur auch noch andere, sozusagen soziale Überlebensstrategien entwickelt. Es gibt Lebensgemeinschaften, Staatenbildung, Symbiosen, Herden, Schwärme etc.

Überleben müssen aber nicht nur Tiere, sondern auch Pflanzen. Für sie gelten im Grunde die gleichen Gesetze wie für Tiere, nur sind sie in ihrer Beweglichkeit stark eingeschränkt. Gifte, Nektar, Dornen, Vermehrungsstrategien, Lotosblüteneffekt (Nanobeschichtung); Lotus – die heilige Pflanze im asiatischen Raum, da an ihr kein Schmutz kleben bleibt und sie völlig rein aus schlammigen Gewässern hervortritt; chemische Kommunikation durch Pheromone (Akazien warnen ihre Nachbarn vor Fressfeinden), andere Pflanzen locken bei Schädlingsbefall Fressfeinde der Schädlinge an.

Das ist jedoch ein sehr weites Feld, weitgehend noch unerforscht und für unsere Untersuchung nicht vorrangig.

Besondere Tierbegabungen

Schauen wir uns doch mal an, was die Natur nach unserem heutigen Wissensstand so alles hervorgebracht hat, um ein Lebewesen in seiner Umgebung überlebensfähig zu machen. Diese Aufzählung ist willkürlich und erhebt nicht den Anspruch auf Vollständigkeit. Sie dient nur dazu aufzuzeigen, was alles möglich wäre und was der Mensch alles „nicht" hat. Es zeigt auch, welch überragende Rolle die Entwicklung des Intellekts offensichtlich spielt. Es ist erstaunlich, auf was wir alles verzichten können.

1. Magnetismus

Insbesondere Vögel und manche Meeresbewohner haben einen Sinn für Magnetismus, das heißt ein eingebautes Navigationsgerät. Sie erspüren das Magnetfeld der Erde und bewegen sich traumwandlerisch in die richtige Richtung.

Man hat dieses Sinnesorgan bis heute nur bei einigen Tierarten gefunden, man weiß aber, dass es bei sehr vielen Tieren existiert. Lachse, Wale, Aale, Meeresschildkröten, Zugvögel, Monarchfalter und einige Insekten sind nur die spektakulärsten Beispiele. Die Forschung entdeckt immer mehr Tierarten, die vermutlich über Magnetfeldortung verfügen (Ameisen, Bienen, Füchse, Rinder etc.).

2. Ultraschall

Ultraschallnavigation ist weiter verbreitet als vermutet. Sie dient nicht nur den spektakulären Flugeigenschaften der Fledermäuse bei vollständiger Dunkelheit, sondern der Ultraschall wird auch oft als Kommunikationsmittel genutzt. Sehr viele Tierarten können Ultraschall hören (Hunde, Ratten, Spitzmäuse, Delfine, Nachtfalter etc.).

3. Infraschall

Der Infraschall dient zum Beispiel Elefanten, Giraffen und Walen als Kommunikationsmittel über sehr große Entfernungen (mehrere Kilometer). Niederfrequente Wellen, die zum Beispiel bei Erdbeben, Vulkaneruptionen, Meteoriteneinschlägen, Polarlichtern oder durch hohen Seegang entstehen, können sich in der Luft über große Entfernungen bis zu mehreren tausend Kilometern ausbreiten. Vieles spricht dafür, dass einige Tiere auf diese Wellen reagieren und sich vor nahenden Naturkatastrophen rechtzeitig in Sicherheit bringen können.

4. Infrarot

Manche Schlangen, wie z. B. Klapperschlangen, können Infrarotstrahlen wahrnehmen. Die Schlangen haben für den Empfang dieser Strahlung ein spezielles Organ, das ihnen ein Bild der Umgebung liefert, ohne dass sie ihre Augen benutzen müssen: ein Wärmebild. Mit dem sogenannten Grubenorgan können sie also selbst in vollständiger Dunkelheit Beutetiere von der Umgebung unterscheiden und angreifen. Sie können sogar Temperaturunterschiede von weniger als 1 °C erkennen. Auch Buntbarsche „sehen" Infrarot. Insbeson-

dere Tiere, die in der Dunkelheit leben oder jagen, haben
diesen Sinn ausgebildet.

5. Ultraviolett

Eine Biene sieht eine Blumenwiese völlig anders als wir. Die
Fähigkeit, Ultraviolett zu sehen, geleitet sie zielsicher zu den
Nektarquellen. UV-Strahlen sehen zu können ist bei vielen
Tieren (Vögel, Insekten, Hummeln, Bienen, Mäuse, Ratten,
Igel, Katzen, Hunde, Okapis, Frettchen etc.) sehr weit ver-
breitet. So können sie sich an Mustern orientieren, die für uns
unsichtbar sind. Diese Fähigkeit spielt auch eine Rolle beim
Balzverhalten mancher Vögel. Auch ein Kuckucksei lässt sich
an der UV-Strahlung für viele Vögel identifizieren.

6. Elektrizität

Viele Tiere können elektrische Felder aufspüren und benutzen diese Fähigkeit zur Beutejagd. Zitteraale können sogar
tödliche elektrische Impulse erzeugen. Das Erzeugen schwa-
cher elektrischer Felder dient der Orientierung und Kommunikation. Man unterscheidet zwischen aktiver und passiver
elektrischer Orientierung. Besonders ausgeprägt ist dies bei
Haien und Rochen. Aber auch Delfine verfügen über diese
Fähigkeiten. Eine Kombination zwischen Magnetismus und
Elektrizität liegt nahe. Wegen der Leitfähigkeit betrifft dies nur
im Wasser lebende Tiere. Sogar einige Blütenpflanzen sind
zur elektrischen Orientierung fähig, da manche Pollen stati-
sche Ladungen tragen.

7. Seitenlinienorgan

Dieses bei Fischen, Amphibien, Fröschen und Olmen weit
verbreitete Sinnesorgan nimmt feinste Druckunterschiede in

der Umgebung wahr. Es befähigt einige Fischarten zur Schwarmbildung und sorgt dafür, dass die Fische niemals zusammenstoßen, da sie immer den gleichen Abstand halten. Auch die Druckwellen der Fressfeinde ermöglichen es dem Schwarm, kollektiv auszuweichen. Das Seitenlinienorgan nennt man auch Ferntastsinn. Die Sinneszellen sind von hunderten bis zu tausenden entlang des Körpers und des Kopfs angelegt. Dabei gibt es, unterschiedliche Bauprinzipien, die Lorenzini-Ampullen und die Neuromasten. Im Laufe der Evolution wurde bei einigen Fischen das Seitenlinienorgan in Elektrorezeptoren umgewandelt. Soweit die Extra-Sinnesorgane, welche die Natur einigen Lebewesen bereitstellt.

Beschäftigen wir uns nun mit den Sinnesorganen, die auch uns eigen sind. Es sind ja nur fünf:

Geruchssinn, Sehsinn, Geschmackssinn, Tastsinn und Gehörsinn – bedauerlicherweise war's das schon.

Allerdings findet jeder dieser Sinne in der Tierwelt seinen absoluten Meister, es ist kaum zu glauben, was da alles möglich ist. Ich möchte hier auch nur einige spektakuläre Varietäten aufführen, ein ambitionierteres Vorhaben würde ganze Bibliotheken füllen. Es soll nur dazu dienen aufzuzeigen, dass der Mensch ein extremes Mängelwesen ist. Die Natur hat es nicht für nötig befunden, ihn besser auszustatten, aber alle Defizite werden durch seine geistigen Leistungen mehr als kompensiert.

Hier sei nochmals betont: Die Natur geht sparsam mit ihren Ressourcen um!

Aber alles, was physikalisch und chemisch möglich ist, kommt auch irgendwo zur Anwendung. Es ist eine völlig unbegründete Illusion zu glauben, dass wir heute über alles Bescheid wissen und es nichts mehr zu entdecken gäbe. Wir befinden uns gerade mal am Anfang, allerdings wächst unser Wissen exponentiell. Ein einzelner Mensch ist in diesem Dschungel längst verloren – das Universalgenie gibt es schon lange nicht mehr. Trotzdem sollten auch Spezialisten weit über ihren Tellerrand hinausdenken. Die Zukunft wird von uns fordern, dass wir weit mehr Koordinatoren brauchen, die Untersuchungsergebnisse bewerten und zusammenführen können. Das werden wir nicht irgendwelchen Computeralgorithmen überlassen können.

Sinnesorgane

1. Der Geruchssinn
Düfte wirken direkt auf das limbische System ohne Umwege über die Großhirnrinde. Im limbischen System werden Emotionen und Triebe geregelt. Der Mensch kann 10.000 verschiedene Duftnoten unterscheiden und diese Düfte spielen beim „ersten Eindruck" eines Menschen eine entscheidende Rolle. Im Volksmund heißt es oft: „Den kann ich nicht riechen." Da ist mehr dran, als wir uns gemeinhin vorstellen, in einer Welt, die vorwiegend auf optische Reize setzt. Der Geruchssinn ist äußerst zuverlässig und schon bei Säuglingen ausgereift. Der Mensch besitzt etwa 10 Millionen Riechsinneszellen. Der Hund und das Schwein hingegen haben um die 200 Millionen Riechsinneszellen. Eine gewisse Berühmtheit haben die „Trüffelschweine" erlangt, die allerdings heute lieber durch Hunde ersetzt werden. Ein Aal kann sogar dreidimensional riechen und seine Beute am Geruch auch in Dunkelheit orten. Angeblich soll ein Aal einen einzigen Zuckerwürfel im Bodensee erriechen können. Für einen Schmetterling genügen wenige Moleküle, um ein Weibchen in

seiner Umgebung zu riechen. Insekten riechen Hautdüfte und Schweiß, manche sogar Kohlenstoffdioxyd. Übrigens riechen keineswegs alle Tiere mit der Nase, die Geruchsrezeptoren können sich prinzipiell überall befinden. Gegen diese Fähigkeiten sieht der Mensch bedauerlicherweise alt aus. Die Welt der Düfte bleibt uns größtenteils verschlossen. Eine noch stärkere Immunität gegen Ausdünstungen wäre allerdings in manchen Fällen des menschlichen Zusammenlebens durchaus wünschenswert. In welcher Weise Pheromone Einfluss auf unser Leben haben, ist ein noch weitgehend unerforschtes Gebiet. Gerüche wirken meist unterbewusst und dies macht es für die Forschung natürlich nicht einfacher. Man vermutet mittlerweile, dass Pheromone bislang weit unterschätzt wurden, obwohl unsere Sprache eine ganze Reihe von Idiomen rund um das Riechen bereithält.

2. Der Geschmackssinn

Wie viel ein Mensch oder ein Tier schmeckt, hängt von der Anzahl der Geschmacksknospen ab. Viele Knospen – viel Geschmack lautet die Regel. Doch wer jetzt glaubt, der Mensch sei bei der Verteilung der Geschmacksknospen besonders gut weggekommen, der irrt. 2.000 bis 4.000 sind es bei einem Erwachsenen ungefähr (Säuglinge haben noch 9.000). Zum Vergleich: Reine Pflanzenfresser wie das Pferd verfügen über rund 35.000 Geschmacksknospen und können mehrere hundert Grasarten am Geschmack unterscheiden. Selbst Kälber und Schweine haben mit 25.000 bzw. 15.000 Knospen mehr Geschmack als wir. Trösten wir uns damit, dass Wal und Huhn uns in dieser Hinsicht klar unterlegen sind, denn sie haben beide kaum Geschmacksnerven.

3. Der Tastsinn

Was kann unser Tastsinn leisten? Blinde Menschen können uns zumindest zeigen, was er alles leisten könnte, wenn wir ihn trainieren würden. Im Vergleich zum Tierreich sind wir gerade bezüglich des Tastsinns regelrechte Krüppel. Allein die Schnurrhaare unserer beliebten Hauskatzen zeigen uns schon unsere Grenzen auf. Schnurrhaare (lat.: vibrissae) sind regelrechte Informationszentralen. Bei vielen Tieren ist ein Großteil des Gehirns dafür vorgesehen, die Informationen aus den Tasthaaren auszuwerten. Sie dienen dazu, auch in völliger Dunkelheit oder in trüben Gewässern zurechtzukommen und Nahrung aufzuspüren. Tasthaare können Wind- und Strömungsgeschwindigkeiten messen. Für viele Tiere sind die Tasthaare überlebenswichtig. Spinnen, Skorpione, Insekten oder Krebse besitzen an ihren Beinen Sinnesorgane, die ihnen feinste Erschütterungen signalisieren. Seehunde gelten als die empfindlichsten Spürnasen mithilfe ihrer Schnurrhaare.

4. Der Sehsinn

Darwins Evolutionstheorie wurde durch die Komplexität des Auges auf eine harte Probe gestellt. Wie konnte sich ein so komplexes System nur durch Auslese entwickeln? Darwin selbst hatte daran schon gezweifelt. Heutzutage kann man jedoch alles ganz gut erklären und die Widersprüche haben sich weitgehend aufgelöst. Der Mensch sieht eigentlich ganz gut – sowohl in die Ferne als auch im Nahbereich. Auch Farben kann er gut erkennen und Entfernungen abschätzen. Was jedoch auf diesem Gebiet alles möglich ist, zeigen uns bestimmte Tierarten. Man betrachte sich allein die verschiedenen Augentypen, das Facettenauge, die Stielaugen, die räumliche Anordnung am Kopf, die Beweglichkeit der Augäpfel, die Farbempfindlichkeiten, das Farbspektrum. Allein die Forschung am Sehsinn füllt ganze Bibliotheken. Der Adler erkennt eine Maus auf tausend Meter Entfernung, Facettenaugen haben einen 360°-Rundumblick, Libellen können 300 Lichtblitze pro Sekunde unterscheiden, ein Chamäleon sieht mit beiden Augen unterschiedlich und sehr scharf, Krebse haben Stielaugen, die wie Periskope ihre Umgebung erkunden, Bienen erkennen das Ultraviolettspektrum. Kalmare haben Augen mit fast 40 cm Durchmesser. Bei Eulen nehmen die Augen einen Großteil des gesamten Schädels ein. Eulen sehen selbst bei Dunkelheit noch sehr gut, dafür sind ihre Augäpfel aber unbeweglich. Als Ausgleich dafür können sie ihren Kopf um 270° drehen. Fluchttiere haben seitlich angeordnete Augen, während Raubtiere nach vorne gerichtete Augen haben, um ihre Beute zu fixieren. Auch im Inneren des Auges hat die Natur wahre Wunderwerke hervorgebracht. Gemessen an den Fähigkeiten, die in der Natur zu finden sind, ist unser Sehsinn eher durchschnittlich.

5. Der Gehörsinn

Was manche Tiere alles hören können, wissen Jäger am besten. Unser Gehörsinn ist allenfalls Durchschnitt. Allein der Frequenzbereich ist beim Menschen stark eingeschränkt. Es gibt viel mehr Töne, als wir wahrnehmen können. Wir können nicht wissen, wie ein Hund Musik empfindet, außer er fängt an zu heulen. Ein Mensch hört bis zu 20 kHz, aber nur wenn er jung ist. Einige Mottenarten können hingegen bis 300 kHz hören. Eine Schleiereule hat verschieden hoch angeordnete Ohren, die ihr räumliches Hören ermöglichen, um bei vollständiger Dunkelheit noch auf Beutejagd zu gehen. Fledermäuse und Delfine verfügen über ein Echoortungssystem. Delfine können sowohl den Herzschlag als auch den Blutdruck ihrer Beute hören. Wale verständigen sich über hunderte von Kilometern mittels Infraschall. Auch Elefanten nehmen Infraschall wahr, unter anderem auch über die Füße. Ein Fennek hört Käfer im Wüstensand. Der Luchs kann über einen Kilometer weit hören. Grillen haben ihre Hörorgane in den Vorderbeinen. Wie man sieht, hat die Natur auch für das Gehör einiges bereitgehalten, wovon wir nur träumen können. Ich denke, an diesen Ausführungen kann man deutlich erkennen, dass die Fähigkeiten der menschlichen Sinne bestenfalls durchschnittlich sind. Eines jedoch ist sicher: Der Mensch wird stets nur eines kleinen Ausschnitts der Wirklichkeit gewahr. Das ganze Spektrum des Seins bleibt uns verborgen. Es ist nicht im Sinne der Natur, dass wir das ganze Spektrum des Lebens erkennen, sondern nur den für uns wichtigen Teilbereich. Es ist allein der Mensch, der alles wissen möchte. Es ist allein der Mensch, der durch Unwissenheit unglücklich wird. Durch unsere technischen Fähigkeiten tasten wir uns immer näher an die Perfektion heran. Wir haben ein uneingeschränktes Vertrauen in die Messbarkeit. Was der Mensch messen kann, damit kann er auch umgehen. Im Umkehrschluss heißt das aber auch: Was der Mensch nicht messen kann, bereitet ihm Unbehagen.

Ultra- und Infraschall, Ultraviolett, Infrarot, Magnetismus, Änderung des Umgebungsdrucks, Tasthaare, Sensor für elektrische Felder, Polarisationsfilter, 360°-Sichtfeld etc. – all dies sind Fähigkeiten, die manche Tiere entwickelt haben. Diese Fähigkeiten stehen uns Menschen allerdings nicht zur Verfügung. Unmöglich wäre es nicht gewesen, denn alles, was physikalisch möglich ist, findet sich irgendwo in der Natur.

Spricht nun Kant vom „Ding an sich", ist die Unmöglichkeit einer umfassenden Erkenntnis aus rein biologischen Gründen schon hinreichend bewiesen. Dank wissenschaftlicher Forschung wissen wir heute von derartigen Dingen. Unsere Sinne aber bleiben stumm.

Im Vergleich zu den Fähigkeiten vieler Tiere sind wir regelrechte Krüppel. Es kommt aber noch härter: Selbst die Sinne, die uns zur Verfügung stehen, nutzen wir noch nicht einmal optimal aus.

Was unser Tastsinn eigentlich vermag, kann man bei blinden Menschen studieren. Es ist der gleiche Tastsinn, den wir alle haben. Wir brauchen ihn aber nicht in diesem Maße, weil die Augen den erwünschten Zweck wesentlich schneller erreichen.

Diesbezüglich verhalten wir uns sehr naturgemäß, denn es wird nur das gebraucht, was nötig ist. Sobald ein Werkzeug geeigneter erscheint, um ein Problem zu lösen, benutzen wir es, unabhängig von unseren körperlichen Fähigkeiten. Was uns rein körperlich möglich wäre, kann man bei Artisten unter den Zirkuskuppeln bestaunen. Sommeliers (Wein, Kaffee, Tee, Parfums etc.) zeigen uns, wozu unser Geschmacks- und Geruchssinn fähig wären. Maler sehen Farben anders als wir Normalos. Musiker entwickeln ein anderes Gehör als musikalisch nicht so Begabte. Wir alle könnten unsere Sinne und körperlichen Fähigkeiten trainieren und sie viel besser nutzen, als wir es normalerweise tun.

Über unsere Instinkte kann man bezüglich ihrer Verkümmerung nur spekulieren. Da ist sicherlich schon einiges auf dem Komposthaufen der Unbrauchbarkeit gelandet. Was nicht mehr vorhanden ist, kann man auch nur unzureichend erforschen. Es gibt keinen Friedhof der Instinkte, auf dem man erfolgversprechende Ausgrabungen machen könnte.

Die philosophische Frage ist demgemäß: Was folgt daraus, wenn sich unser Gehirn genauso effizient verhält? Wenn unser Gehirn auch nicht mehr tut, als es unbedingt muss. Es strengt sich nur insoweit an, wie es zum Überleben notwendig ist. Was nicht gebraucht wird, verkümmert dementsprechend. Was könnte es leisten, wenn es trainiert würde?

Vielleicht hängt unsere Denkleistung einzig von den Trainingseinheiten ab, die wir diesem Organ auferlegen. Begrenzt wird der Trainingserfolg jedoch immer durch genetisch bedingte Kapazitätsgrenzen.

Das Gegenteil ist allerdings auch denkbar: Das Gehirn produziert ein Übermaß an Energie, sodass es ständig gedämpft werden muss, damit es nicht zu einer kompletten Überforderung kommt. Auch dafür gibt es Indizien. Es gibt Menschen, die aufgrund einer Fehlentwicklung nie etwas vergessen können. Schön ist das nicht. Nur im Ausnahmefall ist das gelegentlich auch mal praktisch. Die Betroffenen leiden jedoch meist darunter.

Die Frage, ob wir nun faule Säcke oder ständig Gedämpfte sind, ist also so eindeutig nicht zu beantworten. Vielleicht sowohl als auch …

Vielleicht ist es auch nur ein scheinbarer Widerspruch. Derzeit ist diese Frage nicht zu beantworten.

Der Mensch als Teil der Natur muss mit den Konsequenzen seiner evolutionären Entwicklung leben. Wir sind unserem Gehirn auf Gedeih und Verderb ausgeliefert.

Unsere verhältnismäßig lange Kindheit, in Kombination mit unserem Denkvermögen, beschert uns eine unfassbare, in der Natur einmalige Anpassungsfähigkeit. Die Anpassungsfähigkeit war schon immer der spektakulärste Trumpf der Evolution. Wer sich nicht anpassen kann, geht unter. Punkt!

Um eines nochmals klar zu sagen, um Darwin nicht falsch zu verstehen: Nicht der Stärkere setzt sich durch, sondern der Anpassungsfähigste! Das ist ein gewaltiger Unterschied. Der sogenannte „Sozialdarwinismus" beruht somit auf einem fundamentalen Irrtum oder positiver ausgedrückt: auf einer mangelhaften Übersetzung.

Der „Sozialdarwinismus" ist ein ideologisch fremdbesetzter Kampfbegriff, der mit wissenschaftlicher Expertise nicht das Geringste zu tun hat. Er berücksichtigt nicht mal eine außerartliche und eine innerartliche Unterscheidung. Das ist aber einer der Grundpfeiler der Evolutionstheorie. Um es nochmals klar zu sagen: Wenn ich mit einem Löwen kämpfe, spielt meine sexuelle Orientierung nicht die geringste Rolle.

Es geht in der Evolution selbstverständlich nicht um Stärke oder Größe etc., sondern um die Fähigkeit, in seiner Umgebung zu überleben, egal mit welchen Mitteln. Zugvögel beispielsweise haben den Weg gewählt, ihre Umgebung einfach zu verlassen und gegen eine bessere einzutauschen. Auch Menschen, als sie noch Jäger und Sammler waren, sind umhergezogen, wenn ihre angestammte Umgebung nichts mehr hergab. Dafür war ihre Nahrung abwechslungsreicher als die der Sesshaften.

Wer seine Umgebung versteht und darauf reagieren kann, ist klar im Vorteil. Dies ist gleichzeitig eine der brennendsten Fragen unserer Zeit: Verstehen wir unsere Umgebung noch? Beherrschen ja – aber verstehen? Dieses „Nicht mehr verstehen" kann uns in Zeiten des Klimawandels einen sehr herben Rückschlag versetzen. Im schlimmsten Fall kann er uns um Jahrtausende zurück katapultieren. Dann stehen wir hilflos da mit unserem Intellekt, weil vielleicht Instinkte wieder gefragt wären.

Das Verstehen hat uns zum absoluten Herrscher gemacht. Das Beherrschen hat das Verstehen überflüssig erscheinen lassen. Das ist das Rezept, nach dem jeder Herrscher bislang sein Reich verloren hat. Er fühlt sich unantastbar. Das aber ist Dekadenz und führt unweigerlich über kurz oder lang zum Untergang. Der Erfolg war noch nie ein guter und vor allem kein nachhaltiger Ratgeber; der Erfolg war immer nur der größte aller Verführer – ein Heiratsschwindler!

Nachdem der Mensch sich durch seine intellektuellen Fähigkeiten seinen Platz gesichert hatte, war der einzige Feind, der ihm noch gefährlich werden konnte, er selbst. Schon Thomas Hobbes (1588–1679) bemerkte: „Der Mensch ist des Menschen Wolf."

Waren die gleichen Waffen des Geistes, welche die Tiere in ihre Schranken verwiesen, auch gegen Seinesgleichen wirksam? Sie mussten es sein, denn es gab keine anderen. So erklärt sich das Aufrüsten des Geistes, weit über das ursprünglich Geforderte hinaus.

Unsere intellektuellen Leistungen beziehen sich mittlerweile ausschließlich auf uns selbst.

Alle Regeln unserer Gesellschaft haben diese Tatsache zur Grundlage. Wir mussten uns die Regeln des massenhaften Zusammenlebens selbst auferlegen. Nur so konnten wir beispielsweise die Idee der Freiheit überhaupt entwickeln. Bekanntlich endet die eigene Freiheit dort, wo die Freiheit des Andersdenkenden beginnt. Der Weg führt über den Umweg der Einschränkungen. Diese Einschränkungen bestimmen gleichzeitig das Maß der uns möglichen Freiheiten.

Kurz gesagt: Das, was uns zu Beherrschern gemacht hat, wendet sich nun gegen uns selbst. Einfacher ausgedrückt: Wir müssen nicht mehr die Zähne eines Löwen fürchten, sondern nur noch die geistigen Fähigkeiten eines Mitmenschen. Wenn die Natur einer Planung unterliegen würde, wäre dies allerdings einer der perfidesten Pläne. Als Warnung würde es gerade noch einen Sinn ergeben: Niemand soll die Welt beherrschen! Aber versteht eine Ameise eine so hochmoralische Warnung?

Also doch kein Plan – es ist so gekommen, wie wir es jetzt vorfinden, und zu wissen warum, befreit uns auch nicht aus der Misere.

Es gibt nur einen Ausweg: Wenn wir nicht lernen, unsere Fähigkeiten für uns und nicht gegen uns zu gebrauchen, sind wir unweigerlich auf der Verliererstraße. Dies ist die größte Herausforderung in der Menschheitsgeschichte und nur kollektiv zu lösen.

Dazu müssen wir uns erst mal als Kollektiv verstehen. Das könnte das Positive am Klimawandel sein: Er zwingt uns zur Einsicht, dass wir alle im selben Boot sitzen. Wenn es Teile der Erdbevölkerung gibt, die diese Erkenntnis verweigern, aus welchen Gründen auch immer, gehen wir gemeinsam unter. Die Hoffnung, dass dann nur die „Guten" überleben werden, ist mehr als naiv.

Selbstverständlich ist es tieftraurig, dass zu dieser Einsicht ein solcher Anlass vonnöten ist. Das hätte man auch einfacher haben können. Unsere einzige Waffe ist nach wie vor der Intellekt und wie bei jeder anderen Waffe auch, ist die entscheidende Frage, wie man sie gebraucht.

Intelligenz ist eine Waffe, die durch die Hand der Moral geführt werden muss.

Die Biologie siegt immer

Wir sind als Menschen immer auch biologische Wesen im Sinne der Evolution. Das heißt: Wir sind vollbiologische Lebewesen mit der Zugabe des Verstandes. Nähme man uns den Verstand wieder weg, wären wir immer noch theoretisch überlebensfähig, aber wahrscheinlich nicht mehr so erfolgreich. Wir hätten aufgrund unserer Degenerationen nur eine sehr geringe Überlebenschance. Eines steht jedoch fest: Wir verfügen über den Verstand und alles andere ist graue Theorie.

Diese Überlegung führt uns zu einer vielleicht unerwarteten Folgerung: Unsere biologischen Überlebensvoraussetzungen sind noch vollständig vorhanden. Das Bewusstsein oder der Verstand, wie immer man es nennen will, ist nur dazugekommen und hat manches überflüssig werden lassen.

Diese Degenerationen betreffen insbesondere die Sinnesorgane und die Einbuße körperlicher Waffensysteme. Unser biologischer Kern ist allerdings noch voll intakt und bestimmt durch seine zyklischen Abläufe unser Leben, mehr als uns manchmal lieb ist, zumindest mehr, als wir wahrhaben wollen. Es schmeichelt uns zu sehr, uns als Menschen zu fühlen und uns im Kontrast mit den Tieren darzustellen.

Wir bilden uns ausschließlich auf unseren Geist etwas ein, unser Körper ist dafür nicht geeignet. Eigentlich nehmen wir ihn nur wahr, wenn er Probleme bereitet. Ein bisschen ungerecht ist das schon gegenüber unserem Körper, vor allem, wenn man bedenkt, dass dieser Körper ständig Einfluss auf unseren Geist ausübt, und zwar nicht nur, wenn er krank ist.

These: Der Körper hat unseren Geist fast komplett im Griff und keinesfalls umgekehrt. Unser Geist ist nämlich nur dann „frei", wenn der Körper keine Ansprüche erhebt. Unter normalen Lebensumständen ist dies aber nur höchst selten der Fall.

Was aber soll der Körper denn für Ansprüche stellen?

Nun, es gibt eine ganze Reihe von Bedürfnissen, auf die unser Bewusstsein keinerlei Zugriff hat. Der Geist ist dann ausschließlich Diener des Körpers. Dazu zählen nämlich alle lebenswichtigen Zyklen. Sie hatten schon Bestand, lange bevor sich der Geist entwickeln konnte.

Der Geist hat allenfalls die Macht, die Bedürfnisse zeitlich ein wenig nach hinten zu verschieben, momentan hintanstehen zu lassen, beseitigen kann er sie nicht. Mit der Zeit wird der Körper unbarmherzig besitzergreifend. Welche Zyklen sind hier gemeint?

Da der Mensch ein Lebewesen ist, unterliegt er auch artbedingten biologischen Zyklen:

Schlaf- und Wachrhythmen

Hunger- und Sättigungsrhythmen

Hormonrhythmen

Botenstoffrhythmen

Aktivitäts- und Erholungsrhythmen

Erregungs- und Ruherhythmen

Altersbedingten Rhythmen

Fürsorgerhythmen

Gegen all diese Rhythmen ist der Geist mehr oder weniger machtlos, aber er kann sich kurze Zeit gegen sie behaupten.

All diese Rhythmen überlagern sich ständig und sind permanent aktiv.

Beispiel: Ich kann einen Säugling beaufsichtigen, gleichzeitig Hunger haben, einen potenziellen Sexualpartner im Auge behalten und hundemüde sein. Unter diesen Voraussetzungen hat es das philosophische Denken allerdings sehr schwer.

Der Geist muss nun das Kunststück vollbringen, sowohl dem Körper bezüglich dieser Anforderungen zu dienen als auch sich selbst zum Herren aufzuschwingen. Mit welcher Wucht unser Körper den Geist unter seine Fittiche zwängt, ist uns in seinem ganzen Ausmaß wahrscheinlich noch gar nicht klar.

Wie weit etwa das Gefühl, Hunger zu haben, gehen kann, beweisen uns unrühmliche Episoden unserer Geschichte oder spektakuläre Unglücksfälle. Der Geist kann von der Aufgabe der Nahrungsbeschaffung fast vollständig blockiert sein, auch unter Missachtung der archaischsten Moralvorstellungen. Ein Mord und Kannibalismus aus Hunger sind keine extremen Seltenheiten in der Menschheitsgeschichte.

Berichte aus den Konzentrationslagern der Nazis haben uns gezeigt, was unter diesen Extrembedingungen unter Menschen alles möglich ist (siehe Primo Levi: „Ist das ein Mensch?").

Ebenso erging es den Überlebenden mancher Flugzeugabstürze in unwegsamem Gelände und auch gescheiterten Expeditionsteilnehmern.

Allein das Hungergefühl kann somit die komplette Kontrolle über den Geist übernehmen. Klar kann man sich vornehmen, morgen mal nichts zu essen, das funktioniert auch, aber nur eine gewisse Zeit. Friedrich Nietzsche hat es einst so ausgedrückt: „Wenn das Haus brennt, vergisst Du sogar das Mittagessen. Aber auf der Asche holst Du es nach."

Aber genau diese Fähigkeit des Verschiebens reichte als Überlebensvorteil im Sinne der Evolution – unsere Bedürfnisse auf Zeit zu verschieben und erstmal zu überlegen, was der sinnvollste Schritt wäre. Man kann gewiss eine ganze Zeit lang wach bleiben, aber am Ende siegt der Körper.

Allerdings darf man hier nicht unerwähnt lassen, dass es besonders willensstarke Menschen gibt, die einen Hungerstreik bis zu Tode durchhalten oder so lange wach bleiben, bis sie wahnsinnig werden. Aber auch in diesem Fall hat die Natur gesiegt, wenn auch auf etwas zynische Art und Weise, denn Leben und Tod zählen auch zu den biologischen Rhythmen.

Mit den Extremsituationen wollen wir uns aber hier nicht beschäftigen, sondern die Frage ist alltagsbezogen, inwieweit unser Körper auf unseren Geist Einfluss nimmt. Oder anders formuliert: Wann hat unser Geist denn überhaupt die Möglichkeit, sich frei zu entfalten?

Ich fürchte, diese Frage ist nicht befriedigend zu beantworten, da wir die Mechanismen zu wenig kennen. Nur eines ist meiner Meinung nach sicher: Wenn man frei denken möchte, muss man dem Geist möglichst viel Sklavenarbeit ersparen. Das bedeutet, dass es dem Körper einigermaßen gut gehen muss, damit von dieser Seite kein Dauerbombardement erfolgt.

Wie man allerdings für den Körper Sorge tragen muss, ist höchst individuell. Es kann nur jeder für sich selbst beantworten, unter welchen Bedingungen er sich wohlfühlt.

Es gibt natürlich nicht nur den Hunger als großen Ratgeber. In der Welt der Hormone geht es subtiler zu, aber ebenso wirkungsvoll.

Wir wissen ja, was allein eine Schilddrüsenüber- oder -unterfunktion aus einem Menschen machen kann. Was soll der Geist oder das Bewusstsein da ausrichten? Der Geist ist an diese Bedingungen gebunden. Da hilft dann auch keine Psychotherapie, weil die Psyche gar nicht krank ist, sondern nur das tut, was von ihr verlangt wird. Nur, die Hormone sehe ich halt nicht, wohl aber ihre Auswirkungen.

Dies gilt auch für manche Vitamindefizite. Für einen Arzt ist es manchmal gar nicht so leicht, die wahre Ursache einer Auffälligkeit herauszufinden. Das Auftreten mancher Erkrankung hat mit dem Ort ihrer Entstehung zuweilen nichts zu tun. So reagiert das Bewusstsein oftmals in einer Weise, der wir keine Ursache zuschreiben können, weil die Ursache nur über Umwege bis zum Bewusstsein gelangt ist. Es ist eben oft kein direkter Ursache-Wirkungsbezug. Ich fürchte, dies ist öfter der Fall, als uns lieb sein könnte, denn damit bleiben bestimmte Dinge einfach ein Rätsel.

Genauso wie das Wasser immer den Weg nach unten findet, bahnt sich körperlicher Notstand den Weg nach außen. Was aber ein körperlicher Notstand ist, bestimmt immer der Körper, nicht das Bewusstsein.

Was eine Beleidigung ist, bestimmt immer derjenige, der sich beleidigt fühlt.

2. Geisteswissenschaftlicher Aspekt
Zwei Welten

Bezüglich unseres Denkens leben wir im Grunde in zwei verschiedenen Welten: mit unserer ursprünglichen biologischen Grundausstattung und der neu hinzu gekommenen evolutorisch erfolgreichen logisch rationalen Denkstruktur. Nur selten haben diese beiden Elemente eine freundschaftliche Beziehung. Wir können uns gegen logische Erklärungen nicht wehren, weil sie in sich geschlossen und damit unangreifbar sind. Unsere Emotionen arbeiten jedoch auf einem anderen Level und sie sind mächtig, denn sie sind viel, viel älter und über Millionen Jahre gut geprüft.

Mit rationalen Argumenten kommt man der Macht der Emotionen nicht bei. Der Mensch steht ständig zwischen diesen beiden Polen, hin und her gerissen. Der Erfolg des rationalen Denkens ist nicht zu leugnen und verführt uns ständig, ihn für das Denken schlechthin zu halten. Die emotionalen und körperlichen Hintergründe unseres Denkens sind aber auch nicht zu leugnen und sie sind derart komplex, dass wir sie durch einfache Systeme nicht erfassen können. Wir müssen sie gar nicht verstehen – sie sind einfach da, ob wir sie nun verstehen oder nicht. Wir können und dürfen dies nicht ignorieren. Die Ignoranz dieser Prozesse führt dazu, dass wir heute Zukunftschancen für junge Menschen aufgrund eines Intelligenztests vergeben. Was aber erfassen derartige Tests? Etwas pauschal formuliert könnte man sagen, dass diese Kriterien keinen einzigen Menschen hervorgebracht haben, der als Vorbild dienen könnte. Wir leiden aber am Mangel an Vorbildern, nicht am Mangel an rationaler Intelligenz.

Ein Vorbild hat als Mindestanforderung eine ausreichend moralische Integrität. Wenn dieses Vorbild zusätzlich einigermaßen intelligent ist, umso besser.

Das ständige Infrage-Stellen des Begriffs der Moral hilft da nicht wirklich weiter.

Der Begriff ist in der Welt und wird verstanden, auch ohne, dass sich die Philosophen die Köpfe heiß reden, ob ein solcher Begriff überhaupt tauglich ist.

Man muss einem Kind keine Gradangabe mitteilen, um es zu warnen, dass etwas heiß ist. Muss ein Kind wissen, ab wann ein Gegenstand in der Wissenschaft als heiß bezeichnet werden darf? Es reicht völlig aus, wenn es erfährt, dass etwas heiß ist, um sich nicht zu verbrennen. Ebenso verhält es sich mit moralischen Warnungen: Es reicht, wenn man weiß, was gemeint ist.

Man könnte mittlerweile vermuten, dass die Kräfte, die uns in der Evolution so weit nach vorne gebracht haben, sich nun langsam gegen uns wenden. Damit sind die Kräfte des rationalen Denkens gemeint, in deren Fahrwasser unglücklicherweise eine Definitionssucht mitschwimmt. Wir werden Opfer unseres eigenen Erfolges.

Wir haben es selbst in der Hand, eben darin liegt die Tragik. Für die größten Gefahren scheinen wir blind zu sein. Wir sehen überall Gefahren, nur nicht in uns selbst.

Unser ehemaliger Bundespräsident Roman Herzog sagte einmal: „Es muss ein Ruck durch die Gesellschaft gehen." Diese etwas unscharfe Formulierung könnte genau in die richtige Richtung gewiesen haben. Vielleicht hat er aber auch etwas völlig anderes gemeint. Auf jeden Fall drückte diese Formulierung ein fundamentales Unwohlsein aus, deren Tiefe jeder für sich selbst ausloten kann.

Das rationale und lineare logische Denken kommt mir so vor wie ein Zeichner, dessen einziges Werkzeug ein Lineal ist. So aber entsteht niemals ein Gemälde, es sei denn, man definiert es als solches. Jedes Kind malt besser, nicht so perfekt, aber emotional immer interessant. Die gerade Linie findet man in Gemälden nur höchst selten und in der Natur übrigens auch nicht. Die gerade Linie ist selbst schon ein Abstrakt und der König der technischen Zeichnungen.

Im übertragenen Sinn umgeben wir uns jedoch zunehmend von geraden Linien, die das Leben selbst niemals abbilden können.

Emotionen sind Energieerzeuger, das logische Denken ist Energieverbraucher. Schon dadurch sind die Machverhältnisse geklärt.

Gedankenentwicklung

„Ich fühle mich wohl" diese Äußerung meiner Seele oder meines Inneren, wie immer man es nennen will, verlangt nach keinerlei Auflösung. Es reicht vollkommen aus, wenn man ein solches Gefühl konstatiert. Alles ist in Ordnung.

„Ich fühle mich nicht wohl" hingegen verlangt nach einer Klärung. Woran liegt es, dass ich mich nicht wohlfühle? Was sind die Gründe? Woran hapert es?

Beides sind Äußerungen der gleichen Seele, die ein diffuses Empfinden in Worte zu kleiden sucht.

Eine typische Äußerung jenseits des linearen Denkens. Dazu passt die schwammige Formulierung perfekt.

Zuerst entsteht immer die Idee, der Gedanke. Dieser ist schon vorhanden, bevor er den Weg zum Sprachzentrum gefunden hat. Die Sprache versucht dann, meist etwas holprig, den Gedanken in Worte zu übersetzen.

Die Entstehung einer Idee ist eine höchst geheimnisvolle Angelegenheit. Man muss sich mit dem Gedanken anfreunden, dass die gesprochene Sprache oft die unvollkommenste Form des Ausdrucks ist. Der Ausdruck einer Idee kann auch schlicht eine Umarmung sein, ein Gesichtsausdruck, eine Körperhaltung, eine Geste – und damit sehr viel besser formuliert als durch Sprache. Was wir unter „Denken" verstehen, ist eben viel mehr als das, was wir durch Sprache ausdrücken können.

Sprache zählt zur Kommunikation, aber Kommunikation besteht nicht nur aus Sprache. Vielleicht ist die Sprache nur der kleinere Teil unserer Kommunikationsfähigkeit. Sie ist aber der Teil, auf den wir mächtig stolz sind und den wir unablässig üben.

Auf jeden Fall müssen wir uns damit abfinden, dass Sprachmitteilungen immer nur einen Teil unserer Erkenntnisfähigkeit ausdrücken können. Das Feilen an sprachlichen Mitteilungen spricht wiederum hauptsächlich das lineare, logische Denken an. Man sucht nach Formulierungen, die dem Gedachten möglichst nahekommen, weg von der Emotion und hinein ins Sprachlabor.

Eine Handlung oder auch ein Blick sagt mehr als tausend Worte. Die meisten Gedanken entstehen in einem diffusen Raum und sind für uns in ihrer Entstehungsgeschichte auch nicht nachvollziehbar. Jeder formulierte Satz bedeutet eine Beschneidung des Gedankens. Warum messen wir den Worten trotzdem eine solche Bedeutung zu?

Nun, es ist unsere einzige Möglichkeit, über Generationen Gedanken weiterzugeben, mit einer Ausnahme: der Kunst!

Kunst bedeutet direkte Ansprache der Seele, ohne Umwege, das macht sie auch so verführerisch.

In der Kunst hat der Mensch schon sehr früh eine Form der Kommunikation gefunden. Die Kunst war sogar die erste Form generationsübergreifender Kommunikation. Kunst gab es schon 30.000 Jahre vor Erfindung der Schrift, das heißt, bevor ein Gedanke wörtlich überliefert werden konnte. Zuvor gab es nur Erzählungen, die aber bekanntermaßen durch mündliche Überlieferungen sehr fehleranfällig waren.

Der Mensch hat offensichtlich schon sehr früh Wert darauf gelegt, den Gedanken „an sich" weiterzugeben, vielleicht wohl wissend, dass Worte nur einen schalen Abglanz darstellen. Wir können schließlich nicht wissen, wie viele Worte den Menschen im Neolithikum zur Verfügung standen.

Erst die Schrift hat dem logischen Denken so richtig Auftrieb gegeben, sie hat den Menschen in ungeahnte Höhen katapultiert. Auf dieser Erfolgsgeschichte basiert unser heutiges Bildungssystem. Seit tausenden von Jahren pflegen und trainieren wir fast ausschließlich den Teil unseres Geistes, nämlich Rechnen und Schreiben, der für die meisten Dinge des Lebens der Inkompetenteste ist. Da ist es kein Wunder, wenn die Gesamtheit des Denkens ins Hintertreffen gerät.

Wir sollten vorsichtiger werden, wenn scharfe sprachliche Abgrenzungen verlangt werden, denn jede sprachliche Äußerung verschleiert den Gedanken. Je präziser sich die Sprache gibt, desto unsichtbarer wird der ursprüngliche Gedanke dahinter. Man denkt schließlich auch in Bildern, aber eine Bildbeschreibung empfindet man als unzulänglichen Ersatz.

Wenn wir Gedanken sprachlich ausdrücken wollen, dann sollten wir mehr auf Metaphern oder lyrische Beschreibungen vertrauen. Mit unscharfen Rändern müssen wir uns halt abfinden. Wenn ich mir manche philosophischen Sprachgebilde anschaue, wird der Mangel an Ausdrucksfähigkeit eklatant deutlich. Die Sprache beschäftigt sich nur noch mit sich selbst. Man weiß manchmal gar nicht mehr, ob etwas mitgeteilt (darin steckt das Wort „teilen") oder einfach nur gesagt werden soll, ohne Rücksicht auf Verständlichkeit.

Außerhalb des Sprachraums nennt man ein solches Verhalten Egomanie oder auch Onanie.

Über die Bedeutungslosigkeit

In der Antike lief ein einzelner Mensch die Strecke Marathon–Athen. Dieser Bote einer frohen Botschaft hat es bedauerlicherweise nicht überlebt. Er brach tot auf der Agora zusammen.

Heute laufen in jeder beliebigen Großstadt zehntausende Menschen diese Strecke. Wozu? – Das weiß kein Mensch.

Warum diese Strecke? Ich fürchte, sie tun es nur aus Gründen der Vergleichbarkeit. Wir leben im Zeitalter des Vergleichbarkeitswahns.

Es sind immer klar umschriebene Ziele, die verfolgt werden. Diese Ziele werden wie Trophäen gesammelt. Eines ist ihnen aber merkwürdig gemein: Sie müssen gemessen werden können.

Was messbar ist, darüber kann man auch sprechen. Nur was messbar ist, kann auch verglichen werden.

Deshalb halten sich Menschen auch am liebsten in ihren „Blasen" auf, unter Gleichgesinnten. Sie müssen eine wahnsinnige Angst davor haben, ihr Weltbild könnte Risse bekommen. Die Angst von falschen Voraussetzungen ausgegangen zu sein, die Sinnlosigkeit ihrer Vergangenheit anzuerkennen. Kurz: ihre Bedeutungslosigkeit zu akzeptieren.

Wer sich diesem Vergleichbarkeitswahn heute entziehen möchte, muss damit rechnen, als etwas seltsam angesehen, zuweilen jedoch auch als asozial abgestempelt zu werden. Das Harmloseste, was solch einem Menschen passieren kann, ist als Schwächling zu gelten. Der angebliche Mangel an Ehrgeiz ist einer der naheliegenden Vorwürfe.

Beim Zwang, sich vergleichen zu müssen, schrecken die Menschen vor nichts zurück, er scheint zur primären Lebensmaxime geworden zu sein. Kein Lebensbereich bleibt davon verschont, auch die eigenen Kinder nicht oder gerade diese nicht. Der Nachwuchs ist das Schlachtfeld der Prahlerei.

Wenn es nach den Eltern geht, leben wir derzeit in einer Hochbegabtenschwemme. Wenn es zur Hochbegabung offensichtlich nicht reicht, so sind die Kleinen mindestens hochsensibel. Dabei ist anzumerken, dass die Hochbegabung natürlich auch nur ein Vergleichswert ist.

Am deutlichsten wird diese Fehlentwicklung des Vergleichbarkeitswahns jedoch beim lieben Geld. Das kann man nämlich zählen, und zwar täglich, was viele auch tatsächlich tun.

Ursprünglich war Geld ein Ersatz für Tauschmittel. Tauschen bedeutet aber, dass ich etwas haben will. Von diesem Wunsch hat sich das Geld aber völlig losgelöst. Es führt ein Eigenleben, das ihm gar nicht zusteht. Es bildet die modernen Pfauenfedern der Gesellschaft: sehr schön und beeindruckend, wenn die Federn zum Rad aufgeschlagen werden, aber sehr hinderlich bei der eigentlichen Bestimmung eines Vogels, nämlich zu fliegen.

Der Biologe kennt dieses Phänomen: Es ist eine Sackgasse der Evolution. Wenn der Vogel so weitermacht, wird er wegen Flugunfähigkeit aussterben. Der Unterschied ist allerdings, dass der Pfau kein Bewusstsein hat, um dies eventuell noch abzuwenden.

Man sieht: Auch die Natur meint es nicht immer gut mit ihren Erzeugnissen. Die Biologen kennen heute sehr viele solcher Entwicklungen, denn der Pfau ist durchaus kein Einzelfall. Der Pfau könnte ein Symbol werden für den Menschen im Umgang mit seinem Geld. Der Mensch ist zwar auch nur Natur, hat aber ein Bewusstsein.

Ein Bewusstsein zu besitzen bedeutet aber offensichtlich nicht, es auch zu gebrauchen. Da ist schon der Mahnruf eines Immanuel Kant in der Geschichte verhallt. Auch er hat die damaligen Konventionen und den verbreiteten Aberglauben angeprangert: „Gebrauche Deinen eigenen Verstand."

Man könnte jetzt spekulieren, in welcher Zeit der Aberglaube stärker verbreitet war: zu Kants Zeiten oder heute?

Unsere Beziehung zu Geld würde heute natürlich niemand als Aberglaube definieren, aber das Verleugnen der Symptome gehört zum Krankheitsbild. Da liegt unser größter Irrtum.

Im Grunde umgeben wir uns mit Amuletten, denn auch und gerade der Umgang mit Geld beruht ausschließlich auf Vertrauen und Glauben. Da es aber immateriell ist, handelt es sich ohne Zweifel um einen Aberglauben. So kurz ist die Beweisführung.

Diesbezüglich ist der Aberglaube heute wesentlich weiter verbreitet als zu Zeiten Kants. Die Macht des Geldes steckt heute in jedem Detail unseres Lebens. Nicht mal die Macht der mittelalterlichen Kirche hatte diese Erzwingungskraft wie heutzutage das Geld. Nietzsche: „Das Geld ist die Brechstange der Macht." Welcher naive Geist will da noch an die Wirksamkeit mahnender Worte glauben?

Das Schweigen der Intellektuellen in unserer Zeit legt davon ein beredtes Zeugnis ab. Manche ahnen etwas, manche wissen es: Es ist zu spät! Niemand hält den rollenden Zug auf, bis er aus den Gleisen springt. Die letzte Hoffnung liegt auf der bitteren Überzeugungskraft von Katastrophen.

Aber auch da lehrt uns die Geschichte, nicht allzu optimistisch zu sein. Hat jemals irgendein Krieg einen anderen verhindert?

Doch was kann man tun, wenn man weiß, dass man nicht mehr überzeugen kann? Es sind hilflose Appelle! Anstöße zum Nachdenken – mehr nicht!

Was geschieht, wenn man einen Panzer mit den bloßen Händen aufhalten möchte? Dies haben uns schon andere vorgemacht – heroisch, aber sinnlos – und schon gar nicht erfolgreich. Der Mediziner weiß es: Die Entdeckung einer Krankheitsursache bedeutet noch lange keine Heilung.

Ursachenforschung ist allerdings keine schlechte Voraussetzung, ein Gegenmittel zu finden, zumindest besser als der Zufall. Sie ist demgemäß auch besser als eine Obduktion, bei der man auch nur posthum sagen kann, woran es gelegen hat.

Der Vergleichbarkeitswahn, dem wir alle zwangsläufig unterliegen, ist keinesfalls ein Plädoyer gegen den Ehrgeiz. Jeder kann und soll seinen Ehrgeiz pflegen und ausleben. Vorsicht ist nur bezüglich der Ziele des Ehrgeizes geboten. Wenn diese auf Vergleichbarkeit ausgelegt sind, wird es bedenklich.

Ehrgeiz ist eine Sekundärtugend, die der ordnenden Hand bedarf. Sekundärtugenden sind Werkzeuge, deren Gebrauch vom einzelnen Menschen abhängt. Wird jemand erstochen, ist nicht das Messer schuld und schon gar nicht der Messerfabrikant. Es ist immer die Hand, die es führt.

Wenn man sich der Vergleichbarkeit entziehen möchte, muss man seine Bedeutungslosigkeit in Kauf nehmen.

Positiv ausgedrückt: Man bekommt die Chance, sich auf neutralem Boden zu bewegen. Man entzieht sich Zwängen, wird nicht mehr verfolgt, lebt ungestresst und frei in der Gestaltung seines Daseins. Kurz: Man lebt wahrhaft gesund und menschenwürdig. Man darf weiterhin neidisch sein, verliert aber die Missgunst. Man darf ehrgeizig sein, wählt aber seine eigenen Ziele. Man lebt sein Leben und nicht das der anderen. Man lernt, was man möchte und nicht was andere uns vorschreiben. Man gebraucht seine Tauschmittel und ist nicht mehr ihr Sklave. Die Bedeutungslosigkeit ist im Grunde ein Plädoyer für die Menschenwürde. Die Würde des bedeutungslosen Menschen!

Könnte es vielleicht sein, dass der bedeutungslose Mensch unter diesem Gesichtspunkt gar nicht so bedeutungslos ist? Könnte es sein, dass die heute so bedeutenden Zeitgenossen im Vergleich viel bedeutungsloser sind?

Sollte man sich nun für den Weg der neuen Bescheidenheit entscheiden, muss man vor allem einen Fehler vermeiden: Es jemandem mitzuteilen.

- Sie werden Dich zu Tode hetzen.
- Nicht jeder ist der Rolle des Diogenes gewachsen.
- Sei vorsichtig und haushalte mit Deinen Kräften.
- Tote nutzen der neuen Gemeinschaft nichts.

Über das Diffuse

Das Diffuse ist der natürliche Feind des logischen Denkens.

Der Logos erfordert geradezu zwingend die eindeutige Abgrenzung der Begriffe. Der Logos ist der Hexenmeister der Definitionssucht. Das logische, rationale, mathematisch orientierte Denken ist aber nur ein Teil unseres Denkvermögens. Seine unbestreitbare Anziehungskraft besteht darin, dass uns dieser Teil unseres Denkvermögens zu sagenhaften Fortschritten verholfen hat.

Um bei einer altbekannten Metapher zu bleiben: Es ist uns gelungen, einen einzigen Raum eines Höhlensystems einigermaßen gut auszuleuchten. Doch es sollte uns bewusst bleiben, dass der Rest der Höhle noch völlig im Dunkeln liegt. Ob dieser beleuchtete Raum der größte des ganzen Systems ist, muss derzeit völlig offenbleiben. Vom Rest des Höhlensystems haben wir bestenfalls eine Ahnung seiner Existenz.

Die Frage, wie das menschliche Denken de facto funktioniert, bleibt unbefriedigend im Dunklen. Ausreichend gut kennen wir nur diesen einen beleuchteten Raum. Wir haben es in der Kognitionsforschung also mit einem erweiterten platonischen Höhlengleichnis zu tun.

Was wäre, wenn unser Denken nach völlig anderen Gesetzen funktioniert, bei denen die Logik nur eine untergeordnete Rolle spielt?

Die Logik ist das einzige Teilgebiet, das uns einen Zugang gewährt. Dieser uns gewährte Zugang führt zu einer völligen Überschätzung. Es ist leider eine menschliche Schwäche, dass die Dinge, die man kennt und einigermaßen beherrscht, gleichzeitig vollkommen überschätzt werden.

Damit möchte ich selbstverständlich in keiner Weise die Logik infrage stellen. Der Sinn für Logik stellt eine Zusatzqualifikation dar.

Der Farbe „Blau" wird ja auch nichts genommen, wenn neben ihr noch andere Farben existieren.

Der logische Verstand ist nur ein einzelnes Gewürz im Gewürzregal. Durch den übermäßigen Gebrauch dieses Gewürzes schmecken unsere Speisen allerdings mittlerweile überall merkwürdig gleich.

Dabei zeigt uns doch unser alltägliches Leben, dass es da noch andere Dinge geben muss, die letztendlich unser Handeln bestimmen oder zumindest einen erheblichen Einfluss auf unser Handeln ausüben.

Man denke nur an unsere Emotionen und deren dunkle Urgründe. Auch unsere Emotionen reagieren keinesfalls unabhängig, denn durch eine ausreichende Hormonzufuhr sind unsere Emotionen auch nur ausführende Organe.

Ein Beispiel: Was passiert in uns beim Betrachten eines Kunstwerks?

– Beim Anblick von Landschaften, Blumen, Tieren, in der Liebe, beim Hass, bei sentimentalen Erinnerungen, bei Zukunftsängsten etc.? Das alles sind Tabu-Zonen der Logik und Rationalität.

Es existiert auch kein Gegensatz zwischen Emotionen und Logik, denn sie sind stets miteinander verschmolzen, so wie unser Geist nicht unabhängig von unserem Körper existieren kann. Wer allerdings bei einer konkreten Handlung die Oberhand behält, bleibt oft im Bereich des Geheimnisvollen und der Unergründbarkeit.

Wir können der Logik und den Emotionen nicht entkommen, selbst, wenn wir es möchten.

Alles, was wir aktuell erleben, verschmilzt augenblicklich mit unserer erinnerten Vergangenheit und wird gleichzeitig in die Zukunft projiziert. Erinnerung und Prophezeiung sind untrennbar mittels logischer Verknüpfung verbunden.

Daher fällt es uns im Allgemeinen schwer, ein Gefühl für den Augenblick zu bekommen. Der Augenblick ist nur ein fiktiver Punkt, nur der Moment des Übergangs zwischen Vergangenheit und Zukunft. Da hilft auch der Ratschlag nichts: „Genieße den Augenblick."

Wer kann sich denn ohne eine massive Geisteskrankheit von der eigenen Vergangenheit und Zukunft frei machen? Nur ein Irrer kann den Augenblick genießen. Nur das Maß an Ignoranz bestimmt den Genuss.

Das Einzige, was man wirklich guten Gewissens genießen kann, ist die Zuversicht, auch im Augenblick. Diese Zuversicht hat allerdings sehr wenige Wurzeln im Bereich der Logik.

Die Frage, inwieweit logisches Denken unser Leben bestimmt, wird immer verworrener. Wenn aber nicht die Logik der Hausmeister unserer „Seele" ist, wer ist es dann? Vielleicht handelt es sich um ein ganzes Kollektiv von Hausverwaltern. Wir kennen schließlich nur einen Kollegen: Den Polier der Logistikabteilung. Wir haben aber die Vermutung, dass hinter ihm noch ein ganzes Team steht, um den Laden am Laufen zu halten.

Wir erleben leider auch häufig die komplette Überforderung der Logistikabteilung, um im Bild zu bleiben.

Was passiert in unserem Inneren? In welchen Räumen der Höhle halten wir uns bevorzugt auf? In welchen Räumen haben wir das Licht einfach ausgeknipst? Warum engen wir uns freiwillig derart ein?

Wir lieben das Verlässliche, das Gewohnte, das Bekannte, welches zulässt, den Augenblick in Bezug auf die Zukunft zuversichtlich einzuschätzen.

Die Sehnsucht wiederum ist die Angel, deren Köder in anderen Gewässern schwimmt. Ist der Köder geeignet, beißt ab und zu auch mal etwas an und man wird auf eine andere Spur als der des Gewohnten gebracht.

Dadurch, dass die Sprache immer bildreicher wird, sieht man schon, dass wir gewohntes Terrain verlassen. Für ungeübte Sprachfelder stehen uns weniger Worte zur Verfügung und wir müssen uns mit dem behelfen, was wir haben. Was uns aber immer zur Verfügung steht, sind die Ausdrucksmittel aus der Zeit, als die Sprache noch nicht schriftlich fixiert war. Ich spreche hier von Sprachbildern, Kunst und Poesie.

„Worüber man nicht sprechen kann, darüber muss man schweigen." Da gehe ich mal nicht mit dem Sprachphilosophen Ludwig Wittgenstein konform: Was man nicht sagen kann, muss man versuchen zu umschreiben.

Die Sprache ist nur ein Baustein unserer Kommunikation, wenn auch ein sehr entscheidender. Kommunikation ist aber alles, was eine Reaktion herbeiführen kann, und das können sehr viele Ausdrucksmöglichkeiten. In der Kommunikation vernachlässigen wir sträflicherweise alles, was außerhalb des Spracherlebens steht. Im Laufe der Zeit sind wir schlicht auf sprachliche Eindeutigkeit konditioniert.

Eines ist sicher: Wir sind Teil der Natur, wir sind in die Natur eingebettet. Es ist jedoch die reale Natur, nicht die, wie wir sie uns vorstellen und wie wir sie gerne hätten. Wir müssen versuchen, die Natur als Ganzes zu verstehen, nicht nur die Teile, die wir mögen. „Wer Schmetterlinge liebt, muss auch Raupen mögen."

Das logische Denken hat sich evolutionär herausgebildet – nicht nur beim Menschen. Beim Menschen allerdings in besonders eindrucksvoller Form. Es handelt sich offenbar um einen artenübergreifenden Überlebensvorteil. Der uns gewährte Einblick in die Gesetzmäßigkeiten der Natur hat uns jedoch auch in die Lage versetzt, unserem Lehrmeister erheblichen Schaden zuzufügen.

Wir kennen heute zahlreiche Teilgebiete der Natur und viele Gesetzmäßigkeiten, aber wir haben nur eine vage Ahnung von den Gesamtzusammenhängen. Die grundsätzlichen Gefahren, die aus einem Mangel an Gesamteinsicht entstehen, hat uns schon Goethe eindrucksvoll in seinem „Zauberlehrling" vor Augen geführt.

Ein wesentlicher Kollateralschaden, den uns die Entwicklung des Logos beschert hat, ist die Ungeduld. Wir sind unablässig damit beschäftigt, Dinge zu beschleunigen.

Ein entscheidender Nebeneffekt bei der Entwicklung des logischen Denkens ist nämlich das Zeitempfinden und damit auch ein „Ich-Bewusstsein".

Wir wissen um unsere Endlichkeit, wir wissen, dass uns nur eine begrenzte Lebenszeit zusteht. Wir wissen, dass wir die Dinge, die uns wichtig sind, in einer bestimmten und begrenzten Zeit schaffen müssen. Dieses Wissen treibt uns zu einer permanenten Beschleunigung und damit auch zu einer unerträglichen Ungeduld. Ein Großteil der Schäden, die wir heute der Natur zufügen, ist das traurige Resultat unserer Ungeduld.

Wir verwenden permanent Technologien, die uns schnellen Fortschritt versprechen, deren Folgen uns aber völlig unbekannt sind.

Das ist allerdings nur die harmlose Variante. In der etwas härteren Gangart sind uns die Folgen zwar bekannt, aber schlicht egal, besonders wenn sie uns nicht direkt angehen, sondern in der Zukunft liegen oder Menschen in fernen Kontinenten betreffen.

Im Allgemeinen lautet die Maxime: Was ich kann, wende ich auch an. Was ich kann, mache ich auch. Für dieses fürchterliche Kapitalverbrechen reichen die biblischen zehn Gebote leider nicht aus.

Die ethischen Fragen, die sich aus den Folgen unserer Fähigkeiten ergeben, erheben sich mittlerweile zu einem Gebirge. Während der Ethiker noch mit sich ringt, forscht die Wissenschaft schon weiter und produziert unablässig neue Fragen: Hase und Igel. Der Logos auf der Überholspur.

Über das Reisen in der Eisenbahn ist die Aussage eines weisen alten Indianers überliefert: „Das ist mir zu schnell, ich muss aussteigen und auf meine Seele warten, denn meine Seele kommt nicht mit."

Mittlerweile sitzen wir alle in dem Zug und unsere Seele verweilt im Neolithikum. Wir haben alles maßlos beschleunigt, aber fühlen wir uns auch wohl dabei? Wer von uns führt noch ein beschauliches zuversichtliches Leben?

Niemand kann das Rad der Zeit anhalten oder gar zurückdrehen, das wäre ja auch vollkommener Unsinn. Wir könnten aber bei unseren zukünftigen Entwicklungen andere Maßstäbe ansetzen. Um einen Fehler zu korrigieren, muss ich ihn aber erst mal erkennen und als Fehler klassifizieren.

Der grundsätzlichste aller Fehler der Vergangenheit, sozusagen die Mutter aller Fehler, ist die Vernachlässigung des gesamten Denkens zu Gunsten eines Teilbereichs, nämlich der Fähigkeit zu logischen Schlüssen. Wir verwechseln permanent den gesamten Vorgang des Denkens mit der Logik.

Die Logik hat einen unschätzbaren Vorteil: Sie ist einfach; Ursache – Wirkung – Schluss. Einstein bemerkte hierzu: „Man soll die Dinge so einfach wie möglich machen, aber nicht einfacher."

Es ist die außerordentliche Verführungskunst der Schlichtheit. Es scheint unmöglich, sich ihr zu entziehen. Dazu kommt noch ihre historische Erfolgsgeschichte.

Leider ist die Logik aber der Teilbereich unseres Denkens, den wir ausschließlich über Jahrtausende trainiert haben. Bezüglich der Logik sind wir heute alle Hochleistungssportler. Leider nur in einer Sportart.

In der Welt der Zahlen geht es mit unerbittlicher Genauigkeit zu. Alles ist der Logik und feststehenden Gesetzen unterworfen. Richtig und falsch kann man in diesem Milieu einfach unterscheiden. Man kann beweisen und falsifizieren, neue logische Schlussfolgerungen ziehen. Die Ergebnisse werden von niemandem ernsthaft bezweifelt, solange man sich im festgelegten System bewegt. Moderne rational begründete Wissenschaft hat immer Zahlen zur Grundlage. Deshalb heißt sie ja auch „Wissenschaft" und nicht Glaubenschaft.

Jeder beschulte Mensch ist mit diesem System vertraut, zumindest im westlichen Kulturkreis. Die bestechende Logik, Transparenz und Schlichtheit der Zahlenwerke üben eine geradezu unwiderstehliche Anziehungskraft auf unsere Art zu denken aus.

Unser Leben wird durch ein riesiges Netzwerk von Zahlen durchzogen – und wir mögen es, denn es gibt Sicherheit. Zahlengesetze sind Instanzen, an denen niemand zu rütteln vermag und die wir alle ausnahmslos anerkennen. Sie bilden die Grundlage des einzig wirklich Sicheren im Leben. Das Vertrauen in die Welt der Zahlen ist unbegrenzt und wird nicht bezweifelt. Es existiert nichts annähernd Vergleichbares, dem wir derart uneingeschränktes Vertrauen entgegenbringen. Deshalb reagieren wir auch so verstört, wenn uns jemand mit falschen Zahlen betrügen möchte.

Durch die Digitalisierung hat sich der Einfluss der Zahlen auf unser Leben nochmals erheblich gesteigert. An Gott mag manchmal ein Zweifel aufkommen – an den Zahlen niemals.

Man sollte dabei aber nicht aus den Augen verlieren, dass es Zahlen im eigentlichen Sinne gar nicht gibt. Kein Mensch hat jemals eine Zahl gesehen. Wir vertrauen demnach etwas, was wir selbst erst erschaffen haben.

Damit vertrauen wir einer kulturellen Errungenschaft. Ketzerisch könnte man auch behaupten: Wir vertrauen einer Illusion, unserer Einbildungskraft, unserem Abstraktionsvermögen, unserer Fantasie.

Aus psychiatrischer Sicht würde man ein Vertrauen auf derartige Institutionen höchst aufmerksam verfolgen. Schließlich basieren manche Störungen der menschlichen Psyche ebenso ausschließlich auf dem Vertrauen zu der eigenen individuellen Fantasie, Illusion und Einbildungskraft.

Unbedenklich wird es erst dadurch, dass dieses Vertrauen kollektiv stattfindet.

Beim Geld wird diese Verbindung besonders deutlich, denn ohne Vertrauen ihrer Benutzer hat keine Währung der Welt auch nur den geringsten Wert. Wenn jeder verunsichert morgen zu seiner Bank geht, nur um sein Geld einmal anzufassen, bricht das System innerhalb von Stunden zusammen. Diesbezüglich leben wir auf der Caldera eines Vulkans. Die Abhängigkeit von der Welt der Zahlen ist offenbar unumkehrbar und total.

Geldinstitute werben bezeichnenderweise stets mit zwei elementaren Eigenschaften der Menschen: Vertrauen und Gier. Das Geld spielt bei unseren Betrachtungen aber nur eine untergeordnete Rolle.

Die Zahl der Zahlengläubigen überragt die Zahl der religiös gestimmten Menschen erheblich, obwohl gerade die Religion eigentlich den Monopolanspruch auf den Glauben erhebt. Die Zahlen sind ein Krake, der auf alle Bereiche des Menschlichen zugreift. Genau diese Dominanz gilt es zu verhindern!

Ich gehe sogar so weit zu behaupten, dass dieses Zahlenmahlwerk unser Denken behindert und bei fortschreitender Dominanz sogar in der Lage sein wird, unser Denken ernsthaft zu gefährden.

Diese destruktive Tendenz basiert einzig auf der Macht der Gewohnheit. Wir beschäftigen uns zunehmend nur noch mit linearen Denkprozessen. Dies bedeutet: mit einer ganz bestimmten Art des Denkens, mit einer Einzeldisziplin. Diese Einzeldisziplin ist aber antrainiert und nicht naturgemäß, denn sie beruht auf Abstraktion.

Die Verführungskraft des linearen Denkens beruht auf seiner geradezu unglaublichen Erfolgsgeschichte. Diese Erfolgsgeschichte drückt sich in dem beeindruckenden Fortschritt der letzten 500 Jahre aus.

Wir sind täglich und lebenslänglich Zeuge dieses Vorgangs und es besteht nicht der Hauch eines Zweifels, welcher Art zu denken wir das alles zu verdanken haben.

Wenn man sich allerdings Gedanken um das Denken an sich macht, das heißt mit all seinen Facetten, sollte man im Auge behalten, dass es den Menschen in seiner heutigen Gestalt seit gut 50.000 Jahren gibt. Die Zahlen spielen demnach erst in jüngster Zeit eine Rolle in unserem Leben.

Da keine nennenswerten Mutationen stattgefunden haben, kann man davon ausgehen, dass der Mensch auch vorher schon gedacht hat.

Gedanken gab es also auch schon vor der linearen Zahlenwelt, was Platon und seine Philosophenkollegen ja auch eindrucksvoll unter Beweis gestellt haben.

Unser Gehirn kommt mit der Welt der Zahlen gut zurecht – mehr aber auch nicht!

Es fühlt sich dort aber nicht zu Hause, es ist nicht seine Bestimmung und auch nicht seine Heimat. Es ist nur ein Teil des Ganzen, man sperrt es dort in einem Zimmer ein, schließt die Tür und wirft den Schlüssel fort, sodass es keine Verbindung mehr mit der Außenwelt herstellen kann.

Erst die Gesamtheit des Denkens hat den Menschen im Laufe der Evolution so weit nach oben katapultiert. Der Mensch war derart erfolgreich, dass er heute im Grunde „nur" noch sich selbst fürchten muss. Gerade innerhalb des Systems, also im zwischenmenschlichen Bereich, könnte uns das lineare Denken an den Rand des Abgrunds führen und mit etwas Pech auch noch einen Schritt weiter. Es gibt Bereiche des Lebens, die dürfen wir nicht ausschließlich dem rationalen Denken überlassen.

Wie aber funktioniert das Denken?

Ich fürchte, das weiß niemand. Es wird nur Annäherungsversuche geben. Schon Kant hat sehr verkürzt dargestellt, dass man mit dem Denken alles Mögliche ergründen kann, aber nicht das Denken selbst.

Man muss sich mit Metaphern behelfen, Erfahrungswerte sammeln, Spekulationen anstellen und Modelle entwerfen – alles sehr unwissenschaftlich.

Auch die modernsten Untersuchungsmethoden mit MRT etc. zeigen bislang nur, dass etwas gedacht wird und wo, aber nicht was. Im Grunde zeigt es nicht mal das, sondern nur, dass irgendwo eine Aktivität stattfindet sodass auf dem Monitor etwas aufleuchtet.

Das Denken äußert sich darin, was der Mensch macht, und ist das Ergebnis eines Denkvorgangs. Ob das nun rational oder irrational ist, spielt keine Rolle, denn auch ein Gedanke, den wir als falsch interpretieren, ist trotz allem erst mal ein Gedanke. Diese Reihenfolge gehorcht immerhin noch dem Ursache-Wirkungsprinzip. Erst kommt das Denken, dann die Handlung. Das war's aber auch schon.

Manchmal bestehen Schwierigkeiten jedoch schon darin, Ursache und Wirkung korrekt zuzuordnen. Jeder Handwerker müsste bei dieser Lage der Dinge schon kapitulieren.

Nun steht das Gehirn zu allem Überfluss auch noch in ständiger Korrespondenz mit dem Körper, von dem es ja schließlich ein Teil ist. Dieser Körper hat Bedürfnisse und gibt dem Gehirn zyklisch von Zeit zu Zeit die Zielrichtung vor. Als einfachstes Beispiel sei hier die Nahrungsbeschaffung genannt. Der Körper gibt das Gehirn erst dann wieder frei, wenn die Aufgabe erledigt ist, falls nicht, wird das Denken an der kurzen Leine gehalten. Da nutzt es auch nichts, wenn ich die Quadratwurzel einer fünfstelligen Zahl ziehen kann.

Die Zahl und Beschaffenheit der Ketten, an die das Gehirn gelegt ist, kennen wir nicht. Es grenzt an ein Wunder, dass so etwas wie freies Denken überhaupt noch zu Stande kommt.

Mit dem linearen Denken kommen wir dem Gesamtphänomen des Denkens nicht auf die Spur. Die große Gefahr: Das Denken als Ganzes verkümmert zu einer Spezialdisziplin.

Man kann die Farbpigmente eines Bildes genauestens analysieren und hat trotz aller Mühe nicht die geringste Aussage über die Malerei gemacht. Dies bedeutet: Immer, wenn wir die Gesamtheit aus den Augen verlieren, machen wir einen schwerwiegenden Fehler.

Der Gesamtzusammenhang ist jedoch oft nicht zu erfassen, da er für unser Denkvermögen viel zu komplex ist. Je mehr wir wissen, umso mehr scheitert der Bezug zum Gesamtzusammenhang. Ein klassisches Dilemma: Wir wollen und müssen zwar den Gesamtzusammenhang erkennen, um angemessen zu handeln, aber bei zunehmender Komplexität können wir es nicht mehr.

Man betrachte einmal die Welt unter diesem Aspekt und man befindet sich in einem Irrenhaus – ein real existierendes Horrorszenarium.

Die Einzeldisziplinen zusammenzuführen wird eine der drängendsten Herausforderungen unserer Zukunft sein. Nur die modernen Möglichkeiten der Vernetzungen können einen

Ausweg aus diesem Dilemma bilden. Damit meine ich aber nicht die sogenannte künstliche Intelligenz, sondern Menschen mit einer gut ausgebildeten „natürlichen" Intelligenz, die über ausgeprägte Fähigkeiten zur Koordination verfügen. Ich spüre heute schon einen gefühlt starken Mangel an Koordinationsfähigkeiten.

Dieses Versagen wird dann gerne als Missverständnis in der Kommunikation dargestellt. Eine häufig gehörte Stereotype lautet: „Wir müssen das besser kommunizieren." oder „Da müssen wir noch nachbessern." Beliebt auch der Hinweis auf zukünftige Nachschulung des Personals.

Wann hört man schon einmal die einzig mögliche und ehrliche Antwort: „Entschuldigung, ich hab's verbockt."?

Doch zurück zum Denken. Unser Denken in seiner Gesamtheit ist deshalb so erfolgreich, weil es eingebunden ist und über alle Sinne versucht, stets die Gesamtheit zu erfassen (sofern es die Ketten loswerden kann).

Das Denken ist nur ein Kompass – es gibt den Möglichkeiten eine Richtung vor.

Es ist ungenau, ungefähr, man könnte seine Haupteigenschaft mit „diffus" umschreiben. Dies ist ein klarer Gegenentwurf zum exakten, logischen und mathematischen Denken.

Welche Eigenschaften sind dann aber die Hauptakteure dieses Gegenentwurfs? Gegenspieler des linearen Denkens sind unscharfe, diffuse Ziele.

Man findet sie in Begriffen wie Schönheit, Liebe, Ethik, Ästhetik und im Musischen etc. Bewertungen des persönlichen Geschmacks, jenseits von eindeutig richtig und falsch.

Der ergänzende, diffuse Bereich des Denkens befindet sich auf einer anderen Ebene als das erbarmungslos logische lineare Zahlendenken. Deshalb kann das diffuse Denken auch nie in einem Konkurrenzkampf zur Logik stehen, da unter den Bedingungen des logischen Denkens alles andere abgelehnt werden muss, was ausgesprochen unlogisch ist oder einer nicht erfassbaren Logik entspricht. Das arithmetische Denken hat schlicht kein Sensorium dafür. Der Bereich jenseits des logischen Denkens hat nur ausgesprochen unscharfe Ziele. Man könnte sogar bezweifeln, ob dies überhaupt etwas mit Denken zu tun hat. Sehr strenge Logiker tun dies auch und man kann aus ihrer Sicht nicht beweisen, dass sie Unrecht haben. Das liegt einfach daran, dass man jenseits der Logik ohnehin keine Beweise führen kann.

Alle Denkprozesse, die auch nur teilweise Schnittmengen mit der Welt der Gefühle haben, lassen sich eben nur sehr schwer einordnen und klassifizieren. Es ist eine vollkommen andere Sprache als in der Welt der Zahlen und Maße. Wie sollte man mathematisch ausdrücken, was wir als Harmonie empfinden?

Und doch führen zahlreiche Lebensereignisse zu genau diesem harmonischen Eindruck.

Harmonie kann sich sehr vielfältig ausdrücken: in einer Bewegung, einem Gemälde, einer Musik, einer Landschaft, einer Beziehung, in der Kontemplation, im Yoga, in einem Menü, in einem Getränk, in einer äußeren Erscheinung, im Charakter, in der Architektur, in einer Skulptur, in Farben und Düften, in Berührungen, sogar in Gesprächen etc.

Bei all diesen Ereignissen hinterlässt die Harmonie ein Glücksgefühl oder löst ein Wohlbehagen in uns aus.

Doch nur, wenn wir dies auch zulassen und uns die Zeit nehmen, die Harmonie auch zu sehen oder sie zu bemerken.

Wir haben ein Sensorium dafür, wir wissen genau, dass es sie gibt. Nur entzieht sie sich jeder Beschreibung und Festlegung, geschweige denn einer Definition. Die Definition ist der Kronprinz des linearen Denkens.

Die Harmonie verharrt im Diffusen. Je mehr sie sich einer Beschreibung entzieht, umso stärker wirkt sie. Für das lineare Denken ein Paradox oder schlichter: Unsinn!

Und noch ein Argument für die Freunde der Zahlen: Das Harmonieempfinden ist noch nicht einmal kollektiv, sondern höchst individuell. Da werdet ihr zu Recht bemerken: „Damit kann man nicht arbeiten." Und ihr habt völlig Recht. „Man" kann damit nicht arbeiten, der Einzelne aber sehr wohl.

Er liebt sein Empfinden, sogar so sehr, dass ihm diesbezüglich die Welt der Zahlen gestohlen bleiben kann.

Die rationale Sicht auf die Welt verkürzt unser Denken auf unziemliche Weise. Verlassen wir nun die Harmonie und wenden uns der Schönheit zu.

Wie viel Energie wurde in der Menschheitsgeschichte wegen dieses Begriffes schon freigesetzt? Unvorstellbar!

Ein Wort, das jeder kennt, aber wie es sich definieren lässt, entzieht sich jeder Beschreibung. Unfruchtbar für die Allgemeinheit, aber äußerst fruchtbar für das Individuum. Zudem noch von wunderbarer Wandelbarkeit und kultureller Buntheit. Schönheit liegt im Auge des Betrachters. Jeder weiß, was damit gemeint ist, und dennoch kann es niemand beschreiben.

In den Lexika sind diese weichen Begriffe die unangenehmsten Herausforderungen. Alle Erklärungsansätze sind falsch, unvollständig und leicht angreifbar. In den Redaktionen werden diese Begriffe gehasst. Dabei sind wir erst bei der Schönheit und noch nicht bei der Liebe.

Die Liebe ist die unangefochtene Königin unter den Energieerzeugern. Ich glaube, das muss man nicht näher erläutern.

Die Liebe und vor allem die Verliebtheit versetzen die Gedanken geradezu in Raserei.

Es gibt wohl nichts anderes, was derartig raumgreifend ist, zumindest nicht im angenehmen Bereich des Denkens.

Alle derartigen Begriffe haben leider auch ihre Antagonisten im Schattenreich des Denkens: Disharmonie, Hässlichkeit und Hass. Das Verliebtsein führt das lineare Denken ins Groteske. Da muss ab und an sogar der Appetit hintanstehen.

Mehr irrationales und verrücktes Handeln als in diesem Stadium des Verliebtseins ist beim Menschen schlichtweg nicht denkbar. Wer auch nur annähernd ähnlich handelt und nicht verliebt ist, sitzt in der Regel in einer Anstalt.

Die Musik, die bildende Kunst, der Tanz etc. setzen ganze Kaskaden von Gedanken in Gang, ohne dass dabei nur eine einzige Zahl vorkommt. Da fragt auch niemand, ob diese Gedanken richtig oder falsch sind.

Es geht noch viel weiter:

Jedes Land auf der Erde definiert sich über diese unscharfen Ziele – Landschaften oder kulturelle Errungenschaften. Wer dies nicht glaubt, werfe einen Blick in einen x-beliebigen Reiseführer. Um Reisende in ein Land zu locken, werden niemals das Bruttosozialprodukt oder die schönen Fabriken für die Werbung herangezogen. Auch die Beinamen, die man vielen Ländern zugeordnet hat, sprechen die gleiche Sprache. Frankreich: Savoir-vivre, Italien: Dolche Vita, Skandinavien: Ruhe und Erholung, Holland: Toleranz. Märchen aus „Tausend und einer Nacht", zauberhafte Szenerien, rätselhafter Orient, raue Natur, liebliche Landschaften etc.

Der Beiname Deutschlands ist: Land der Dichter und Denker – welch ein Ehrentitel! Wer allerdings das Deutschland von heute gerade erst kennenlernt, wir sich ratlos fragen, wie dieses Land um alles in der Welt zu diesem Titel gekommen ist. Er wandelt diesbezüglich durch eine reine Ruinenlandschaft.

Wir haben alles der Welt der Zahlen geopfert, Dichter und Denker sind auf dem Scheiterhaufen der Rationalität gelandet. Kurz nachdem Nietzsche den Tod Gottes verkündet hatte, sorgte man für Gründlichkeit.

Die Sekundärtugenden haben die Primärtugenden in den Abgrund getrieben. Und warum? – Weil Pünktlichkeit messbar ist, Ethik aber nicht. Wer wird dann in der Welt der Zahlen wohl das Rennen machen? Es wird höchste Zeit, die Allmacht dieser Weltanschauung zu relativieren.

Wir müssen uns bemühen, die Dinge, die jenseits des Gelderwerbs liegen, wieder zu schätzen und zu lieben. Geld ist Mittel zum Zweck.

Im Augenblick entsteht der Eindruck: Wir haben die Mittel, aber keinen Zweck mehr. Diese innere Leere führt aber langfristig auch zum Ausbleiben der Mittel.

Außer unseren Wohlstand zu mehren fällt uns als Lebenszweck erschreckend wenig ein. Unsere Art, mit dem Leben umzugehen, erinnert in fataler Weise an Goethes Zauberlehrling.

Das Verlangen nach immer billigeren Produkten treibt weite Teile unseres Planeten jetzt schon an den Rand des Abgrunds. Das aber ist das Resultat streng rationaler Denkweise: profitorientiert, kurzfristig, logisch und verführerisch. Langfristig: prokrastinierter Suizid.

Harmonie, Schönheit, Liebe, Kunst, Musik, Literatur, Architektur, Ästhetik, Ethik etc. schenken Freude für Generationen. Man bedenke nur, dass kein einziges Kunstwerk aus Gründen der Rationalität entstanden ist.

Es waren die anderen Bereiche des Denkens, die diese entstehen ließen – die ungreifbaren, undefinierten und diffusen Bereiche. Verkürzt und provokant könnte man sagen:

Alles, was uns das Leben erleichtert, verdanken wir dem linearen Denken – doch alles, was wir lieben, kommt aus einer anderen Sphäre.

Wenn da etwas ins Ungleichgewicht geraten sollte, wissen wir also, wo wir anzusetzen haben.

Das Wichtigste momentan ist allerdings, dafür zu sorgen, ein Gefühl für das Ungleichgewicht überhaupt erst mal zu erzeugen.

Das Traurige besteht darin, dass wir im diffusen Denken nicht mehr geübt sind, und dadurch berauben wir uns selbst ungeahnter Möglichkeiten. Menschen, die diese Fähigkeit noch kultiviert haben, nennt man heute bezeichnenderweise „Querdenker". Ein entlarvendes Wort. Ich spreche hier von dem Begriff „Querdenker" aus der Vor-Corona-Zeit. Leider wurde der Begriff „Querdenker" von einem wilden Haufen von Rechtsextremen, Esoterikern und sonstigen schrägen Gestalten feindlich übernommen und von seinem ursprünglichen Sinn entfremdet.

Das Fatale an unserer Zeit ist, dass ausschließlich das lineare Denken geschult, belohnt und bezahlt wird. Die „Querdenker", die das Diffuse zulassen, werden fast systematisch ausgegrenzt. Nicht aus Bösartigkeit, sondern aus Unzulänglichkeit. Man erkennt schlicht nicht ihr Potenzial. Sie sind Opfer der Ahnungslosigkeit, wobei ja gerade die Ahnung der Prototyp des diffusen Denkens ist.

Geht es allerdings um den Fortbestand der Spezies Mensch, wird man diese Barbarei eines Tages bitter bereuen, allerdings nur, wenn für derartige Gefühle dann überhaupt noch

Platz ist. Leider hat es eine gewisse Tradition, dass Menschen blind und unempfindlich dafür sind, die Besten ihrer Art zu erkennen.

Was ich nicht mal erkenne, kann ich auch nicht schätzen.

Das hier Beschriebene entspringt selbstverständlich ausschließlich dem diffusen Denken.

Dieser Text kann jederzeit zur Rechtfertigung jeden esoterischen Blödsinns herhalten, das ist leider nicht zu ändern. Die Welt hinter dem logisch rationalen Denken ist vielgestaltig. Im Gegensatz zur Esoterikszene erkenne ich die Ergebnisse des logisch rationalen Denkens uneingeschränkt an.

Zur Esoterik komme ich allerdings noch später.

Philosophiekritik

Philosophen sind oft getarnte Leitwölfe im Sprachdschungel – viele vermitteln den Eindruck, sie wollen nicht verstanden werden. Sie wollen etwas äußern, aber nicht kommunizieren. Sie wollen mit allen Mitteln Metaphern umgehen, um den Eindruck zu erwecken, sich präzise ausdrücken zu können.

Es herrscht akuter Mangel an Poesie und Humor.

Da ist man in der Welt der Musik und Kunst viel besser aufgehoben – da wimmelt es nur so von skurrilen Persönlichkeiten, kurz es ist bunt. Leider aber auch sehr oft affektiert!

Die Philosophie ist eine faszinierende Möglichkeit, einen umfassenden Blick auf das Leben zu werfen. Eine Kritik dieser Betrachtungsweise schafft augenblicklich eine nicht unerhebliche Zahl von Feinden und erzeugt außerdem Applaus von unerwünschter Seite.

Das Thema Philosophie ist derart komplex geworden, dass sich Philosophen fast unweigerlich nur noch in ihrer Blase aufhalten können, denn nur noch dort werden sie überhaupt verstanden. Ihre Sprache gleicht mittlerweile einer Fremdsprache, die erst mühselig erlernt werden muss, und dies allein erfordert schon eine jahrelange intensive Beschäftigung mit der Philosophie. Wer kann dies neben einem „normalen" Beruf denn schon leisten?

Also bleibt man schon aus diesem Grund unter sich. Nicht ganz zu Unrecht spricht man vom Elfenbeinturm.

Außerdem gehört ein immenses Maß an Intellekt dazu, diese Materie überhaupt zu durchdringen. Die Gruppe Eingeweihter wird immer kleiner. Universalismus wird immer unwahrscheinlicher.

Innerhalb dieser schon kleinen Gruppe hat sich der Einzelne meist auf eine Fachrichtung spezialisiert, sodass die Kommunikation oft schon innerhalb dieser kleinen Gruppe scheitert und eine erbärmliche Außendarstellung nach sich zieht. Der oft gestellten Frage nach ihrem praktischen Nutzen geht man geflissentlich aus dem Wege oder die Antworten fallen unweigerlich durch distanzierte Arroganz auf.

Man könnte die Philosophie unzulässig verkürzt so beschreiben: „Der Intellekt will spielen" und die Philosophie ist ein Spiel ohne Grenzen. Ein faszinierendes Spiel – ein Spiel mit eigenen Regeln, aber ohne ein Ende. Dessen sollte man sich bewusst sein, bevor man in diese Materie einsteigt.

Philosophie erklärt nicht das Leben! Ein Philosoph erklärt ausschließlich sich selbst das Leben, zumindest das, was er dafür hält. Das ist selbstverständlich legitim – nur er sagt es so nicht.

In der Philosophie herrscht geradezu eine Sucht, andere Philosophen zu zitieren. Das macht die Texte nicht gerade zugänglicher. Man wird den Verdacht einfach nicht los, dass hier die eigene Belesenheit zur Schau gestellt werden soll.

Manche Texte bestehen fast ausschließlich aus Zitaten. Man kann einem Philosophen oft stundenlang zuhören und sich am Ende fragen: „Was hat er jetzt eigentlich gesagt?" Dann stellt man fest, dass man nur gehört hat, was seine Kollegen gesagt haben.

Nähert man sich der Philosophie von einem nicht philosophischen Standpunkt oder einer anderen Fachrichtung, wie etwa der Biologie, sieht die Welterklärung schon wesentlich dürftiger aus.

Philosophie und Biologie

Ein Förster, Jäger oder Biologe müsste die Philosophen ständig korrigieren, was ihre Sicht auf die Natur ausmacht. Da wurde und wird der hanebüchenste Unsinn verbreitet. Man kann sich des Eindrucks nicht erwehren, dass auf diesem Gebiet nach dem Prinzip gehandelt wird: „Was nicht passt, wird passend gemacht." Als Entschuldigung kann man höchstens anführen, dass dies aus reiner Unkenntnis geschieht. Das Postulat von Rousseau vom „edlen Wilden" mag dafür als Beispiel dienen. Dieses Postulat hat unfassbar weitreichende Konsequenzen gehabt. Bis in unsere Zeit hinein, denn dieser Unsinn scheint nicht aus der Welt zu schaffen zu sein. Im Gefolge stand nämlich eine so dämliche Zukunftsvision wie „Zurück zur Natur." Noch heute existieren diese Träumer, die in der Natur ausschließlich das Positive sehen und 99 Prozent aller Naturereignisse augenscheinlich verdrängen, um ihre Traumwelt nicht zu gefährden. Man möchte diese Realitätsverdränger am liebsten am Fuße eines aktiven Vulkans aussetzen, um ihr Bild von der sanften Natur gründlich zu korrigieren. Natur bedeutet: fressen und gefressen werden, und zwar in einem Zyklus, mit dem der Mensch unter

keinen Umständen einverstanden sein kann. Unsere Lebenserwartung würde unter den Umständen, die die Natur vorgibt,
locker um 50 Jahre reduziert werden. Außerdem wäre unsere
Zeit zum Philosophieren äußerst knapp bemessen. Also bitte
etwas mehr Respekt vor der Natur. Der heutige Mensch
käme dort gar nicht mehr klar. Die Natur kommt dann am
besten klar, wenn der Menschen keinen Fuß hineinsetzt. Der
Mensch hingegen kommt dann am besten klar, wenn er sich
von der Natur emanzipiert. Die Natur kennt keine Moral, sondern nur der Mensch, also muss der Mensch die Natur respektieren, aber nicht umgekehrt.

Also liebe Philosophen: „Lest Biologiebücher!" Macht die
Fenster auf und lasst Fremdeinflüsse in euren Elfenbeinturm!
Es gefährdet euer Metier doch nicht, bewahrt aber vor fundamentalen Irrtümern. Man kann doch auch mit neuen Erkenntnissen weiterphilosophieren, das habt ihr doch selbst
ausreichend nachgewiesen.

Philosophie und Emotionen

Einen weiteren Aspekt, den die Philosophie meidet wie der
Teufel das Weihwasser: Emotionen und Affekte. Was ist daran so schwierig? Wenn ich richtig vermute, ist dies ein unbeliebtes Thema, weil es jenseits der Ratio und des Logos zu
verweilen beliebt. Wenn der Philosoph das Reich der Logik
verlassen muss, dann wird sein Gang schwankend und unsicher.

Man könnte die Vermutung aufstellen, dass die oft skurrilen
zwischenmenschlichen Interaktionen vieler Philosophen damit in Zusammenhang stehen könnten. Die Zahl der zwi-
schenmenschlich gestörten Persönlichkeiten ist unter Philo-

sophen enorm hoch. Wer von diesen Wesen hat schon von sich sagen können, dass er glücklich verheiratet sei?

Für die große Mehrheit der Menschheit sind Emotionen und Affekte die große Spielwiese des Lebens, also nicht ganz unerheblich. Allein die Liebe hat Menschen zu Handlungen motiviert, zu der kein philosophisches Argument auch nur im Entferntesten imstande gewesen wäre.

Sogar der Größte in der philosophischen Zunft, nämlich Sokrates (übrigens auch unglücklich verheiratet, aber immerhin noch verheiratet), hat allen Ernstes behauptet: „Wenn jemand etwas als wahr und richtig erkannt hat, dann kann er zukünftig gar nicht anders, als danach zu handeln."

Das ist an Naivität schlicht nicht zu überbieten. Welch ein Irrtum des klügsten Mannes unter der Sonne; ein Irrtum, den jede Bäckereifachverkäuferin sofort bemerken würde.

In der Welt der Ratio geht es offensichtlich von Zeit zu Zeit äußerst skurril zu. Die Philosophen müssen sich damit abfinden, dass man die Welt nicht beschreiben kann, wenn man Emotionen und Affekte ausklammert.

Philosophie und Kunst

Kommen wir nun zur Kunst und Inspiration. Man ahnt es schon: Glatteis aus philosophischer Sicht.

Man wird in der gesamten Literatur nur sehr Weniges finden und wenn, meist nur völlig unqualifizierte Beiträge.

Ein Künstler weiß oft von Dingen, die ein Philosoph nicht mal zu träumen wagt. Er lebt quasi von Ahnungen und Inspirationen im diffusen Raum. Er lässt sich nicht festlegen und hasst Menschen, die ihn beschreiben wollen.

So gesehen ist er das krasse Gegenteil eines Philosophen, der sich ausschließlich um Klarheit bemüht. Die Definitionen sind des Philosophen eigentliches Zuhause. Im Diffusen fühlt sich der Philosoph wie ein Fisch auf dem Trockenen, seine Profession schwebt in Lebensgefahr. Und genau dort, im Dunstkreis der Ahnungen und des Diffusen, wohnt der Künstler.

Die beiden werden sich wohl nie verstehen, obwohl beide Seiten sehr bemüht sind. „Sie haben sich stets bemüht" steht in ihrem Arbeitszeugnis.

Wenn ein Künstler systematisch werden würde, dann ist er gefühlt tot. Wenn ein Philosoph unsystematisch werden würde, entsteht bei ihm das gleiche Gefühl. Trotzdem fühlen sich außergewöhnlich viele Philosophen in der Welt der Künste sehr wohl, sie haben geradezu eine Sehnsucht nach dieser Welt.

Wahrscheinlich spüren sie unbewusst, dass dort die Antworten zu finden sind, die ihnen auf ewig versagt bleiben. Zugegebenermaßen eine böswillige Unterstellung.

Ein Leben ohne Natur, ohne Emotionen, ohne Kunst ist sehr schwer vorstellbar. Ein Leben ohne Philosophie ist für die meisten Menschen eine der leichtesten Übungen.

Philosophie und Darwinismus

Es gibt wohl kaum einen Menschen, der die Sicht auf die Welt stärker verändert hat, als Charles Darwin. Darwin selbst wusste um die Sprengkraft seiner Beobachtungen und Schlussfolgerungen. Der Hohn und Spott, mit dem er bedacht wurde, gab ihm diesbezüglich Recht.

Er hätte eigentlich in der Philosophie eine Revolution auslösen müssen, aber nichts dergleichen ist geschehen. Im Grunde bis heute nicht.

Seit etwa 1850 war die Evolutionstheorie bekannt. Alle nach-geborenen Philosophen hätten sich eingehend mit ihr be-schäftigen müssen, da sie ja in krassem Widerspruch zu allen bestehenden Paradigmen stand. Da sich Philosophen aber offensichtlich nur mit ihresgleichen beschäftigen, ist die Wucht von Darwins Entdeckungen fast völlig an ihnen vor-beigelaufen. Als ob sie nicht begreifen wollten, dass Darwins Erkenntnisse eine fundamentale Richtungsänderung im Blick auf den Menschen erzwingen.

Allein die theologische Konsequenz, den Kreationismus au-genblicklich begraben zu müssen, hätte eine Revolution aus-lösen müssen. Und was ist passiert? – Nichts!

Darwins Entdeckungen gehen aber noch sehr viel weiter, weiter als sich die Philosophie bis heute träumen lässt. Etwa die Frage: „Was ist der Mensch?" Die „Tabula-rasa-Frage". Die Frage nach Gut und Böse. Das sind doch alles essenziell philosophische Fragen.

Darwin hat all diese Fragen mit einem Mal als überflüssig und falsch erscheinen lassen. Wenn der Mensch nämlich ein Teil der ganz normalen Natur ist, machen diese Fragen keinen Sinn mehr. Sonst müssten sie ja auch für Tiere relevant sein.

Zusammen mit den Erkenntnissen von Gregor Mendel tun sich aber ganz andere Fragen auf. Fragen, die man sich bis-lang noch nicht mal zu denken traute.

„Der Mensch" ist genauso unbestimmbar wie „der Hund", und die Frage nach „dem Menschen" ist völlig überflüssig, weil es „den Menschen" eben nicht gibt.

Wenn ich einen Förster nach „dem Baum" fragen würde, würde er vermutlich verständnislos den Kopf schütteln und fragen, wie man eine so blöde Frage überhaupt stellen kann. Wenn er gute Laune hat, sagt er vielleicht: „Es gibt Bäume, sicherlich; aber nicht ‚den Baum'; Bäume können sehr unterschiedlich sein."

Aber Philosophen beharren bis heute auf der seit der Antike überlieferten Frage: „Was ist der Mensch?" Diese Frage zählt bis heute zu den vier Grundfragen der Philosophie, egal was in 2.000 Jahren inzwischen passiert ist. Das grenzt schon an Realitätsverweigerung.

Doch was sind die Fragen, die sich aus den biologischen Erkenntnissen der Evolutionstheorie ergeben? Inwiefern haben diese Fragen Auswirkungen auf die Philosophie? Um dies zu beantworten, muss man ein wenig ausholen.

Jeder Organismus ist auf Energieeffizienz ausgerichtet. Alles, was im Laufe der Evolution oder durch naturbedingte Veränderungen nicht mehr gebraucht wird, verkümmert.

Beispiel: Steigt der Meeresspiegel, kommt es vermehrt zu Inselbildungen. Auf einigen Inseln gibt es nun plötzlich keine natürlichen Fressfeinde mehr, sodass die entsprechenden Abwehrmechanismen überflüssig werden. Sie bilden keinen Überlebensvorteil mehr und verkümmern im Laufe der Zeit immer mehr. So gibt es eine ganze Anzahl von Vögeln, die nicht mehr fliegen können. Sie haben zwar immer noch Flügel, aber die sind so zurückgebildet, dass sie ihre eigentliche Aufgabe nicht mehr erfüllen können. Man denke dabei nur an den Strauß, den Dodo oder den Pinguin.

Oder Verteidigungsstrategien wurden ersetzt wie etwa durch gigantisches Wachstum. Wer will sich noch am Vogel Strauß vergreifen? Er kann sich so gut wehren, dass er auf das Fliegen nicht mehr angewiesen ist. Viele Vögel gehen lieber zu Fuß als zu fliegen, denn fliegen ist sehr kraftraubend und nicht im Sinne der Energieeffizienz.

Die größte Energie brauchen Tiere jedoch oft, um einen Sexualpartner zu bekommen. Da wird nicht selten ein erheblicher Aufwand getrieben, dieser dient aber der Arterhaltung. Steht aber das Balzverhalten im Gegensatz zur Wehrhaftigkeit, spricht man von einer Sackgasse der Evolution. Diese Sackgassen sind sehr viel häufiger, als man vermuten mag. Ein gutes Beispiel dafür bietet der Pfau. Sein sekundäres Geschlechtsmerkmal, der Schwanz, wird ihn langfristig am Fliegen hindern. Er ist somit wehrlos seinen Feinden ausgeliefert. Noch kann er fliegen, aber seine Tage auf dem Planeten sind gezählt.

Wird eine Eigenschaft allerdings unverzichtbar im Sinne der Arterhaltung, bringt die Natur Sinnesorgane hervor, von denen der Mensch nur träumen kann.

Der Mensch ist mit seiner Ausstattung allenfalls durchschnittlich. Mit einer einzigen Ausnahme: dem Gehirn.

Dieses Organ scheint in der Lage zu sein, geradezu jede Schwäche zu kompensieren. Das Gehirn ist die Superwaffe im Kampf ums Dasein. Es verbraucht zwar eine Menge Energie, spart aber durch seine Tätigkeit ein Vielfaches wieder ein und trägt so in der Energiebilanz zur absoluten Effizienz bei.

Das Gehirn sorgt dafür, dass wir mit mittelmäßigen Sinnesorganen blendend zurechtkommen. Es kommt sogar mit Totalausfällen von Sinnesorganen klar.

Das Gehirn hat sich schneller entwickelt, als sich die Sinnesorgane zurückgebildet haben. Wir haben es nicht mal mehr nötig, unsere Sinnesorgane zu trainieren, denn sie wären zu weitaus mehr in der Lage, als wir von ihnen erwarten und verlangen. Jeder Blinde zeigt uns beispielsweise, wozu unser Tastsinn fähig wäre, würden wir ihn trainieren und sensibilisieren. Sportler zeigen uns, was mit unserem Skelett und unseren Muskeln möglich wäre. Menschen ohne Arme zeigen uns, was die Füße alles vermögen. Sommeliers zeigen uns, was man alles schmecken und riechen könnte. Etc. etc.

Kurzum: Wir gebrauchen nur das, was unbedingt nötig ist. Trainierbar wäre alles, wäre …

Was aber hat dies alles mit Philosophie zu tun?

Nun ja, zunächst mal lässt sich aus diesem Blickwinkel eindeutig sagen, dass der Mensch ein Mängelwesen ist und jede Philosophie, die im Leib einen Tempel sieht, mit Vorsicht zu genießen ist.

Je mehr das Gehirn zum Einsatz kommt, desto mehr ist der Leib auf dem Rückzug. Entscheidend ist jedoch, dies nicht individuell zu sehen, sondern in den Zeitbegriffen der Evolution.

Ein Teil der Wahrheit ist es jedoch auch, dass wir den Leib heute über Gebühr vernachlässigen, weil das Gehirn in der Lage ist, uns von allen Anstrengungen zu befreien. Diese Schieflage kann aus Sicht des Leibes noch richtig gefährlich werden. Unser technischer Fortschritt geht sehr viel schneller, als sich der Körper evolutionär anpassen könnte. Man kann heute schon vom Bett aus jede überlebensnotwendige Aktion in Gang setzen. Der Körper ist allerdings an eine andere Art der Interaktion angepasst, nämlich an Bewegung. Deshalb tut man ihm mit übermäßiger Bequemlichkeit Gewalt an. Man nennt dieses Missverhältnis deshalb zu Recht Zivilisationskrankheit. So zeigt uns die Natur, dass auch die Energieeffizienz ihre Grenzen hat.

Wenn nun aber der Körper schon nicht mehr macht, als er unbedingt muss, wer sagt uns dann, dass von diesem Prinzip das Gehirn eine Ausnahme machen sollte? Vielleicht will es auch nicht mehr machen als nötig. Wir kennen die Mechanismen des Gehirns noch nicht so genau, um diese Frage beantworten zu können. Es wäre folglich nur ein Gedankenspiel, also Philosophie. Vielleicht ist die Philosophie ein Abfallprodukt überschüssiger Energie des Gehirns: Alles ist geklärt, dann beschäftige ich mich jetzt mal mit mir selbst. Das sich selbst betrachtende Auge.

So weit will ich gar nicht gehen, aber spekulieren ist ja nicht verboten und regt die Fantasie an.

Ein Indiz für die Energieeffizienz ist allerdings unsere Sprachentwicklung, denn auch die Sprache beschränkt sich mehr oder weniger auf Wortentwicklungen, die für das Überleben notwendig sind. Die Sprache entwickelt sich in verschiedenen Regionen der Erde nach den jeweiligen Anforderungen.

So hat der Inuit sehr viel mehr Worte für Schnee als wir oder ein Bewohner der Tropen. Von einigen indigenen Völkern weiß man, das grammatikalische Formen für Vergangenheit und Zukunft nicht existieren. Bei anderen Völkern ist die Zählweise stark eingeschränkt.

Philosophen hatten von jeher Schwierigkeiten mit der Unvollkommenheit ihrer jeweiligen Sprache. Daher sind sie Weltmeister neuer Wortschöpfungen, denn was sie sagen wollen, gibt die Sprache einfach nicht her. Es gibt mittlerweile ganze Lexika, die sich ausschließlich auf philosophische Termini spezialisiert haben. Leider muss man aber auch konstatieren, dass philosophische Texte ohne ein solches Lexikon völlig unverständlich bleiben.

So wie Kant dem Menschen die Grenzen der Erkenntnisfähigkeit aufgezeigt hat, so hat Wittgenstein auf die sprachlichen Barrieren hingewiesen. Quasi das Scheitern des Sprechens an der Sprache, ein herrliches Paradoxon.

Um wahrhaft philosophisch zu denken, müsste man den Wortschatz zumindest verdreifachen, denn es ist äußerst anspruchsvoll, außerhalb einer Sprache zu denken und dies dann in eben dieser Sprache auch noch auszudrücken.

Ein Philosoph, der unnötig viele Fremdworte vermeiden möchte (wie etwa Heidegger), wird zwangsläufig zum Sprachvergewaltiger: Er benutzt vorhandenes Vokabular, beschreibt aber bei jedem Wort, wie er es meint. Das macht die Sache auch nicht leichter lesbar.

Nehmen wir beispielsweise das deutsche Wort: Glauben. Die uns zur Verfügung stehende Sprache macht keinen Unterschied, ob wir sagen „Ich glaube, morgen wird es regnen" oder ob wir sagen „Ich glaube an Gott". Eine Differenzierung war im Sinne der evolutionären Entwicklung offensichtlich nicht unbedingt nötig.

Damit nicht genug: Es gibt Worte, bei denen bis heute noch keine Definition gelungen ist, die wir aber täglich mehrfach gebrauchen, wie zum Beispiel: „Gesundheit". Nicht mal die Weltgesundheitsorganisation hat es trotz intensiven Bemühens geschafft zu definieren, was Gesundheit eigentlich sein soll. Scheinbar reicht es, wenn jeder ungefähr versteht, was damit gemeint sein könnte, etwa so wie die Kompassnadel für die grobe Richtung ausreicht.

Der Philosoph will es aber genau wissen, das ist der Unterschied. So entstehen dann leicht zwanzig individuell verschiedene Deutungen, was man sich unter der Himmelsrichtung Norden vorzustellen hat. Diese verschiedenen Deutungen werden dann interdisziplinär bis in alle Ewigkeit diskutiert. Die Philosophie ist ja nur wichtig für den, der sie betreibt.

Das wäre allerdings eine neue These. Dies ist zugegebenermaßen etwas satirisch ausgedrückt, aber damit kommen wir gleich zur nächsten Schattenseite der Philosophie:

Philosophie und Humor

Dies wird das kürzeste Kapitel der Philosophiekritik. Die Quintessenz lautet: Philosophie „oder" Humor. Kapitelende!

Na ja, ganz so kurz soll es doch nicht werden. Ein Denker wird selten mit einem fröhlichen ausgeglichenen Menschen in Verbindung gebracht. Da hat der Volksmund schon recht.

Humor wird sich in philosophischen Schriften äußerst selten entdecken lassen, und zwar von der Antike bis heute. Woran das liegt? – Ich weiß es nicht.

Es entsteht das Bild eines Sterbenden auf seinem Totenlager, der ebenfalls im seltensten Fall noch zum Scherzen aufgelegt ist.

Aber muss denn die Betrachtung des Lebens immer in einer solch düsteren Atmosphäre stattfinden?

Ist der Geist vom Denken derart ermüdet, dass er sich keine Lockerungsübungen mehr erlauben kann? Der „normale" Intellektuelle ist doch auch per se kein Miesepeter. Sollte der Intellektuelle allerdings auch Philosophie betreiben, ist oft Schluss mit lustig.

Der Philosoph nimmt sich derart ernst, dass er seine Erkenntnisse keinesfalls mit einer Flapsigkeit in Verbindung bringen möchte. Die Philosophie hat etwas Missionarisches und auf diesem Feld ging es auch immer sehr ernst zu.

Der Umgang der Philosophen untereinander findet oft nach dem Motto „Denn jedem Künstler ist es recht, spricht man vom andren Künstler schlecht." (Georg Kreisler: „Der Musikkritiker") statt.

Für mich jedenfalls ist Humorlosigkeit ein Zeichen von Unsicherheit, also das Gegenteil dessen, was Philosophen uns vermitteln wollen.

Ihr Lieblingsaufenthaltsort ist das geschlossene System. Nun ist das Leben und die Natur durchaus kein geschlossenes System, sondern ergebnisoffen, Infrage-zu-Stellen eine Notwendigkeit ebenso wie die Anpassungsfähigkeit – damit ist nicht der Opportunismus gemeint.

Die Evolution hat uns doch eindrucksvoll vor Augen geführt, zu welch wunderbaren Ergebnissen das offene System führen kann, und immerhin haben wir Menschen dieser Offenheit unsere Existenz zu verdanken.

Im freien ungebundenen Spiel zeigen sich noch die Grundlagen und Rudimente dieser wahrhaft freien Entfaltungen. Diese Art zu spielen, kennen allerdings auch Tiere, es ist keineswegs rein menschlich.

Nur der Philosoph – der spielt nicht. Spielen heißt suchen, aber der Philosoph findet – oder auch umgekehrt.

Er weiß zwar oft nicht, was er gefunden hat, stellt aber augenblicklich das Suchen ein. Kindheit beendet, ab jetzt erwachsen, also der Ernst des Lebens.

Eigentlich ein bisschen bedauerlich. Reicht es denn nicht am Ende des Lebens von sich sagen zu können: „Ok, ich hab's versucht."? Muss es denn immer die ganze Welt sein, die mit mir untergeht: „Mit mir stirbt ein ganzer Kosmos?" (Nero: „Welch ein Künstler stirbt mit mir!")

Die Philosophen sollten sich mal überlegen, mit wem sie mit ihrer Humorlosigkeit in einem Boot sitzen. Das sind keine sehr angenehmen Reisegefährten!

Die Intellektuellenfalle

Auch ein Dummkopf könnte Philosoph sein, aber er traut sich nicht, etwas aufzuschreiben. Wer nichts schreibt, existiert nicht.

Man versuche mal, einen philosophischen Text zu schreiben, der von anderen Philosophen ernst genommen wird, und man wird schnell bemerken, dass man einem geschlossenen Zirkel gegenübersteht. Philosophen haben eine eigene Sprache entwickelt und wenn man die nicht beherrscht, ist man stumm.

Die Sprache der Philosophen zu erlernen dauert jahrelang, da sie zur Grundlage Latein und Griechisch hat. Was das allein bedeutet, weiß manch einer noch aus seiner Schulzeit. Hinzu kommt noch ein ganzes Lexikon von Fachausdrücken.

Dies ist die Voraussetzung, um philosophische Texte zu lesen, von Verstehen ist dabei noch gar nicht die Rede. Diese Voraussetzung ist die beste Garantie, dass man unter sich bleibt.

3. Gesellschaftlicher Aspekt

Menschenbild(er)

Die gesamte abendländische Philosophie sucht seit der Antike immer wieder danach, was den Menschen ausmacht –, und scheitert.

Es ist ein Sammelsurium sehr gelehrter und schlauer Thesen, die mehr oder weniger verifizierbar sind. Dabei geht es immer um moralische Themen, die den Menschen betreffen und je nach geschichtlicher Epoche verschieden ausfallen.

Es gibt jedoch einige Werte (Gewaltfreiheit, Hilfsbereitschaft, Toleranz etc.), auf die alle Philosophien und auch Religionen positiv reagieren, im Grunde herrscht mehr Konsens als Dissens. Trotzdem tobt geradezu ein Krieg um diese Werte und trotz rund 3.000 Jahren des Nachdenkens sind noch keine entscheidenden Verbesserungen im menschlichen Alltag zu Tage getreten.

Nur wenige Menschen fühlen sich durch philosophische Theorien überhaupt angesprochen. Kann es sein, dass sie sich zu Recht nicht angesprochen fühlen, da sie den Menschentypus des Philosophen bei sich selbst nicht wiederfinden? Gibt es denn „den" Menschen im Kern überhaupt? Was wäre, wenn die Menschen im Kern eben nicht gleich wären, sondern grundsätzlich verschieden?

Jede Philosophie muss grundsätzlich scheitern, die von einem einzigen Menschenbild ausgeht, egal wie intelligent und eloquent sie aufgestellt sei.

Sokrates geht beispielsweise davon aus, dass eine Erkenntnis zwangsläufig zu einer Handlung führt. Wenn der Mensch das Gute oder Richtige als solches erkennt, kann er anschließend gar nicht mehr anders handeln. Sicherlich trifft dies auch auf Menschen seines Schlages zu, aber eben nur auf diese.

Unser Alltag führt uns die Naivität dieser Schlussfolgerung täglich vor Augen. Ebenso Kant mit seinem kategorischen Imperativ: „Handle nur nach derjenigen Maxime, durch die Du zugleich wollen kannst, dass sie ein allgemeines Gesetz werde." Es empfindet aber nicht jeder Freude bei der Erfüllung seiner Pflicht, auch wenn er sie als solche anerkennt.

Bei nüchterner Betrachtung der Realität könnte man durchaus zu dem Schluss kommen, dass Philosophien und leider auch Religionen völlig wirkungslos geblieben sind – zumindest in Bezug auf ihre Kernaussagen. Allerdings können wir nicht wissen, wie sich die Menschheit ohne Religion und Philosophie entwickelt hätte. Angesichts der Millionen von Toten kann man natürlich nicht von Wirkungslosigkeit reden, aber den Grund für das Schlachten darf man nicht in den grundsätzlich friedlichen Kernaussagen dieser Ideologien suchen, sondern bei ihren bizarren Interpreten. Grundsätzlich sollten immer alle Alarmglocken läuten, wenn Demagogen mit dem „Wahren" auftreten. Der „wahre" Christ – Muslim – Sportler – Musiker – Künstler – Schriftsteller – Buddhist – Sozialdemokrat – Kommunist – Ökologe – Jäger – Sammler – Liebende – Lyriker – Pazifist etc. Die Liste ist beliebig lange fortzusetzen, leider, denn überall trifft man die „Kenner" des „Wahren" an. Dabei geht es ihnen nur um ihre eigene, individuelle Sicht der Dinge, die für alle anderen eigentlich nichts zu bedeuten hat. Nur sind es eben genau diese Personen, die den Krieg anzetteln, und zwar möglichst ohne Diskussionen, direkt zur Tat schreitend, sei es nur durch verbale Beschimpfungen oder gleich durch aktive Handlungen.

Seit Platon, Kant und ihren Mitstreitern sind inzwischen durchaus einige Tage vergangen und in der Zwischenzeit hat sich die Wissenschaft mächtig zu Wort gemeldet. Darwin hat die Evolutionslehre in die Welt gebracht, eine nicht unbedeutende Tatsache. Vor Darwin konnte man sich eine entwicklungsgeschichtliche Menschwerdung schlechterdings nicht vorstellen, also auch nicht in ein Menschenbild einarbeiten.

Heute wissen wir, dass der Australopithekus vor fünf Millionen Jahren seinen Auftritt hatte und bis zum Homo sapiens nochmals vier Millionen Jahre vergangen sind. Der Neandertaler erschien um 60.000 vor unserer Zeitrechnung und den heutigen Menschen gibt es immerhin auch schon seit 40.000 Jahren. Da hat die Evolution also richtig Zeit gehabt. Durch Erkenntnisse der Verhaltensforschung, der Ethnologie und Psychologie hat sich unser Wissen vom Menschen seit Platon sehr erfreulich weiterentwickelt. Wenn man einzig die Schöpfungsgeschichte und einige Mythologien zur Erklärung des Menschen heranzieht, ist es ja geradezu zwangsläufig, dass man von einem und nur „einem" Menschenbild ausgehen muss. Deshalb auch immer wieder das Stereotyp, welcher Art „der Mensch" wohl ursprünglich sei. Wenn der erste Mensch als Adam angenommen wird, bleibt einem auch nichts anderes übrig.

Da man große Schwierigkeiten mit der Beweisführung hat, was der Mensch wohl sei, haben alle Theorien natürlich starken Spekulationscharakter und das macht sie selbstverständlich für jeden angreifbar. Man braucht nur zu sagen, man glaube nicht an die Prämisse einer Philosophie, und schon ist sie im Grunde vom Tisch. Innerhalb ihres Systems sind die Philosophien oft bestechend brillant, wie es ja auch unter den christlichen Philosophen des Mittelalters hervorragende Köpfe gab, obwohl das Ergebnis ihrer Philosophie bereits vor dem Denken feststand, nämlich die Existenz Gottes. Etwas anderes zu dieser Zeit zu behaupten war undenkbar. Erst nach der Renaissance war dergleichen überhaupt denkbar und es dauerte auch noch bis zur Aufklärung, bis zarte Anklänge der Kritik vernehmbar waren.

These: Es gibt mehr als nur einen Menschentyp, wir haben grundsätzlich verschiedene Menschentypen, und zwar innerhalb aller Menschengruppen sind es gesellschaftsübergreifende Grundtypen.

Nun ist es so, dass auch meine These nur ein Denkanstoß sein kann, da sie sich auch auf dem weiten Feld der Spekulation befindet. Vorweg: Beweisen kann ich gar nichts! Denkt man allerdings ein wenig darüber nach, könnten sich im Alltag ganz neue Arbeitshypothesen entwickeln beziehungsweise der Blick auf das Phänomen Mensch kann sich wesentlich verändern. Die eventuellen Folgen sind unabsehbar und keine Kleinigkeit – für psychologische Heilberufe könnte dies sogar einen Paradigmenwechsel bedeuten.

Philosophie ist dies keine, obwohl dieser Denkansatz auf die Philosophie auf bestimmten Gebieten großen Einfluss haben könnte, aber es ist nicht an mir, dies zu entscheiden.

Weit über 99 Prozent ihrer Zeit hat die Spezies Mensch in archaischen Gruppen und Gesellschaften zugebracht. Dabei ist nur eines sicher: Der Mensch hat überlebt. Wie konnte er dies schaffen? Er hat nicht nur überlebt, sondern quasi jeden Winkel der Erde erobert und sich dort dauerhaft breitgemacht, sehr zum Unwillen konkurrierender Gruppen. Er muss also in einem hohen Maße kampfbereit und berechnend, beharrlich und planerisch vorgegangen sein. Dies sind allerdings Eigenschaften, wie man sie innerhalb einer Person nur selten in dieser Kombination vorfindet.

Meine These ist, dass die Natur genügend Zeit hatte, um für alle diese Eigenschaften spezielle Typen zu entwickeln und dafür zu sorgen, dass immer genügend Exemplare für die jeweiligen Erfordernisse zur Verfügung standen. Oder um mit den Thesen von Darwin zu sprechen: Diejenige Gesellschaft, die am besten auf die Anforderungen des Lebens vorbereitet war, überlebte, die anderen fielen durch den Rost.

Auch wenn dies unter heutigen Gesichtspunkten etwas verwunderlich klingt: Ich glaube, dass es heute noch genauso ist wie vor tausenden von Jahren.

Als Metapher kann man sich zum Beispiel die drei Grundfarben vorstellen. Die ganze Palette der Farbigkeit entsteht nur durch ein Mischungsverhältnis der drei Grundfarben. Dabei treten die Grundfarben selbst relativ selten auf. Welche Farbe dominant erscheint, entscheidet der Zufall. Für den Menschen gibt es schon einige Charakterisierungen seiner grundsätzlichen Merkmale, die meist schon im zartesten Kindesalter zu Tage treten: introvertiert, extrovertiert, ängstlich, draufgängerisch, zögerlich, spontan, still, laut, friedfertig, aggressiv, freundlich, mürrisch etc. In Berufsgruppen ausgedrückt könnte man von Bauern, Kriegern und Schreibtischberufen sprechen.

Die Natur hält verschiedene Spezies Mensch für jeden evolutionären Notfall bereit. Man kann sich das so vorstellen wie die Verteilung von männlich und weiblich, also wie einen Zufallsgenerator, der bei einer genügend großen Anzahl immer für gleichmäßige Verteilung sorgt.

Ohne Krieg hat der Krieger nichts zu tun, er fällt nicht weiter auf, es sei denn durch erhöhte Aggressionsbereitschaft im Alltag, diese ist hier aber nicht gewünscht und wird sanktioniert. In Kriegszeiten wird dann aber derjenige sanktioniert, der nicht in den Krieg ziehen möchte. So gesehen besteht eine menschliche Gesellschaft überwiegend aus Schläfern, wie man sie aus der Terrorismusforschung kennt. Im Grunde warten sie darauf, geweckt zu werden, um ihren eigentlichen Lebenszweck auszuüben. Sie sind in einer gewissen Weise vorprogrammiert. Die meisten Menschen sind prädestiniert, in einer bestimmten Form zu leben, haben sie diese Lebensform in der momentan wirkenden Lebenswirklichkeit gefunden, kann man von glücklichen Menschen sprechen.

Wenn ich von einem Krieger Beharrlichkeit im Ackerbau verlange, dann leidet dieser Mensch, es ist gegen seine Natur. Man spricht ja auch davon, dass der Mensch in seinem Element sei, dieses Sprichwort ist wahrer, als man glauben mag, denn es handelt sich tatsächlich um verschiedene Elemente, in denen der eine sich wohlfühlt und der andere stirbt.

Ein harmloses Beispiel:

Als der Code der Chiffriermaschine Enigma im zweiten Weltkrieg von den Alliierten entziffert werden sollte, hat man verzweifelt Kryptologen aus der ganzen Welt gesucht. Man wusste gar nicht, wie viele Leute sich mit so etwas beschäftigten und vor allem wie man sie finden sollte, sie spielten ja sonst im bürgerlichen Leben überhaupt keine Rolle. In Kriegszeiten waren sie nun plötzlich immens wichtig und kriegsentscheidend. Man setzte ein hohes Preisgeld aus, fand diese Menschen und der Code wurde geknackt, als ob die Natur diese Menschen für genau diesen Moment bereitgehalten hätte. Nach dem Krieg sind sie allerdings alle wieder sang- und klanglos verschwunden. Ironie des Schicksals ist, dass man sie heute wieder genauso braucht, aber nicht aus Kriegsgründen, sondern weil uns unsere Freunde bespitzeln, also aus Intimitätsgründen.

Ein weniger harmloses Beispiel: Keine Diktatur hat bisher nur die geringsten Schwierigkeiten gehabt, Menschen zu finden, die andere Menschen zu Tode foltern. Im normalen friedlichen Alltag fallen diese Menschen extrem wenig auf, gibt man ihnen allerdings einen Auftrag und Kompetenz, werden sie plötzlich zu Bestien. Kein Hitler, Pol Pot, Stalin, Pinochet oder Idi Amin hatte irgendeinen Mangel an Folterknechten oder Scharfrichtern. Dies heißt leider aber auch im Umkehrschluss, dass alle diese Menschen auch heute unter uns sind und in der Nachbarschaft leben, nur jetzt wieder im Verborgenen.

Im Allgemeinen ist es so, dass diejenigen oben schwimmen, welche die Zeit nach oben spült. Dies ist keine neue Entwicklung, das war immer so. Jede Zeit hat ihre eigene Dynamik. Das, was für die Menschentypen gilt, kann man auch in den einzelnen Menschen projizieren: In jedem Menschen ist ein bisschen von allem, nur in einem speziellen Mischungsverhältnis, etwa so wie die Psychologie in jedem Mann auch ein paar Anteile Weiblichkeit sieht und umgekehrt.

Es wäre also eine der anspruchsvollsten Aufgaben der Erziehung, erst mal festzustellen, um welchen Menschentypus es sich bei einem Kind wohl handelt, bevor man dieses Wesen ein ganzes Leben lang in ein für ihn falsches Leben entlässt. Was angeboren ist, kann ich einem Menschen nicht einfach austreiben, das funktioniert nicht. Wenn ein Krieger in den Frieden hineingeboren wird, dann hat er halt Pech gehabt. Er kann jedoch eine Aufgabe übernehmen, die seinem Naturell nicht geradezu entgegengesetzt ist. Setzt man einen solchen Menschen in eine Bankfiliale, muss man auch damit rechnen, dass er sich nach oben kämpft, und wenn es ihm dort langweilig wird, kann es sein, dass er mit ein paar Millionen plötzlich verschwindet, aus reiner Abenteuerlust.

Man muss allerdings akzeptieren, dass der eine so und der andere anders ist. Das ist viel schwerer, als es klingt, denn man muss dann ja auch akzeptieren, den anderen nicht verstehen zu können. Es gibt Menschen, die fühlen sich im falschen Körper, aber sogar denen kann geholfen werden. Weitaus mehr Menschen befinden sich im falschen Leben.

Soziale Stellung (Einsamkeit, Erfolg, Misserfolg)
Charakterliche Typen (Menschentypen)

Jeder Mensch hat sein Weltbild. Hier gibt uns schon die Sprache einen sehr guten Hinweis: das Bild der Welt, nicht die Welt als objektive Tatsache. Voraussetzung für ein Bild ist zuerst die Wahrnehmung. Ein Weltbild entsteht durch unsere Sicht auf unsere Umgebung. Mit Objektivität hat das erst mal nichts zu tun. Wie wir eine Erfahrung einordnen, hängt davon ab, welche Rezeptoren überhaupt vorhanden sind. Je nach Empfindlichkeit sind unsere Rezeptoren sehr verschieden reaktionsfreudig, wie es in der Chemie heißt. Ein Weltbild ist nur das, was sich in unserem Inneren widerspiegelt, das heißt, wozu wir überhaupt in der Lage sind, etwas widerzuspiegeln. Schon das Einordnen eines Ereignisses oder einer Erfahrung durchläuft eine kompliziert aufgebaute Instanz der Zensur individueller Fähigkeiten und individueller Empfindlichkeiten. Nach all diesen unterschiedlichen Wahrnehmungen kann es im Grunde kaum zwei gleiche Weltbilder geben, allenfalls gibt es ähnliche Dunstkreise. Diese bezeichnen wir dann als Seelenverwandtschaft. Schon diese sphärische Berührung reicht aus, uns ein Gefühl des Wohlbehagens zu bescheren. Bei näherem Hinsehen werden die Unterschiede mit der Zeit aber immer deutlicher. Jeder Mensch macht schließlich unterschiedliche Erfahrungen und ordnet diese unterschiedlich ein.

Dies wirft die heikle Frage auf: Warum soll ich die Welt verändern, wenn es doch ausreicht, meine Sicht auf die Welt anzupassen? Was nicht passt, wird passend gemacht.

Missstände, die ich nicht sehe, sind für mich subjektiv auch nicht vorhanden. Dieses verführerisch einfache Konzept verfolgt eine große Zahl der Menschen, vielleicht sogar alle Menschen.

Bei den Sinnesorganen konnten wir schließlich schon sehen, wie viele Rezeptoren uns fehlen und dadurch eine objektive Sicht dauerhaft verhindern. Ich fürchte, dass dieser Vorgang bei den Sinnesorganen im Vergleich zu unseren Rezeptoren im Gehirn noch verhältnismäßig übersichtlich ist. Da fischen wir völlig im Trüben. Einigkeit herrscht nur in der Sonderzone der Ratio und des Logos. 2 x 2 = 4 ist international – die Wirkung beim Anblick eines Baumes keineswegs.

Wir können einen Tisch, einen Hund oder einen Baum malen, aber nicht eine Mutter oder einen Bruder. Diese Definition bekommen wir nicht zu Papier, allenfalls im allegorischen Sinn. Nun wissen wir aber, dass es Mütter und Brüder zweifelsfrei gibt und sie keine unerhebliche Rolle spielen. Wir wissen auch, dass diese Begriffe sehr unterschiedliche Assoziationskaskaden freisetzen.

Dies bedeutet aber auch, dass alle Begriffe, die man damit auch nur in entfernteste Verbindung bringen kann, unweigerlich an diese Assoziationsketten angeschlossen sind. Genau diese Verflechtungen machen die Unterschiedlichkeiten unseres Denkens aus. „Wie" wir denken, wissen wir nicht, aber wir wissen sehr genau, dass wir unterschiedlich denken. Dies kann sowohl als bereichernd als auch als frustrierend empfunden werden.

Bei den Begriffen Mutter, Vater oder Bruder spüren wir instinktiv, wie weit wir von jeder Ratio entfernt sind, und gleichzeitig ist völlig sicher, dass sie unser Denken maßgeblich beeinflussen.

Die Menschen sind sich nur einig, wenn es um rationale und logische Tatsachen handelt. Deshalb ist Wissenschaft auch so erfolgreich, weil dort anderweitig unterschiedliches Denken keine Rolle spielt. Man kann sich auf das konzentrieren, was wir gemeinsam haben, und dies im internationalen Rahmen auch jenseits der Sprachbarrieren. Das ist das eigentliche Erfolgsrezept der Wissenschaften und begründet unseren enormen technischen Fortschritt.

An diesem globalen Siegeszug wollen nun auch andere Disziplinen teilhaben und sich mit dem Nimbus der Wissenschaftlichkeit umgeben. Diese Trittbrettfahrer nennen sich heute: Wirtschaftswissenschaft, Sozialwissenschaft, Theologische Wissenschaft, Philosophie oder kurz Geisteswissenschaften etc. Die Krone dieses Täuschungsmanövers gebührt in diesem Zusammenhang Rudolf Steiner, der seine eigene höchst individuelle, sehr merkwürdige esoterische Sicht auf die Welt ebenfalls Geisteswissenschaft nannte. Ein Kunstgriff, der ihn gegen etwaige Kritik immunisierte.

Die eigentliche Frage ist jedoch: Warum wollen sie denn alle als Wissenschaft gelten? Offensichtlich wollen sie vermeiden, dass man ihre Grundthesen infrage stellen kann, indem man bemerkt, dass schon ihr Fundament brüchig ist. Forschung kann man aber nur auf der Basis sicherer Fakten betreiben. Wenn man sich als Forscher bezeichnet, kommt so schnell niemand auf die Idee, dass seine Basis wurmstichig ist.

Theologie setzt einen Gott voraus, sonst macht die ganze Sache keinen Sinn. Theologie ruht auf der „Basis", dass ein Gott existiert. Nur unter dieser Voraussetzung kann ich anschließend Forschung betreiben. Aber bitte: Was ist denn das für eine Basis? Eine Basis, die vom puren Glauben abhängt, da dreht sich jeder Physiker verächtlich weg.

Ein Glauben, der größtenteils dadurch entsteht, weil man sich bestimmte Dinge nicht erklären kann, aber unbedingt eine

Erklärung haben möchte. Übertragen auf die Medizin würde sich unter diesen Grundbedingungen noch nicht einmal ein Priester operieren lassen.

Auch ein Philosoph sollte sich bei den christlich orientierten Philosophien abdrehen, denn eine Philosophie, deren Ergebnis von vornherein feststeht, ist reine Rhetorik. Die kann allerdings sehr geschickt und faszinierend intelligent sein, aber Philosophie wird sie nie werden.

Was ist denn so schlimm daran, dass etwa Psychologie eben keine Wissenschaft sein kann? Ein Maurer ist auch kein Wissenschaftler, aber ein Könner und sehr hilfreich. Reicht das nicht?

Dieses Buhlen um Wissenschaftlichkeit führt uns direkt in den Tempel der Eitelkeiten. Man möchte halt dazugehören, ähnlich wie die Neureichen, die eine gewisse Nähe zum Adel gesucht haben.

Esoterik

Was ist denn eigentlich so schlimm an Esoterik?

Zunächst: Was bedeutet das Wort? Esoterik bedeutet: der innere Kreis, der Kreis der „Eingeweihten". Hier steckt schon das Wort Weihe drin, mit seinem religiösen Bezug. Dieser religiöse Bezug ist allen esoterischen Weltanschauungen gemeinsam. Man fühlt sich „höheren" Mächten hingezogen und im fortgeschrittenen Stadium oft auch „auserwählt". Damit habe ich eine Mission zu erfüllen, um meinem „Auserwähltsein" gerecht zu werden.

Den unrühmlichen Höhepunkt dieses Wahns kann man in den esoterischen Wurzeln des Nationalsozialismus nachvollziehen. Allein die Annahme eines „arischen" Weltbildes legte ganze Zivilisationen in Schutt und Asche. So erhält man eine

Ahnung, was passieren kann, wenn Esoteriker an die Macht kommen oder wenn Mächtige von Esoterik infiziert werden.

Der Boden für solche Exzesse wird aber stets durch weitaus harmlosere Varianten als die des Rassenfanatismus bereitet.

Selbstverständlich führt nicht jede harmlose Spinnerei in einen Weltkrieg, so wie nicht jedes Glas Bier unweigerlich in den Alkoholismus führt. Nur ist Alkohol die Voraussetzung von Alkoholismus und die individuelle Dosierung entscheidend. Genau so sind Religion oder der feste Glaube an die Existenz höherer Mächte Voraussetzung für das Gefühl des Auserwähltseins. Irgendjemand muss ja schließlich die „Wahl" treffen. Einer muss die Wahl leiten.

Leider hat uns schon die Bibel im Alten Testament den Prototypen dieses Auswahlverfahrens geliefert, sodass man sich heute zu Recht auf alte Quellen berufen kann, sofern man an sie glaubt.

Nichts hat mehr Leid über die Welt gebracht als diese Passagen aus dem Alten Testament. Von Gott erwählt zu sein macht jeden Widerspruch sinnlos. Es ist ein vollkommen in sich geschlossener Kreis, der jeden Unfug rechtfertigt.

Unsere Unfähigkeit mit offenen Fragen umzugehen, führt geradewegs in diese Weltanschauung. Finde ich keine rationale Ursache für ein Ereignis, muss die Ursache im Irrationalen liegen, so lautet die Logik schlichter Denkfähigkeit. Es kann keine Wirkung ohne Ursache geben. Soweit kann man ja auch einverstanden sein.

Unsere allzu menschliche Schwäche besteht darin, dass wir bei der Suche nach einer möglichen Ursache sehr, sehr ungeduldig sind. Dies führt dazu, dass entsprechende Antworten ungebührend früh auftauchen, unabhängig davon, ob sie tauglich sind oder nicht. Eine Ursache muss her, um jeden

Preis, je schneller, desto besser. Durch diesen Prozess wurden die unmenschlichsten Praktiken in Gang gesetzt.

Irgendein dahergelaufener Welterklärer muss nur eine halbwegs plausible Erklärung parat haben und er wird sofort mit einer ansehnlichen Schar von Jüngern umgeben. Keine Erklärung ist zu abstrus, um nicht doch von irgendjemanden geglaubt zu werden.

Auf diese Weise kann man ganz gezielt Sündenböcke erzeugen. Zum Beispiel: Der Jude hat Schuld, die Hexe, der Rothaarige, die Freimaurer, die Moslems, Bill Gates, Reptiloide, die Rosenkreuzer, die Ketzer etc. Es ist eine schier endlose Liste. Dieses System scheint zeit- und raumlos immer von Erfolg gekrönt zu sein.

Jedoch genau hier liegen die eigentlichen Gefahren einer esoterischen Weltanschauung. Es geht nicht nur um die bedauerlichen schwerkranken Menschen, die von Heilpraktikern mit obskuren Methoden zu Tode behandelt werden. Das Problem ist leider viel größer und umfassender.

Derzeit (2020/21) findet eine große Verbrüderung zwischen Impfgegnern, Esoterikern, religiösen Abweichlern, Ökos und Rechtsradikalen statt und große Teile der Gesellschaft sind plötzlich irritiert, wie das denn zusammengehen sollte. Die Klammer, die diese Leute zusammenhält, habe ich gerade dargelegt, und ich sehe auch keinen Hauch von Widerspruch zwischen diesen Gruppierungen, wenn man sie unter dem Gesichtspunkt eines esoterischen Weltbildes betrachtet.

Leider sind sie mittlerweile so zahlreich, dass sie die Disziplin von Millionen Menschen, einer Pandemie Herr zu werden, ad absurdum führen. Es könnte im schlimmsten Fall dazu führen, dass unsere Weltwirtschaft zusammenbricht, ganz ohne Krieg wohl bemerkt.

Wird man sich dann immer noch fragen: Was ist denn so schlimm an ein bisschen Esoterik?

Solange es bei Heilsteinen in der Jackentasche bleibt, ist wirklich alles so harmlos wie beim sonntäglichen Kirchgänger. Weniger harmlos empfinde ich es aber, wenn ein evangelikaler geprägter amerikanischer Präsident von einer Mission spricht, die er glaubt, erfüllen zu müssen, um anschließend ganze Regionen der Erde zu bombardieren. Wenn ein Diktator eine Mission fühlt und sich für einen Auserwählten der arischen Rasse hält und Millionen Menschen umbringt, die nicht seinem persönlichen Weltbild entsprechen.

Wo aber verlaufen die Grenzlinien? Wann fängt das Ganze an zu kippen? Was ist harmlos und wann wird es gefährlich? Wann wird es gar existenzbedrohend?

Man sollte bedenken, dass hierzulande Menschen mit viel harmloseren Verwirrtheiten in der Psychiatrie sitzen. Die richtig gefährlichen Menschen aber lassen wir frei rumlaufen.

Es bewahrheitet sich wieder einmal die alte Erkenntnis: Wir haben vor den falschen Dingen Angst! Der Weg zum Flughafen ist gefährlicher als der Flug selbst. Die meisten Unfälle passieren im Haushalt. Im Meer zu baden ist gefährlicher als eine Atlantiküberquerung …

Was uns wirklich gefährlich werden kann, erkennen wir stets viel zu spät. Ein „harmloser" Serienkiller schafft es vielleicht, ein paar Dutzend Menschen zu ermorden, aber die sechs Millionen Juden, Zigeuner (Sprachgebrauch der damaligen Zeit), Homosexuelle, politische Abweichler, psychisch Kranke, Behinderte etc. eines Adolf Hitler wird er nie zustande bringen.

Warum ist das so? Es ist eigentlich ganz einfach: Hitler galt nicht als krank! Der Mann war kerngesund.

Er hatte nur eine Ideologie, eine eigene Religion – mehr nicht. Kein Psychiater hätte einen Grund gehabt, diesen Menschen einzuweisen. Er hat ja nichts gemacht, er hat nur geredet. Dass er einen derartigen Einfluss hatte, liegt beim besten Willen nicht an ihm, sondern an denen, die ihm zugehört haben und ihm geglaubt haben. Es liegt mitunter an der allgemeinen Stimmung in einer Gesellschaft.

Genau das ist die unheimliche Macht der Gedanken und genau da müssen wir in Zukunft sehr viel vorsichtiger sein. Einer Gesellschaft mit einem breiten moralischen und ethischen Konsens wird ein derartiger Absturz nicht so schnell passieren. Wenn wir allerdings jeden Unsinn in unserer Gesellschaft durch angebliche Toleranz oder – einfacher – Interessenlosigkeit totschweigen, dann beschwören wir den Ungeist geradezu herauf. Wir sollten sehr viel mehr über unsere gemeinsamen gesellschaftlichen Werte sprechen, über Zukunftsvisionen, in welcher Gesellschaft wir leben möchten, und uns klar abgrenzen von Kräften, die gegen den gesellschaftlichen Konsens arbeiten. Im Moment sehe ich den klaren Konsens aber leider nicht, was den Gegenkräften ein leichtes Spiel ermöglicht.

Ein Beispiel: Unsere Kanzlerin Merkel hat 2015 eine Entscheidung humanitärer Charakterstärke getroffen, indem sie die Grenzen für leidende Flüchtlinge geöffnet hat. Dafür hat sie sich später einen ungeahnten Shitstorm eingefangen und musste sich immer wieder rechtfertigen. Humanität ist aber eigentlich ein gesellschaftlicher Konsens in unserem Kulturkreis. Wo aber waren ihre Verteidiger? Man hat Frau Merkel quasi alleine im Regen stehen gelassen. Gäbe es wirklich einen gesellschaftlichen Wertekonsens, hätte ein Aufschrei durch die Bevölkerung gehen müssen, eine Empörungswelle, gegen die gerichtet, die derart ungehobelt waren, jemanden für einen humanitären Akt an den Pranger zu stellen.

Ich habe nichts gehört! Es war still, sehr still – nur die „Kritiker", die waren laut, sehr laut. Sie haben mit ihrem Gegröle immer mehr verunsicherte Menschen auf ihre Seite ziehen können. Und genau da fängt der gesellschaftliche Verfall an.

Um beim Thema zu bleiben: Lassen wir den esoterischen Weltanschauungen immer mehr freien Lauf, steuern wir geradewegs auf einen gesellschaftlichen Verfall zu. Man kommt schnell zu einer Demarkationslinie, jenseits derer eine Verständigung unmöglich wird.

Wo ist aber der Unterschied zwischen einer Religion und esoterischen Strömungen? Diese Frage ist gar nicht so leicht zu beantworten, weil auch in den Religionen seit alters her verschiedene Sekten existieren. Diese Sekten sind meist sehr viel fundamentalistischer als die offiziellen Vertreter großer Religionsgemeinschaften. Die christlichen Kirchen haben deshalb auch eine Einrichtung geschaffen, die sich mit solchen Bewegungen beschäftigt: die Sektenbeauftragten.

Zwischen mancher dieser Sekten und der esoterischen Bewegung sind in der Tat oft keine Unterschiede mehr auszumachen, außer dass sich Sekten stets auf eine ursprüngliche Religion berufen. Das haben Esoteriker nicht in ihrem Programm. Esoterik kann sich auf alle gesellschaftlichen Bereiche beziehen, wobei der medizinische Sektor wahrscheinlich den Löwenanteil ausmacht.

Die großen Religionen kollidieren auch nicht so stark mit staatlichen Institutionen und können gut integriert werden. Außerdem haben sie meist mit den vorherrschenden philosophischen Anschauungen (wie etwa Humanismus, Mitgefühl, Hilfsbereitschaft etc.) genügend große Schnittmengen.

Ausnahmen bestätigen die Regeln: Wenn die Zeugen Jehovas etwa Bluttransfusionen ablehnen, bringen sie Ärzte, die den hippokratischen Eid geschworen haben, in arge Nöte und Richter müssen entscheiden, wie weit die Religionsfreiheit zu definieren ist. Das Gleiche gilt auch für Gruppierungen, die gegen unsere staatliche Schulpflicht verstoßen.

Christlich religiöse Sekten berufen sich aber alle auf irgendwelche Passagen in der Bibel, die sie in ihrem Sinne interpretieren. Die Kircheninstitutionen müssen dann irgendwann entscheiden, ob sie noch durch den offiziellen Kanon gedeckt sind.

Auch in den traditionellen Kirchen gibt es Gruppierungen, die manchen Menschen etwas merkwürdig anmuten.

Da wäre zum Beispiel der Missionsauftrag. Allein diese selbst auferlegte Bestimmung hat unendlich viel Leid über die Welt gebracht und bringt es immer noch, wenn man etwa an die evangelikalen Gruppen in Mittel- und Südamerika denkt. Nicht nur die Katholiken haben ihre Missionsgesellschaften.

Das Vorgehen dieser Gruppierungen ist oft, gelinde gesagt, rustikal. Der Zugewinn einer neuen Seele für die Christengemeinschaft wird oft höher bewertet als das Leben, zu dem diese Seele gehört.

Für all diese barbarischen Handlungen muss die Bibel herhalten, dies ist all diesen Gruppierungen gemein, wenngleich über die Art der Bibel keinerlei Einigkeit herrscht. Wenn ein Zeuge Jehovas etwa von der Bibel spricht, meint er nicht die katholische Bibel, sondern seine eigene, das sollte man wissen.

Der von der offiziellen Kirche anerkannte Kanon der Schriften, die als Bibel herausgegeben wird, ist nur eine Auswahl der existierenden Schriften. Man könnte auch eine andere Auswahl treffen.

Gemeinsam ist jedoch allen monotheistischen Religionen, dass sie sich schlussendlich auf einen Gott berufen. Von diesem Gott soll man sich jedoch kein Bild machen, weil seine Ratschlüsse angeblich unergründlich sind und auch so bleiben sollen, sonst bricht das System zusammen.

Zu wissen was dieser Unergründliche genau von uns will, wird ein ewiges Rätsel bleiben. Das ist allen Religionen gemeinsam. Man weiß nichts vom Ursprung, aber man weiß angeblich ganz genau, was von uns erwartet wird. Die Religionsführer haben offensichtlich doch einen kurzen Draht zum Unergründlichen und erklären uns anschließend, was erlaubt und was verboten ist. Ihr Dolmetscher fristet ein Dasein in absoluter Finsternis. Die Christen sprechen bei ihrem Vorstandsvorsitzenden sogar von Unfehlbarkeit. Da kann sich unsere Ratio noch so winden und anstrengen: Das ist das Ende der Fahnenstange.

Genau an diesem Punkt, an diesem bauernschlauen Schachzug, setzt die Esoterik an. Irgendjemand behauptet etwas, von dem man weiß, dass eine Beweisführung unmöglich sein wird, setzt es in die Welt und schaut, wie es sich entwickelt. Jede wissenschaftliche Entgegnung ist per se unwirksam, das ist schließlich die Voraussetzung.

In der Philosophie ist das „die Teekanne im Weltraum" (ein Gedankenexperiment des Philosophen Bertrand Russell): Es ist unmöglich zu beweisen, dass im Weltraum eine Teekanne ihre Kreise dreht, und genauso unmöglich ist es, das Gegenteil zu beweisen. Die Beweislast liegt bei demjenigen, der eine Behauptung in die Welt setzt, und nicht bei dem, der diese Behauptung widerlegen möchte.

Genau diese Argumentation benutzt der Esoteriker im unerlaubten Schluss: Es existiert, solange man nicht das Gegenteil beweisen kann. Auf dieser Argumentationsgrundlage hält sich die Homöopathie seit zweihundert Jahren. Vermutlich hat man sich hier die gescheiterten Versuche des Gottesbeweises zu eigen gemacht.

Das Problem bei der ganzen Sache ist, dass man sich mit Logik und Ratio dieser Thematik nicht nähern kann, da ja diese durch die angeblich höheren Kräfte außer Kraft gesetzt sind. Die Religionen reagieren jedoch noch halbwegs auf wissenschaftliche Erkenntnisse und versuchen, diese in ihren Glaubenskanon einzuarbeiten, wenn auch teilweise mit Jahrhunderten Verspätung. Aber immerhin: Das Alter der Erde zum Beispiel wird größtenteils anerkannt. Nicht so die Esoterik: Diese tritt in der Regel als äußerst wissenschaftsfeindlich auf. Sie wissen schon warum!

Der Glaube befriedigt das Bedürfnis der Menschen nach einfachen und nachvollziehbaren Erklärungen. Habe ich erst mal eine Erklärung, bin ich auch das Problem so gut wie los. Das ist das Grundschema dieses Prozesses, es wird mir klar vermittelt, was ich zu tun habe.

Ob ich dann täglich zu einem Gott bete oder mir Heilsteine in die Tasche stecke, macht in diesem Sinne keinen Unterschied. Ich habe ein Problem und der eine sagt: „Bete!" und der andere sagt: „Nimm das!" – auf jeden Fall habe ich eine Antwort. Ich gehe in dem angenehmen Gefühl nach Hause, etwas getan zu haben.

Wenn es nicht funktioniert, muss ich meine Anstrengungen in der Regel nur verstärken. Wenn auch das nichts hilft, kommt ein anderes Heilsversprechen aus dem gleichen Dunstkreis.

Ob es sich dabei um einen eingewachsenen Zehennagel oder den Weltfrieden handelt, macht qualitativ keinen Unterschied. Es geht ausschließlich um das Gefühl, etwas unternommen zu haben. Es geht um das individuelle seelische Gleichgewicht, auf einen Missstand reagiert zu haben. Es soll mir dabei gut gehen. Ich muss ein gutes Gefühl haben.

Deshalb ist es auch völlig egal, was die Wissenschaft dazu sagt. Was hat die Wissenschaft mit meinem Gefühl zu tun? Nichts – und das stimmt auch. Die Religionen haben wenigstens noch das Wohl aller im Auge, ein Esoteriker meist nur noch sein eigenes.

Es kommt aber noch etwas hinzu, was man nicht unterschätzen sollte:

„Experten schätzen, dass in Deutschland jährlich zwischen 15 und 20 Milliarden Euro mit Messen, Büchern und Zeitschriften oder Medizinprodukten, welche alle der Esoterik zuzuordnen sind, umgesetzt werden." (Wikipedia)

Auf diesen Zug wollen natürlich viele aufspringen und allzu schwer scheint es ja auch nicht zu sein, wenn man sich die schiere Zahl der esoterischen Strömungen anschaut: Sie geht in die Hunderte. Es scheint keine Idee zu blöde zu sein, dass man damit nicht noch Geld verdienen könnte. Man muss nur den richtigen Nerv treffen, also ein Gespür für den Zeitgeist haben und damit einen Zugang zu den Emotionen.

Manche dieser Absurditäten haben eine beindruckende Karriere hingelegt.

Man schaue sich beispielsweise an, welch schier unglaubliche Entwicklung die Ideenwelt der tschechischen Esoterikerin Helena Blavatsky (1831–91) vollzogen hat, eine von staatlichen Gerichten verurteilte Betrügerin. Sie war die Begründerin der „Theosophischen Gesellschaft". Sie war es, die den

Begriff der Wurzelrassen samt Umfeld in die Welt gebracht hat. Für sie war die höchste Stufe aller Rassen der „Arier".

Der Begriff „Arier" wurde aus der Sprachwissenschaft von Friedrich Max Müller (1823–1900) über Gaubineaus (1816–82) Rassenkunde bis Houston Stewart Chamberlains antisemitische Hetztiraden in kurzer Zeit populär. Über Rudolf Steiner (Vorsitzender der theosophischen Gesellschaft) führt der direkte Weg zu Heinrich Himmler und Adolf Hitler zum größten Massenmord der Menschheitsgeschichte. Grundlage dieses Wahnsinns: Esoterik! Der feste Glaube an irgendeinen Mumpitz. Die Wissenschaft hat immer den Kopf geschüttelt über so einen Quatsch. Doch hat es etwas geholfen? Hat jemand auf sie gehört? Das Ergebnis ist bekannt. Frau Blavatsky hat zweifelsfrei den damaligen Zeitgeist getroffen, heute würde man vermutlich von „emotionaler Intelligenz" sprechen. Jeder Hochstapler verfügt über emotionale Intelligenz, das ist kein Qualitätssiegel.

Wer will unter diesen Umständen ernsthaft behaupten, Esoterik sei eine harmlose Spinnerei? Wie ist es überhaupt möglich, dass in Deutschland Schulsysteme (wie z. B. Waldorfschulen) zugelassen sind, die auf einem esoterischen Weltbild basieren

Genauso ist zu kritisieren, dass neben unserem allgemeinen Rechtssystem noch ein gesondertes Kirchenrecht gelten soll oder gar muslimische Friedensrichter.

Dies zeigt doch nur, wie tief der Unsinn mittlerweile in der Gesellschaft verwurzelt ist. Soll man sich da ernsthaft über Auswüchse wie etwa „alternative Fakten" wundern? Das liegt alles auf einer Linie, wer sich darüber wundert, hat den Schuss nicht gehört.

Könnte es sein, dass wir in einer Gesellschaft der völligen Beliebigkeit angekommen sind? Wie um alles in der Welt soll denn die wissenschaftliche Gemeinde gegen solche Kräfte vorgehen?

Das tragische Los der Wissenschaft ist es leider, dass ihre Erkenntniswege oft äußerst kompliziert sind, zwar meist richtig, aber unerklärbar für einfache Gemüter. Der Appell an den gesunden Menschenverstand läuft völlig ins Leere, wenn dieser Verstand ständig ausgehöhlt wird.

4. Individuelle Aspekte
Überlagerungen

Sphären / Schlieren / Wolken / Dunst / Dämpfe / Gase / Osmose / Schwebungen / Magnetismus / Verdichtungen / Diffusion / Wellen / Frequenzen / Überlagerungen / Interferenzen / Streuungen / Nebel / Verschleierung / Milieu / Vermischung / Schäume / Viskosität / Strömungen / Gleiten / Fließen / Einsickern / Aufsaugen / Abstoßen / Gemische /…

Das sind die Vokabeln, die wir mit dem Denken im Ganzen in Verbindung bringen sollten.

Bevor ein Gedanke oder eine Idee in den Bereich des Bewusstseins einsickert, hat er schon einen langen Weg hinter sich.

Plötzlich ist er da. Wie der Gedanke entstanden ist, können wir nicht mehr nachvollziehen. Wie das Delta eines Flusses, das sich in unterschiedlichsten Formen ins Meer ergießt.

Im Delta eines Flusses können wir am Wasser zunächst nicht erkennen, welche Zuflüsse diesen Strom geformt haben. Reisen wir stromaufwärts, können wir die einzelnen Zuflüsse namentlich benennen und wissen irgendwann, aus welchen

Gewässern der Fluss entstanden ist. Bei einem Fluss funktioniert das, wir können stromaufwärts fahren. Bei der Entstehung eines Gedankens stoßen wir schnell an unsere Grenzen.

Manchmal kündigt sich der Gedanke schon vorsichtig an, sondiert das Terrain, zieht sich wieder zurück, wenn er noch nicht die nötige Reife erlangt hat. Dies macht sich bei uns Menschen als Ahnung „Da ist etwas" bemerkbar, aber noch nicht zu benennen. Der Weg zur sprachlichen Realisation ist wahrscheinlich die letzte und schwierigste Wegstrecke. Unser Unbewusstes gewährt uns keinen Einblick in die Genese eines Gedankens – wo er herkommt und welche Wege er durchlaufen hat. An jeder Ecke lauert irgendeine Zensurbehörde.

In unserem Bewusstsein sehen wir aber leider immer nur das Gesamtergebnis. Der Fluss ist in seinem Meer angekommen. Jeder Gedanke muss die Institutionen der Emotionen passieren, um weiterfließen zu können. Im Grunde durchläuft er einen Hindernisparcours. Ist ein Hindernis unüberwindbar, muss er einen Umweg finden. Jede emotionale Instanz kann ein Veto einlegen, dann ist erst mal Schluss für den Gedanken. Wir können nicht wissen, wie viele Gedanken an diesen Hindernissen scheitern, da wir schließlich nur von der erfolgreichen Kenntnis erhalten. Es ist wie in der Evolution – nur im Mikroformat.

In der Chemie entstehen neue Stoffe aus dem Gemisch verschiedener Substanzen unter bestimmten Bedingungen, z. B. durch Hitze, Zeit, Elektrizität, Licht, Strahlung oder Druck.

Wir haben also schon eine gewisse Vorstellung davon, wie Neues entstehen kann. Wir können diese chemischen Vorstellungen auf die Bildung von Gedanken übertragen, ob legitim oder nicht spielt keine Rolle, denn es ist nur ein Vorstellungsexperiment. Wir versuchen nur, uns ein Bild zu machen, obwohl wir wissen, dass wir im Trüben fischen. Das ist jetzt extrem unwissenschaftlich, schon fast poetisch, auf jeden Fall aber spekulativ. Ich erhebe allerdings auch nicht den Anspruch irgendeiner Wissenschaftlichkeit, sondern betrete eine gedankliche Spielwiese, einen Raum für Experimente. Wie heißt es so schön: „Die Freiheit nehm' ich mir."

Es gibt vielleicht gasförmige, besonders reaktionsfähige Gedanken, die durch die kleinste Ritze kriechen und sich überall gleichmäßig ausbreiten. Es gibt Gedanken, die Schlieren hinter sich herziehen. Es gibt Gedanken, die durch Verdichtungen entstehen. Gedanken bewegen sich nicht auf klar umrissenen Wegen, sondern in einer Sphäre, die ihnen freundlich oder feindlich gesinnt ist. Sie müssen auf ihrem Weg wichtigtuerische Schäume durchbrechen, die jede Sicht versperren.

Auf jedem Weg wird ständig versucht, etwas an ihnen zu manipulieren. Von anderen Regionen werden sie wie magnetisch angezogen und ungern wieder freigelassen. Wieder andere Bereiche haben eine abstoßende Wirkung. Dünste und Dämpfe entstehen, schließlich spricht man im Volksmund von einem Dunstkreis oder von „Dampf ablassen". Der Volksmund scheint eine Ahnung von den komplizierten Prozessen zu haben. Man kann sich sogar osmotische Prozesse vorstellen, wo nur noch Teilbereiche durchdringen. Gedanken können miteinander diffundieren und sich vermischen. Dann treten sie als neue Einheit wieder auf die Bühne.

Man kann sich Gedanken auch als Wellen vorstellen, mit allen Ingredienzen, wie etwa Interferenzen und Amplituden, oder auch dem Licht ähnliche Streuungen, Strahlen und Intensität.

Eventuell nehmen Gedanken auch verschiedene Viskositäten an, manche Gedanken sind vielleicht extrem zähflüssig, andere dagegen nahezu flüchtig.

Die Möglichkeiten sich die Entstehung von Gedanken in der Fantasie vorzustellen, sind also reichhaltig. Das führt natürlich zu nichts, zeigt aber, dass wir im Grunde keine Ahnung haben, und das ist schon mal was. Es zeigt nämlich auch, dass ein alleiniges, übermäßiges Vertrauen auf das rationale Denken völlig fehl am Platz ist. Es ist nur der Teil des Denkens, von dem wir am meisten wissen und jener Teil, den wir am meisten trainiert haben.

Wenn wir zulassen, dass das rationale Denken die absolute Oberherrschaft bekommt, könnten wir einen Riesenfehler begehen. Die Natur hat uns gelehrt, dass alles, was nicht mehr gebraucht wird, mit der Zeit verkümmert und unbrauchbar wird. Die Frage lautet, ob wir es uns leisten können, dass unsere Emotionen und Instinkte elendiglich verkümmern.

Wir müssen akzeptieren, dass das rationale Denken nur eine Zusatzqualifikation ist und nicht dem Denken in seiner Gesamtheit entspricht.

Intelligenz, wie wir sie heute verstehen, ist nur ein Werkzeug. Ein Werkzeug braucht aber eine Hand, die es führt. Bei unsachgemäßem Gebrauch nutzt mir das beste Werkzeug nichts.

Dieser unsachgemäße Gebrauch des Werkzeugs Intelligenz scheint mir eines der Hauptprobleme unserer Zeit zu sein.

Mittlerweile kann man schon von einer kalten Intelligenz sprechen, einer Intelligenz, die von keinerlei Emotionen unterfüttert ist. Es herrscht die Intelligenz von Schachspielern.

Die Logik hat die Ethik und Moral ins Abseits gestellt. Besonders rationale Zeitgenossen versuchen sogar, die Ethik und Moral als Ganzes infrage zu stellen, und behaupten, diese seien keine zeitgemäßen Kategorien mehr bzw. sie existierten überhaupt nicht.

Nur weil man sich nicht einigen kann, wie diese Begriffe zu definieren seien, heißt das ja noch lange nicht, dass sie nicht existieren. Selbstverständlich sind Ethik und Moral an gesellschaftliche Konventionen gebunden, und zwar über die gesamte Historie hinweg. Das sich im Laufe der Zeit etwas ändert, ist kein Makel, sondern eine Stärke.

Dass unsere Moral eine andere ist als vor 100 Jahren, zeigt doch nur, dass sie lebendig und flexibel ist. Wir einigen uns auf einen bestimmten Kodex, der rational niemals begründbar ist und somit auch nicht definierbar. Das muss er auch gar nicht, denn es handelt sich um eine Regelung unseres Zusammenlebens und nicht um ein Naturgesetz, das es zu entdecken gilt.

Der Natur sind solche Regeln völlig gleichgültig, dies ist ein zutiefst menschliches Phänomen. Es muss schon als eine Perversion betrachtet werden, wenn man der Moral aus rationalen Gründen ihre Existenz versagen will.

Nach dieser Logik gibt es auch keine Verkehrsampeln: grün = weiterfahren; gelb = Achtung; rot = Stopp. Es handelt sich um eine Vereinbarung und ist rational nicht zu erklären. Man hätte auch andere Farben wählen können, der Zweck wäre der gleiche geblieben. Das hat mit Logik absolut nichts zu tun, aber es wäre besser, wenn wir uns an diese Vereinbarung hielten. Dies ist weder logisch noch rational, aber es dient der Kommunikation und unserem reibungslosen Zusammenleben. Wir leben in unserem Alltag ständig mit dieser Art von

Vereinbarungen, ohne jedes Mal ins Grübeln zu kommen. Ethik und Moral sind ebenfalls willkürlich von uns festgelegte Vereinbarungen im Sinne des besseren Zusammenlebens.

Die „Erfinder" und Namensgeber dieser Vereinbarungen waren die antiken Griechen, die sich schon zu ihrer Zeit tief in diese Materie hineingedacht haben. Teilweise mit Ergebnissen und einer Feinfühligkeit, die uns heute noch staunen lässt. Allerdings lebten die Griechen unter völlig verschiedenen Gesellschaftsverhältnissen, in einer Gesellschaft, in der Sklaverei und Pädophilie eine Selbstverständlichkeit waren.

Natürlich konnten sie trotzdem eine ausgefeilte Ethik und Moral entwickeln, denn sie mussten ja nur ihr eigenes Gesellschaftssystem regulieren. So weit können die Diskrepanzen gehen, ohne an der Sache selbst etwas infrage zu stellen.

Warum in aller Welt sollten wir uns heute Ähnliches versagen? Nur weil wir nicht in der Lage sind, endgültige Definitionen zu liefern? Das ist doch lächerlich und zeigt nur, wie weit manche Rationalisten bereit sind zu gehen.

Genau auf diesem Gebiet erkennen wir die eigentliche Gefahr, wenn die Rationalität unangemessenen Einfluss bekommt. Sie übernimmt die Herrschaft über Gebiete, für die sie gar nicht zuständig ist. Die Rationalität verfügt über keinerlei Instrumentarium, um auf der ethischen Ebene mitzureden. Menschliche Verabredungen gehorchen keinerlei mathematischen Formeln.

Für jedes Vorhaben gibt es brauchbare und unbrauchbare Werkzeuge oder Hilfsmittel. Man kann mit einem Sieb kein Wasser aus einem Behälter schöpfen, das heißt aber nicht, dass ein Sieb unnütz ist, es ist nur für diesen Zweck völlig ungeeignet. Jedes Werkzeug dient einem bestimmten Zweck.

Es bedarf einer Hand, die ein Werkzeug führt, und was die Hand macht, bestimmt unser Geist.

Auch unsere Logik und Rationalität bedürfen einer führenden Hand, wenn wir Logik und Rationalität als reine Werkzeug anerkennen. Nur wenn wir sie als Selbstzweck behandeln, wird es gefährlich. Dieser Selbstzweck macht sich aber unglücklicherweise seit Urzeiten in unserem Schulsystem zunehmend breit.

Ohne Moral herrscht Krieg! Die kalte Ratio kommt zu dem Ergebnis: Das war gemein – da musst du halt noch gemeiner sein. Eine Spirale der Gemeinheiten wird in Gang gesetzt, nach rein logischen Gesichtspunkten. Großherzigkeit kommt in dieser Kategorie nicht vor.

Unsere Werkzeuge haben eine ungeheure Qualitätsstufe erreicht, doch die Benutzerkriterien sind völlig ungeklärt.

Man denke dabei nur beispielsweise an die zweifelsfrei von schlauen Menschen entwickelten Computeralgorithmen, die mittlerweile in Mikrosekunden den Börsenhandel bestimmen und ganze Länder ans Messer liefern können.

Wir können doch nicht zulassen, dass künftig jeder Hinz und Kunz eine Atombombe zur freien Verfügung hat! Da werden zukünftige Ethikkommissionen noch einiges zu tun haben.

Diese Ethikkommissionen existieren ja heute schon, was wiederum bedeutet, dass sich schon ein gewisses mulmiges Gefühl breitgemacht hat. Man ahnt offensichtlich schon, dass da etwas gewaltig schieflaufen kann. Bei den neuen Techniken der Gentechnik (Crispr 9-Genschere) kann einem schon so richtig schlecht werden, wenn man realisiert, was zukünftig damit alles möglich sein wird.

Unsere technischen Fähigkeiten haben unser moralisch ethisches Bewusstsein längst überholt. Die Wahrscheinlichkeit, dass ihr Vorsprung uneinholbar ist, liegt nahezu bei 100 Prozent. Es wird aber niemand den Fortschritt stoppen können – wir werden sehen, was passiert.

Ich bin wirklich mal gespannt, was die Protagonisten des positiven Denkens dann zu sagen haben.

Die Augen zu verschließen und eine Vogel-Strauß-Politik sind jedenfalls die fatalste Antwort und der sicherste Weg in den Untergang.

All unsere Macht muss darauf konzentriert sein, das Menschliche in uns zu stärken – einen anderen Weg sehe ich derzeit nicht. Wir müssen als Menschen resistenter werden, das bedeutet: Wir müssen unser „Menschsein" in unser Bewusstsein zurückholen, mit allen Stärken und Schwächen. Der Erfolg hängt von einer globalen Anstrengung ab, eine äußerst ungünstige Ausgangslage. Lokale Erfolge sind nett, aber langfristig sinnlos. Nach dem Motto: Der Deutsche verzichtet, aber der Chinese macht's. Unser Credo sollte lauten: Wir haben keine Chance, aber wir müssen sie nutzen.

Immerhin gibt es ja schon einige Versuche, internationale Konventionen festzulegen (Menschenrechte, Kriegswaffen, Folter etc.), aber wir alle wissen, wie es mit der Flexibilität der Umsetzung dieser Konventionen heute aussieht. So lange sogar uns „freundlich gesonnene" Nationen wie etwa die USA z. B. den internationalen Gerichtshof in Den Haag nicht anerkennen, sind sie das Papier nicht wert, auf dem solche Konventionen stehen.

Nichts als Lippenbekenntnisse – wenn es ernst wird, wird munter weitergefoltert und gemordet, ohne Konsequenzen.

Dafür wird umso lauter aufgeschrien, sollten sich andere Nationen das gleiche Recht herausnehmen. Auf diesem moralischen Level wird es unser Appell schwer haben. Unser „Menschsein" ist derzeit auf einem erbärmlichen Niveau.

Die eigene Geschichte

Ein anderes, sehr wirkmächtiges Werkzeug des Denkens ist zum Beispiel die „Erfahrung", also das bisher Erlebte. Das individuell Erlebte spielt jenseits aller Logik eine immense Rolle in unserem Denken, sogar unabhängig von unserem Erinnerungsvermögen. Der Erinnerung des Erlebten ist mit Logik nur selten beizukommen und sei sie auch noch so eindeutig.

Hinzu kommt noch ein ganzer Cocktail von Einflüssen, denen unser Denken unterworfen ist. Gerade dieser Cocktail führt manchmal zu den großartigsten Ergebnissen oder auch zu fürchterlichen Krankheitsbildern. Woraus dieser Cocktail in seinen Einzelbestandteilen besteht, ist kaum zu beantworten, da er bei jedem Menschen andere Bestandteile hat, die überdies noch verschieden gewichtet werden. Wir wissen jedoch, was alles eine Rolle spielen könnte.

Nicht jeder hat ein schweres Trauma erlebt, aber wer es erlebt hat, wird dieses Ereignis in seinem Denken nachverfolgen können, es sei denn, er ist gleichzeitig mit einer ausgesprochenen Resilienz begnadet. Es gibt Menschen, die sind quasi psychisch fast unbeschädigt aus einem Krieg, einem Flüchtlingstreck, einem Unfall, einer Krankheit, einem sexuellen Missbrauch, einer Misshandlung, einem Verlust etc. hervorgegangen. Bei den meisten hingegen hinterlassen solche Traumata intensive Spuren.

Es gibt Menschen, die mussten glücklicherweise in ihrem Leben gar kein Trauma erleben. Doch auch bei jenen spielen die Erinnerungen eine große Rolle bezüglich ihres Denkens.

Deshalb kann man im Allgemeinen auch nichts über die Bestandteile sagen, die unser Denken bestimmen.

Die Frage ist: Wenn wir diese Bestandteile im Einzelnen kennen würden, würde uns das tatsächlich weiterhelfen? Man könnte behaupten, dass gerade unsere Unkenntnis die Sache so spannend und interessant macht. Jeder kommt zu anderen Ergebnissen und wundert sich, warum nicht alle so denken wie er. Gerade das bietet gute Gelegenheiten zu einem Gespräch. Die Unterschiede bilden die Würze.

Am Ende heißt es oft: „Da habe ich ganz andere Erfahrungen."

Jedes Wort, jeder Satz, jeder Text löst eine Assoziationskette aus, aber bei jedem eine andere, völlig individuell. Trotzdem finden wir uns zurecht, das ist das eigentliche Wunder. Logisch betrachtet wäre die Verwirrung der Normalzustand. Wir wundern uns viel zu selten, warum etwas funktioniert, weil wir gewohnt sind, dass es funktioniert. Diesbezüglich sind wir äußerst verwöhnt.

Die Evolution hat aber dafür gesorgt, dass nur funktionierende Systeme überleben. Alles, was nicht funktioniert, haben wir nie zu Gesicht bekommen. Wir sind von Geburt an daran gewöhnt, uns in funktionierenden Systemen zu bewegen. Im Grunde wissen wir gar nicht, warum es funktioniert. Millionen unbekannter Opfer unzulänglicher Versuche haben uns allen zugearbeitet.

Jeder neu geborene Mensch ist das letzte Glied einer Kette, ob er will oder nicht. Wenn das mal keine Luxusvoraussetzungen sind!

Ein gutes Beispiel dafür ist der „Normalzustand" der körperlichen Gesundheit. Ein ständiges Ineinandergreifen von Milliarden einzelner chemischer und physikalischer Prozesse.

Mediziner wissen natürlich etwas mehr als Otto Normalverbraucher, aber auch Mediziner haben nur eine Ahnung davon, was sie alles nicht wissen. In der Geschichte der Medizin gab es wie bei der Evolution viel „Versuch und Irrtum". Auf gleiche Weise haben auch indigene Völker ihr Wissen um Heilpflanzen angehäuft. Bis zur Entdeckung einer Wirksamkeit gab es stets Tausende von Fehlversuchen. Gesprochen wird aber nur über die Erfolge. Medaillen bekommen nur die Überlebenden.

Schopenhauer hat es einmal so ausgedrückt: „Jedes Kind kann einen Käfer zertreten, aber alle Professoren dieser Welt können keinen herstellen."

Wenn wir allerdings mutwillige Eingriffe in diese Systeme unternehmen, wird uns sehr schnell klar, was ein wahrhaft komplexes System bedeutet. Was wir Menschen unter komplex verstehen, hat nichts damit zu tun, was Komplexität in Wirklichkeit bedeutet. Wir kennen immer nur einen Ausschnitt der Wirklichkeit, den wir dann für „die" Wirklichkeit halten, so wie wir auch glauben, alle Farben zu sehen. Doch schon eine Biene belehrt uns eines Besseren. Auch hier würde uns eine Portion Demut gut zu Gesicht stehen.

Im Grunde sind wir alle wie Kinder, die mühselig gelernt haben, bis zehn zu zählen, und dann behaupten, sie könnten zählen. Sie haben ja nicht Unrecht, auch wenn sie von den Zahlen jenseits der Zehn keine Ahnung haben.

Es ist vielleicht gerade die Unschärfe unserer Sprache, die dafür sorgt, dass Gedanken flüssig verlaufen und Gespräche überhaupt zu führen sind. Oberbegriffe ersparen uns die mühsame Aufzählung von Beispielen und wir sind es gewohnt, schon in diesen Oberbegriffen zu denken.

Wenn ich zwei Farben mische, entsteht eine neue Farbe, für die dann wieder ein neues Wort gesucht wird. Im Extremfall mündet dies in den Farbbestimmungs-Nummern (RAL). Diese Art der Farbbestimmung oder Benennung ist sehr genau, aber im Alltag völlig unbrauchbar.

Man stelle sich vor, man würde auf die Frage nach der Augenfarbe mit RAL 5002 antworten. Die Antwort „blau" reicht völlig aus, auch wenn sie naturgemäß ungenau ist.

Es ist eine der großartigsten Eigenschaften unseres Gehirns, alle diese Parameter in unseren Gedanken gleichzeitig abzuwägen. Ich weiß in der Regel, welche Antwort ausreicht, um flüssig durch den Alltag zu kommen.

Hormone

Jeder, der sich an seine eigene Pubertät erinnert, wird bestätigen können, dass Hormone einen erheblichen Einfluss auf die Denkrichtung haben können. Hormone können einzelne Denkbereiche regelrecht blockieren. Von den körperlichen Vorgängen spüren wir nichts, das heißt, wir merken nicht, wenn Hormone ausgeschüttet werden. Eine Ausnahme bildet natürlich das Adrenalin, das wir unmittelbar spüren, aber dafür ist es auch da.

Die Ergebnisse dieser pubertären Hormonüberflutungen können wir nicht mehr leugnen. Unser ganzes Sinnen und Streben richtet sich dann ausschließlich auf den potenziellen Geschlechtspartner. Dies kann so stark ausfallen, dass sogar elementare Bedürfnisse wie essen und schlafen hintanstehen müssen. Unser Gehirn arbeitet sozusagen unter Hochdruck an seinen anstehenden Aufgaben.

Jeder, der schon einmal geliebt oder gehasst hat, weiß, dass die sogenannte Entscheidungsfreiheit auf sehr wackligen Füßen steht.

Was wir für eine freie Entscheidung halten, ist stets nur eine Freiheit unter bestimmten Voraussetzungen. Wir sind nur „theoretisch" frei in unseren Entscheidungen. Das bedeutet natürlich nicht, dass wir komplett determiniert sind, was gleichbedeutend mit Schuldunfähigkeit wäre. Bei einigen Entscheidungen werden wir aber von wechselnden unbewussten Kräften an der kurzen Leine gehalten, unter anderem von unserem Hormonhaushalt.

Allerdings haben wir auch kulturbedingt gelernt, diesen Ratgebern nicht hemmungslos Folge zu leisten, sondern unsere unmittelbaren Gelüste einigermaßen zu kanalisieren. Um die schlimmsten Folgen zu vermeiden, müssen wir uns eine Zeit lang beherrschen, um durch sublimere Methoden zu unseren Zielen zu gelangen.

Es gilt heutzutage als unschicklich, eine Frau einfach an ihren Haaren in seine Höhle zu schleifen. Man macht eher Komplimente, zeigt sich von seiner Schokoladenseite, neckt sich, kurz: Man führt einen regelrechten Balztanz auf. Eine neuere Form dieses Balztanzes ist das Präsentieren eines gefüllten Bankkontos. Im Volksmund heißt es ja auch: „Geld macht sexy." In Wirklichkeit ist diese Art der Werbung keineswegs neu, sondern die älteste, die es gibt, nur im Zeitalter nach der langen romantischen Epoche erscheint sie uns wieder neu. Aber nicht alle potenziellen Geschlechtspartner sprechen auf diese Art der Werbung an.

Wir befinden uns damit auf dem weiten Feld der Ritualisierungen. Diese dienen dem Schutz aller Beteiligten. Ritualisierungen dauern aber ein bisschen länger und unsere Geduld ist gefordert. Im Falle eines Triebstaus ist dies eine durchaus unangenehme Herausforderung.

Auch eine direkte Hinrichtung eines Hassobjektes findet heute keinen Anklang mehr in unserer Gesellschaft.

Als Ersatz dafür hat die Gesellschaft die Gewaltenteilung erfunden. Jedoch gibt es auch heute noch Gegenden mit den Gesetzen der Blutrache.

Als bedauerlich empfinden wir auch, wenn die „falschen" Hormone unseren Körper malträtieren. Kein Mann wünscht sich eine ordentliche Ladung Östrogen und keine Frau zu viel Testosteron. Der Körper kann es dem Menschen einfach nicht recht machen.

„Mens sana in corpore sano" – übersetzt: Ein gesunder Geist wohnt in einem gesunden Körper.

Das ist zweifellos schön gesagt, aber absolut schwammig in der Aussage, obwohl da eine Menge dran ist nach dem bisher Ausgeführten, denn der Geist ist keineswegs unabhängig vom Körper.

In dieser Strenge ist die Aussage allerdings nicht zu halten. Wer weiß schon, was ein gesunder Geist sein soll? Wer weiß, was ein gesunder Körper sein soll?

Hieße dies denn nicht konsequenterweise, dass ein Mensch, der auf einen Rollstuhl angewiesen ist, keine Chance mehr auf einen gesunden Geist hat? Hieße dies denn nicht, dass ich zuerst für einen gesunden Körper sorgen muss, in der Hoffnung, dass der Geist schon nachzieht? Der Körper wird als Behausung betrachtet, die den Geist beherbergt.

Wenn man den heute herrschenden Körperkult betrachtet, kann man sich des Eindrucks nicht erwehren, dass die Menschen ihre gesamte Lebenszeit mit dem Hausbau verbringen. Die neuen Häuslebauer beschäftigen sich allerdings oft ausschließlich mit der Fassadenverschönerung, einschließlich kosmetischer Eingriffe. Nur der Geist – er verweigert den Einzug. Da steht dann das schöne Haus – unbewohnt – und welkt vor sich hin.

Im anderen Fall wohnt ein wacher, aufmerksamer Geist in einem bedauerlichen Körper, aber immerhin ist dieser Körper bewohnt. Wenn ich wählen könnte, ich wüsste, wofür ich mich entscheiden würde.

Die antiken Griechen (obwohl der Spruch in Latein übersetzt ist) wollten nur darauf hinweisen, dass man in der Pädagogik auf beide Seiten achten sollte, es ist ein Erziehungsideal. Allerdings zählten damals zu den Erziehungszielen auch die Muße und Gelassenheit. Übrig geblieben von diesem Ideal ist heute bedauerlicherweise nur noch der Körper.

Ängste und psychische Dispositionen

Ist ein Mensch von Ängsten geprägt, werden diese zukünftig die Oberbefehlsgewalt über sein Denken ausüben. Ängste sind sehr starke Emotionen und nur schwer zu verdrängen. Sie sind ein Meister der Hintertür. Sie können jedes Schlupfloch benutzen, jede Art von Verkleidung, jede undichte Stelle und jede Unaufmerksamkeit. Ängste erzeugen dauernd Überdruck, der nach außen drängt. Ängste sind machtgeile Ungeheuer.

Für einen verängstigten Menschen ist es kein besonderes Ereignis, wenn seine Gedanken immer wieder um seine Ängste kreisen. Er will seine Ängste zwar eigentlich loswerden, aber seine eigenen Gedanken verstärken sie nur noch. Es ist fast unmöglich, aus diesem Teufelskreis ohne fremde Hilfe wieder herauszukommen.

Menschen, die nicht von Angst geprägt sind, kennen das Gefühl der Angst auch, sie lassen der Angst keine solche Machtfülle zu.

Mit der Angst ist es ein bisschen so wie mit dem Schmerzempfinden: Sie ist eigentlich ein Schutzmechanismus. Nur wenn die Angst oder der Schmerz chronisch werden, übernehmen sie das Ruder und bestimmen, wo die Fahrt zukünftig hingeht.

Die eigentliche Funktion der Angst ist es, uns davor zu bewahren, allzu tollkühn oder übermütig zu werden, da dies in der Regel mit dem Leben bezahlt wird. Aus Sicht der Evolution stellt sich das so dar: Die allzu Waghalsigen sind ausgestorben, da sie ihre Charaktereigenschaften mit dem Leben bezahlt haben.

Insgesamt ist der Mensch zusammen mit seiner Primatenverwandtschaft ein Fluchttier. Er braucht die Angst, um Gefahr zu wittern. Es ist nicht sehr hilfreich, sich einem Nashorn mutig in den Weg zu stellen. Das Nashorn hat keinerlei Hochachtung vor meiner Charakterstärke.

Der Mensch braucht auch sein Schmerzempfinden, um ernsthaften Schaden rechtzeitig abzuwenden. Leider kann aber jede Art von Empfänglichkeit auch auf Abwege geraten und einen Platz einnehmen, der ihr eigentlich gar nicht gebührt. So können unsere Ängste nicht nur ihre Warnfunktion ausführen, sondern auch unser gesamtes Leben dominieren. Dies sorgt dann dafür, dass unser normales Denkvermögen empfindlich gestört werden kann.

Ähnliche Vorgänge kann man auch allen anderen psychischen Störungen zuschreiben. Es sind einfach Entgleisungen von Dispositionen, die wir alle in gewisser Dosierung in uns haben.

Aber schon in der Arzneimittelkunde heißt es: „Die Dosis macht das Gift." Beim einen ist die Dosis verschwindend gering, kaum nachweisbar, bei einem anderen etwas größer und bei einem Dritten dominant.

5. Sprachliche Aspekte
Gedanken und Sprache

Möchten wir einen Gedanken sprachlich ausdrücken, sind wir augenblicklich durch die Auswahl der zur Verfügung stehenden Worte und der sprachlichen Grammatik eingeschränkt. Dies bedeutet, dass der Gedanke in Kleider gesteckt wird, die ihm eventuell überhaupt nicht passen.

Die Sprachentwicklung hat sich aus der Sicht der Evolution nach den Gesichtspunkten der Brauchbarkeit entwickelt. Sprache diente der Verständigung über Dinge, die für ein Überleben vorteilhaft waren. Hilfreich ist eine Sprache allerdings nur, wenn sie auch verstanden wird. Dies muss für alle Sprachgruppenmitglieder gelten. Diese Sprache wird durch ständigen Gebrauch eingeübt.

Damit ist der Gebrauch der Sprache ein Seismograf für die Durchschnittsintelligenz einer Gesellschaft, denn sie muss von jedem verstanden werden, um effektiv zu sein.

Der Wortschatz der Individuen unterscheidet sich erheblich. Im Schnitt gebrauchen wir im Deutschen etwa 75.000 Worte bei einem Gesamtwortschatz von etwa 500.000 Worten. Das sind erhebliche Unterschiede.

Möchte ich der Allgemeinheit etwas erklären, sollte ich also vernünftigerweise Worte aus den 75.000 Worten des Allgemeingebrauchs verwenden, sonst laufe ich Gefahr, nicht verstanden zu werden.

Für das Erlernen einer Fremdsprache gilt, dass man mit einem Wortschatz von 1.000 Worten gut über die Runden kommt und schon einigermaßen vernünftige Gespräche führen kann. Zudem unterscheidet man zwischen einem aktiven und passiven Wortschatz.

Wie man sieht, kommen hier sehr unterschiedliche Zahlen zustande, was auch der erfahrenen Wirklichkeit entspricht. Für die sprachliche Äußerung eines Gedankens hat dies allerdings erhebliche Auswirkungen.

Je mehr ich mich mit einem Thema beschäftige, umso eher komme ich an Sprachbarrieren und bin gezwungen, neue Wortschöpfungen zu erfinden. Für das, was ich ausdrücken möchte, stellt mir die Sprache oft keine Wörter zur Verfügung. Diese „neuen" Wörter kenne aber nur ich selbst, weil ich ihr Schöpfer bin. Worte, die nur ich selbst kenne, dienen aber nicht der Kommunikation, sondern nur meinen eigenen Gedanken. Möchte ich mit „neuen" Worten kommunizieren, muss ich sie vorher erklären. Im normalen Alltag spielt dies kaum eine Rolle, da kommen wir mit wenigen Worten der Verständigung aus.

Ganz anders bei den sogenannten Fachsprachen. Jedes Fachgebiet hat nämlich seine eigene stark erweiterte Sprache, die für Menschen außerhalb dieses Fachgebiets eine Fremdsprache ist.

Ein Beispiel für eine besonders lästige Alltagserscheinung ist die Beamtensprache. Durch wachsende Spezialisierung und immer weitere Differenzierung sind Amtsschreiben nur noch mit Dolmetschern zu verstehen. Die Beamten- oder Behördensprache hat sich von der Alltagssprache komplett verabschiedet. Das geht so weit, dass der Bürger nicht einmal mehr versteht, ob er nun etwas bekommt oder ob er was bezahlen soll. Normalsprachlich eigentlich ein ganz einfacher Vorgang, der auf jedem Wochenmarkt funktioniert. Nicht so bei Schreiben vom Finanzamt.

Fachsprachen führen automatisch auch dazu, übermäßig viele Abkürzungen zu gebrauchen, welche die Kommunikation untereinander erheblich verkürzt, in der Außenwirkung aber verheerend sind.

Grundvoraussetzung für eine gelungene Kommunikation ist also das Wissen darum, wen ich eigentlich ansprechen möchte. Nur danach richtet sich mein Sprachgebrauch beziehungsweise sollte er sich richten.

Durch den Gebrauch einer Sprache, die der Angesprochene nicht versteht, kann man auch sehr elegant Herrschaftsverhältnisse etablieren, denn dieses Verfahren funktioniert nur von oben nach unten. Eine unverständliche Sprache kann ich nur dem gegenüber verwenden, von dem ich glaube, dass er gesellschaftlich unter mir steht. Das zeige ich ihm dann mit jedem Wort. Da er mich nicht versteht, zwinge ich ihn quasi, mir zu glauben. Das klingt zugegebenermaßen etwas drastisch, jedoch bei genauem Hinsehen ist es das aber auch.

Wie sonst ist die Sprache der Behörden, Theologen, Ärzte, Psychologen, Philosophen, Handwerker, Wissenschaftler etc. zu erklären? Wenn sie sich untereinander unterhalten, ist alles in Ordnung, aber in der Kommunikation mit der „Außenwelt" ist es eine Katastrophe. Man gewinnt den Eindruck, dass sie gar nicht kommunizieren wollen, sondern nur etwas von sich geben möchten oder sich genötigt fühlen, etwas von sich geben zu müssen. Es interessiert sie oft überhaupt nicht, ob der Angesprochene etwas versteht.

Im Alltag spricht man dann völlig zurecht von Arroganz, also einer Anmaßung, sich höher einzustufen als sein Gegenüber.

Auf diese Weise wird die Sprache zur Waffe, denn sie stellt Herrschaftsverhältnisse klar. Man kann sie bei diesem Gebrauch durchaus auch als einen gewissen Akt der Gewalt einstufen.

Im Fachgebiet selbst ist die Erweiterung der Sprache allerdings eine bittere Notwendigkeit. Nicht jede Äußerung eines Fachmanns ist also böse oder arrogant gemeint, sondern er ist vielleicht einfach nur ein furchtbar schlechter Dolmetscher. Ein Gefangener seiner eigenen Sprachwelt.

Je mehr Fachwissen wir als Menschheit anhäufen, umso schwieriger wird die Kommunikation. Besonders deutlich wird dies jedermann beim täglichen Gebrauch eines Computers. Dort tauchen ständig technische Probleme auf, die ohne besondere technische und sprachliche Begabung das Leben zur Hölle machen können. Es ist eine tieftraurige Tatsache, dass ich heute fast mehr Gebrauchsanweisungen als Bücher lese.

Dazu kommt noch, dass heute Gebrauchsanweisungen eine absurd kurze Halbwertszeit haben und so abgefasst sind, dass ich morgen schon nicht mehr weiß, was ich heute gelesen habe. Wenn ich gerade an dem Punkt angekommen bin, die Informationen auch umzusetzen, erfahre ich, dass mein System schon veraltet ist. „Man muss sich Sisyphus als glücklichen Menschen vorstellen." (Albert Camus)

Aber zurück zu dem Verhältnis von Sprache und Gedanken. Angenommen ich beschäftige mich mit den menschlichen Tugenden. Meine Assoziationen erstellen eine erste Liste von entsprechend passenden Eigenschaften, quasi das Erste, was mir dazu einfällt. Nehmen wir jetzt mal willkürlich Mut, Ordnung, Gerechtigkeit, Pünktlichkeit. All diese bringt man mit dem Tugendbegriff zusammen, betrachtet sie also als Eigenschaften, die als tauglich gelten.

In der Folge frage ich mich: tauglich wozu? Ist ein tugendhafter Mensch auch gleichzeitig ein guter Mensch? Gibt es einen qualitativen Unterschied zwischen Pünktlichkeit und Gerechtigkeit?

Das Ideal wäre etwa ein Mensch, der einige Tugenden in sich vereint: Gerechtigkeit, Besonnenheit, Mut, Weisheit, Rechtschaffenheit.

Dann bemerke ich vielleicht, dass auch ein Verbrecher durchaus ordentlich und pünktlich sein kann. Wären alle Tugenden gleich zu bewerten, müsste ich diesen Verbrecher auch als guten Menschen bezeichnen. Da kann ja was nicht stimmen!

Schon wirft mir meine eigene Muttersprache Knüppel zwischen die Beine, denn sie kennt nur einen Sammelbegriff für all diese Eigenschaften, die doch offensichtlich unterschiedlich sein müssen, wenn man darüber nachdenkt.

Im alltäglichen Gebrauch scheint dieser Sammelbegriff auszureichen, mehr braucht man nicht, um sich verständlich zu machen. Die Widersprüche tauchen erst bei der Vertiefung des Gedankens auf.

Ich bin gezwungen, die Tugenden in Kategorien einzuteilen, wenn ich einen Gedanken genauer beschreiben möchte. Möchte ich beschreiben, was einen „guten" Mensch ausmacht oder wie ich mir einen „guten" Menschen vorstelle, dann ist der Gebrauch des Tugendbegriffs zwar nicht falsch, aber untauglich begrenzt, solange er nicht näher differenziert wird.

Gehorsamkeit ist in vielen Fällen zweifellos eine Tugend, dahinter steht aber die Frage: Wem soll ich gehorsam sein?

Der Ungehorsam kann eine viel höhere Tugend sein, wenn der Befehl falsch ist, der Gehorsam kollidiert eventuell mit der Zivilcourage.

Gerechtigkeit dagegen ist immer gut und Ungerechtigkeit immer schlecht. Sie ist eine Tugend, die unabhängig von irgendeiner Bedingung existiert. Ein Einbrecher dagegen wird nicht dadurch besser, dass er pünktlich ist.

Historisch hat man sich dadurch beholfen, dass man von sogenannten „Kardinaltugenden" spricht. Man könnte auch von dienenden und herrschenden Tugenden sprechen oder von Primär- und Sekundärtugenden. Das macht die Sache auch nicht besser, weil man beides erklären muss. Man muss Begriffe einführen, die vorher nicht existent waren.

Die Alltagssprache gibt es einfach nicht her, sie erzwingt Umwege. Der Gedanke an die Tugend lässt sich sprachlich nicht fassen, es fehlen die Worte. Der Gedanke ist aber da und ausgeformt, weit vor der sprachlichen Fassung. Die Gedanken richten sich nicht nach der Sprache, über die man verfügt, sondern die Sprache muss oft mit großer Raffinesse an einen Gedanken angepasst werden. Manchmal geht das nur über Bilder oder Metaphern, also weit über eine bloße Mitteilung hinaus. Man möchte irgendwie klar darstellen, was man eigentlich meint. Wenn sich die Gedanken an der Sprache orientieren würden, käme ja nie etwas Neues heraus, und die Sprache könnte sich nicht entwickeln.

Das tun unsere Gedanken aber glücklicherweise nicht. Man könnte auch sagen, unsere Sprachvielfalt verdanken wir den Gedanken. Sie wollen formuliert werden.

Umgekehrt allerdings kann man auch vermuten, dass ein Mangel in der Sprache auf einen Mangel im Gedankengut hinweisen kann. Die Sprache zeigt uns, was für unsere Vorfahren wichtig war, denn wir lernen unsere Muttersprache ja immer von den Vorfahren und passen sie dann an unsere Lebensverhältnisse an. In der Sprache herrscht ein ständiges Sterben und Entstehen. Sprache bildet das vergangene Leben ab. Sprache ist die erste Institution, der wir uns als historische Wesen stellen müssen.

Nehmen wir beispielsweise das Wort Glauben. Im Deutschen sagen wir sowohl „Ich glaube, morgen scheint die Sonne", „Ich glaube meinem Freund" als auch „Ich glaube an Gott". Das sind völlig unterschiedliche Aussagen, doch wir haben nur ein Wort dafür. Das heißt, wir werden gezwungen, zwischen den Zeilen zu lesen, um zu ahnen, was gemeint ist, was uns in diesem Fall nicht besonders schwerfallen dürfte. Sprachlich allerdings ist das sehr dürftig, aber noch nichts im Vergleich zu der Mannigfaltigkeit des Begriffs der Liebe.

Ich möchte dies jetzt gar nicht weiter ausführen, denn ich denke, es ist einigermaßen klar, worum es geht: Worte sind unzureichend! Sie sind nur die Pforte zur Außenwelt, aber nicht das Gebäude der Gedanken. Die Sprache ist eine enge Pforte, durch die eben nicht alles hindurch passt.

Aus der Sicht der Evolution war das auch gar nicht nötig. Wenn ein Überlebensvorteil ausreicht, die Art zu erhalten, dann hat die Mutation ihre Schuldigkeit getan. Das ist aus unserer menschlichen Sicht ein brutal einfacher Vorgang. Die Entwicklung des Sinns für Logik und die Fähigkeit der sprachlichen Mitteilung haben uns einen riesigen Vorsprung verschafft, der uns von jedem Selektionsdruck befreit. Der Rest ist Spielerei und innerartliche Abgrenzung.

Die Natur setzt nun mal die Standards, mit denen wir klarkommen müssen. Das ist deprimierend, aber unabdingbar.

Was wir daraus machen, unterliegt allerdings unserer Entscheidung.

Diffusion der Sprache

Worte, die wir in unserer Sprache gebrauchen, haben alle einen individuellen Dunstkreis möglicher genauerer Bedeutungen. Jedes Wort ist bewusst, vor allem aber unbewusst mit einer Assoziationskette verbunden. Außerdem bedient sich unsere Sprache zahlreicher Oberbegriffe, die sich einer genauen Definition entziehen, aber eine bestimmte Vorstellung hervorrufen (man denke dabei etwa an den Begriff „Wetter").

Ebenso verbreitet sind Begriffe, die nicht existenter Natur sind wie etwa Märchenfiguren etc. Jeder kennt den Froschkönig und weiß, dass er nicht existiert, aber er hat eine Vorstellung davon. Der Froschkönig existiert nur in der Vorstellung und damit ist er in der Welt unseres Denkens, allerdings nur in einem bestimmten Kulturkreis.

Mit unserem täglichen Sprachgebrauch bewegen wir uns dauernd im Bereich des Diffusen, ohne uns dessen immer bewusst zu sein. Wir haben demnach eine große Übung im Umgang mit dem Ungenauen. Im Grunde brauchen wir meist gar keine Genauigkeit. Es reicht, wenn wir wissen, worum es geht. Das ist natürlich ein gewaltiger Unterschied zur Mathematik.

„Ich stelle das Glas auf den Tisch" ist zum Beispiel ein Satz, bei dem man sich nicht bemüßigt fühlt nachzufragen. Es ist eine Mitteilung, die jeder so versteht, wie sie gemeint ist, obwohl sie zwei Oberbegriffe verwendet, die als reale Objekte gar nicht existieren. Es gibt weder ein allgemeines Glas noch einen allgemeinen Tisch, sondern nur ein bestimmtes Glas und einen bestimmten Tisch. Beides konkret zu definieren wäre ein schwieriges Unterfangen.

Unsere Oberbegriffe sind hilfreiche Abkürzungen in unserer Sprache. So haben wir ganze Begriffshierarchien erfunden, also immer weitere Oberbegriffe. Ein Glas ist ein Gefäß und ein Tisch ein Einrichtungsgegenstand. Allerdings kann auch ein Bierkasten als Tisch „dienen", das heißt: Die Funktion ist Bestandteil des Begriffs.

Unsere Vorstellungen eines Begriffs sind durch den täglichen Gebrauch sehr gut eingeübt, wir wissen einfach, was wir uns unter einem Tisch vorzustellen haben. Diese Vorstellung ist sehr viel wichtiger als eine genaue Definition und vor allem ist sie sehr viel schneller. Man spricht bezeichnenderweise auch von einem Gedankenfluss.

Vorstellungen sind wie fließendes Wasser und Definitionen wie Backsteine, die mühselig aufeinandergeschichtet werden müssen. Im täglichen Gebrauch sind sie permanente Hemmnisse.

Sollte jedoch jemand ein Bild von einem Tisch malen, muss er sich entscheiden. Bei mehreren Probanden kämen völlig unterschiedliche Darstellungen heraus, weil beim Malen eines Bildes ein Gegenstand konkret visualisiert werden muss. Ich kann ja nur einen bestimmten Tisch malen, nicht „den" Tisch an sich.

Ich kann zeichnerisch keinen einzigen Oberbegriff darstellen, sondern nur konkrete Gegenstände.

Künstlerisch hochstehende Abbildungen benutzen deshalb oft Allegorien, Gegenstände, die stellvertretend für etwas stehen (etwa ein Buch für Bildung), was zum Verständnis wiederum eine gewisse Bildung voraussetzt. Man versucht, dieser Not durch Piktogramme zu entkommen, was jedoch nur in einigen Fällen gelingt.

Oberbegriffe existieren nur im Bereich der Sprache und damit der Vorstellung. Eine Sprache ohne Oberbegriffe ist schlechterdings undenkbar.

Stellen wir eine Beziehung zwischen zwei oder mehreren Beobachtungen her, ist dies die Stunde neuer Wortschöpfungen, wir brauchen ein neues Wort für deren Gemeinsamkeiten. Deshalb wird unsere Sprache auch ständig erweitert. Entweder man entlehnt einen bereits existierenden Begriff aus einer anderen Sprache oder man wird in der eigenen Sprache erfinderisch.

Bei dem heutigen Informationsfluss geschieht dies so schnell, dass kein einzelner Mensch mehr auf der Höhe seiner Zeit bleiben kann. Wir sind kollektiv zur Unvollkommenheit verurteilt.

In den Wissenschaften wimmelt es nur so von spezifischen Oberbegriffen, die eigentlich kein normal gebildeter Mensch mehr verstehen kann. Aber nicht nur in den Wissenschaften, sondern auch in der Philosophie, Psychologie, Theologie, Wirtschaft, im Finanzwesen – kurz, auf jedem Gebiet, das sich einigermaßen ausdifferenziert.

Dies bedeutet, dass unser Denken nur in absoluten Ausnahmefällen logisch linear funktioniert, denn schon die Sprache bildet ja einen ziemlich großen Anteil unseres täglichen Lebens.

Wenn ich bei jedem Gesprächsgegenstand nachfrage, was mein Gegenüber genau damit meint, erstickt das eigentliche Gespräch. Das bedeutet natürlich nicht, dass man nie nachfragen sollte, man sollte sich nur bewusst sein, dass bei einer

Nachfrage das Gespräch einen völlig unerwarteten Verlauf nehmen kann.

Ein Beispiel: Jemand zahlt seine Schulden nicht zurück und ich kommentiere dies mit der Bemerkung: „Das ist für mich ein moralisch bedenkliches Verhalten." Mein Gesprächspartner könnte darauf erwidern: „Allerdings.", weil er es so versteht, wie es gemeint war: In unserer Kultur verhält man sich im Allgemeinen nicht so, ein solches Verhalten verstößt gegen unsere allgemeinen gesellschaftlichen Regeln. Wenn er aber nachfragt: „Was verstehst Du eigentlich unter Moral?", dann wird es kompliziert.

Diese Art von Oberbegriffen hat schon Platon in seinen „Sokrates-Dialogen" ad absurdum geführt. Sokrates hat so lange nachgebohrt, bis der Begriff vollständig zerflossen war, und am Ende stand immer tiefe Ratlosigkeit. Seine Gesprächspartner mussten am Ende immer zugeben, eigentlich nichts zu wissen, was ja auch das Ziel des Gesprächs war.

Vielleicht wollte schon Sokrates darauf aufmerksam machen, dass unser Denken auf diesem Wege nicht funktionieren kann, dass uns Definitionen nicht wirklich weiterbringen. Vielleicht hat man schon vor 2.500 Jahren gemerkt, dass da irgendetwas nicht stimmt. Scharfsinnigkeit ist nicht kongruent mit dem Denken. Unser Denken wird nicht durch die Logik bestimmt, die Logik ist nur eines der Werkzeuge des Denkens.

Warum lieben wir Kunst?

Es scheint doch noch eine ganze Anzahl von Menschen zu geben, die der absoluten Herrschaft von Logos und Ratio instinktiv misstrauen. Sie ahnen um den Teil des Ganzen. Jeder, der sich mit Poesie oder außersprachlichen Aus-

151

drucksformen beschäftigt, tut dies auch aus einem gewissen Unbehagen gegenüber der kalten Logik.

Alle Formen der Kunst und auch des Spiels sind zutiefst menschlich. Es ist gerade das im Sinne der Logik zweckfreie Agieren, welches eine ungeheure Anziehungskraft entwickeln kann. Friedrich Schiller hat es so ausgedrückt: „Der Mensch ist nur dort wirklich Mensch, wo er spielt."

Im Spiel entstehen die Gedanken, die vorher undenkbar waren, weil sie in das Korsett der Logik gepresst wurden. Im Spiel wird der individuellen „Evolution" der Gedankenwelt auf die Sprünge geholfen. Das Entscheidende dabei ist die Zweckfreiheit und Ungebundenheit.

In der Wissenschaft entspricht das der Grundlagenforschung. Man sucht nicht nach etwas Bestimmten, sondern beobachtet, was passiert im freien Spiel. Man erlernt von Neuem das kindliche Staunen, aber der erwachsene Geist hat die Möglichkeit, es gegebenenfalls einzuordnen.

Man sollte noch mal gründlich überlegen, worin wir als Gesellschaft und in der Politik unsere Gelder für das Bildungssystem investieren.

Ich fürchte, wir befinden uns mit unserem völlig verschulten System und unserem Glauben an den Wert von ständigen Prüfungen auf einem absurden Abweg. Mit den Rezepten von vorgestern wird nichts Neues entstehen. Altes Wissen bleibt altes Wissen, auch wenn es noch so beeindruckend ist.

Die Kunst hat dies schon längst bemerkt, nur nimmt keiner Notiz davon. Künstler stehen in der ersten Reihe der Zweifler und Zweifel sind bitter nötig. Am Anfang jeder Veränderung steht irgendwo ein Zweifel.

Allerdings muss hier auch bemerkt werden, dass nicht jeder Zweifler ein Künstler ist oder jeder Zweifel einen Anfang bildet. Die meisten Zweifel bilden leider einen Endpunkt und enden elendiglich im Ver-Zweifeln.

Der Zweifel ist nur für einen kreativen Menschen hilfreich. Nehmen wir zum Beispiel die Musik. Als reine Musik, also ohne Text, nimmt sie uns mit auf eine Reise in die absolute Abstraktion, nichts mehr gemahnt an die real existierende Welt. Wie ist es überhaupt möglich, dass uns so etwas überhaupt interessiert?

Musik ist eine Entführung in eine Traumwelt, an einen Ort der absoluten Sicherheit und Geborgenheit, eben „weil" sie mit der Außenwelt nichts gemein hat. Jeder kann sich beim Hören von Musik seine eigene Welt erschaffen, er ist an nichts gebunden. Kein Bild, kein Wort, kein Geruch, keine Berührung gemahnt ihn an irgendetwas.

Musik ist damit die unmittelbarste Mitteilung eines Gefühls und kommt als solches auch beim Hörer an. Musik braucht keine Hilfsmittel, keine Kenntnisse, keine besonderen Rezeptoren.

Bei der Poesie ist das schon anders, sie ist sprachabhängig, also bildungsabhängig. Poesie hat völlig andere Qualitäten als beispielsweise Musik. Vor der Entwicklung der Schrift wurde sie schon Jahrtausende mündlich überliefert.

Ebenso die Malerei, von der man weiß, dass sie bereits seit 40.000 Jahren existiert, da Höhlenmalereien bestens erforscht sind. Warum sie angefertigt wurden, liegt allerdings ein wenig im Dunkeln. Ein kultischer Zweck ist allerdings wahrscheinlich.

Beim Tanz sind unsere historischen Kenntnisse minimal, vermutlich ist er aber noch älter als die Malerei, da ihn jedes indigene Volk bis heute kennt.

In den künstlerischen Äußerungen des Menschen fühlen wir uns schon aufgrund des Alters der Kunst zu Hause. Wir empfinden es offensichtlich als Wohltat, von der Welt des Logos eine Zeit lang Abstand zu gewinnen. Eine kleine Flucht aus der vernunftgesteuerten Welt in die Heimat des eigenen Seelenlebens. Ein wohlverdienter Urlaub von den eisigen Landschaften der Ratio, hin zu den warmen Gefilden der freien Fantasie.

Wer heutzutage mit Kunst überhaupt nichts anzufangen weiß, den könnte man durchaus als seelisch entfremdet bezeichnen. Man stelle sich nur mal eine Welt ohne diesen „Überfluss" der Kunst vor, eine Welt, die nur noch aus Zahlen und Formeln besteht: eine Apokalypse. Überfluss bedeutet nicht überflüssig!

Sehr wichtig ist hier allerdings zu bemerken, dass ich von der reinen Kunst spreche und nicht vom Kunstmarkt. Der hat sich längst von der Ratio einfangen lassen und zieht die Reinheit der Kunst in den Morast. Es wäre allen Künstlern das Gemüt eines Diogenes zu wünschen, um allen Impresarios die Tür zu weisen oder sie zu bitten, aus der Sonne zu gehen.

Die schiere Existenz der Kunst gibt mir den deutlichsten Hinweis darauf, dass mit unserem rational betonten Denken irgendetwas im Argen liegt.

Voraussetzung für die Entstehung der Künste war selbstverständlich die Entwicklung der Ratio, die es erst ermöglicht hatte, aus dem reinen Überlebenskampf herauszutreten. Kunst braucht Muße und Zeit und die muss man erst mal haben. Heutzutage braucht sie auch noch Geld, sonst ist man ganz schnell wieder im Überlebenskampf.

Lebensnotwendig sind Essen, Trinken und warme Kleidung. Lebenswert ist allerdings etwas anderes.

Allein, dass unsere Sprache den Begriff „lebenswert" entwickelt hat, spricht schon Bände. Man misst dem Leben einen Wert zu. Das ist schon bemerkenswert.

Es müssen bestimmte Bedingungen erfüllt sein, damit etwas wertgeschätzt wird. Etwas, was über die Notwendigkeit hinausgeht. Zwischenmenschliche Beziehungen etwa, eine Familie, eine Gemeinschaft etc., etwas, das mehr ist als die Summe seiner Teile. Etwas, dessen Verlust mit Trauer verbunden ist. Wenn ich nichts zu essen habe, bin ich zwar hungrig, aber nicht traurig. Man sagt auch nicht: „Ich vermisse meine Kleidung." Nein, man friert.

Trauer ist immer mit Gefühl verbunden, nicht mit irgendeiner Erkenntnis. Es ist aber unwidersprochen, dass Trauer einen unmittelbaren Einfluss auf unser Denken hat. Als Beethoven sein Gehör verloren hat, war er dem Suizid nahe, obwohl er genug zu essen und zu trinken hatte. Sein individuelles Leben empfand er als nicht mehr lebenswert.

So ist auch der Suizid ein zutiefst menschliches Verhalten. Ich kenne zumindest kein Tier, dass sich absichtlich und ohne Not das Leben nimmt. Ein Suizid hat immer mit individuellem Wertverlust zu tun. Ein Wert aber muss erst mal vergeben werden, bewusst oder unbewusst. Nur das eigene Empfinden dieses Wertes ist für den Verlust bedeutsam, nicht wie ein anderer diesen Wert empfindet. Gerade dort sind wir mitten in der Welt der Gefühle. Die Welt der Gefühle scheint riesig zu sein und in ihrer Bedeutung kaum zu überschätzen. Genau in diese Welt platzt die Kunst unvermittelt hinein. Dort findet sie ihre Wertschätzung und nicht in den Erklärungen irgendwelcher „Fachleute". Kunstkritiker und Feuilletonisten sind Erscheinungen der rationalen Geisteswelt und bezeichnenderweise selbst oft völlig unbegabt.

Was soll ich mit einem Buch, einem Bild, einer Musik, die mir erklärt werden muss?

Solche Werke finden nicht den unmittelbaren Weg in die Welt der Gefühle. Das sagt allerdings nichts über ihre Qualität, die kann sehr gut sein, aber sie spricht mich nicht an und wenn es nur an meiner mangelnden Bildung liegt. Eigentlich will ich nur sagen: Die Kunst ist alt, sehr, sehr alt und sie hat sich gehalten, besser als jede Sprache.

2. TEIL UTOPIE

Begriffsklärung

Der Begriff Utopie geht auf die 1516 erschienene Schrift „Utopia" von Thomas Morus (7.2.1478–6.7.1535) zurück. Thomas Morus (engl. More) war Humanist und englischer Staatsmann.

Im Wort Utopia steckt das griechische Wort Topos (Ort). Utopia heißt so viel wie: ein Ort, den es nicht gibt. Der vollständige Titel lautet: „De optimo statu rei publicae deque nova insula Utopia" (Vom besten Zustand des Staates oder von der neuen Insel Utopia).

Thomas Morus beschreibt darin ein fernes Inselreich, dessen Bewohner in völliger Harmonie leben. Es gibt kein Privateigentum, Bildung ist jedem zugänglich und es herrscht allgemeine Toleranz. Es ist im Grunde genommen ein vorweggenommener real existierender Kommunismus auf dieser Insel.

Die Utopie von Morus ist allerdings noch nicht in die Zukunft transferiert, sondern einfach nur weit weg. Obwohl Morus Humanist war, existieren auf seiner Insel Utopia Dinge, die aus heutiger humanistischer Sicht schon etwas sonderbar anmuten. Auch auf Utopia existieren Sklaven, Bestechlichkeit, Staatskapital und Kriege.

Ähnliches lässt sich auch von der griechischen Philosophie sagen, denn Sklavenhaltung, ständige Kriegsführung und Pädophilie gehörten damals zu den anerkannten Verhaltensweisen. Wer also Sehnsucht nach der „guten alten Zeit" verspürt, sollte dies stets im Auge behalten. Diese etwas seltsame Gesellschaftsordnung schmälert allerdings nicht die Verdienste der griechischen Philosophen.

Ebenso war in der Ursprungsidee der Demokratie nicht das ganze Volk vertreten, sondern nur die Elite war wahlberechtigt, diese allerdings mit dem gleichen Stimmrecht. Es kam folglich darauf an, wen man zum „Volk" dazurechnete. Dieser Vorgang, die Zugehörigkeit zu einem Volk zu definieren, hat weltweit immer wieder zu großen Spannungen geführt. Wobei das Wort Spannung im Angesicht des Holocaust schon zynisch harmlos klingt. Trotz aller historischen Ereignisse wird auch bei uns heute ein Unterschied zwischen Deutschen und „Biodeutschen" konstruiert.

Eine Utopie, wie wir sie heute verstehen sollten, liegt in der Zukunft und kommt einer Wunschvorstellung gleich, einem Luftschloss.

Es soll jedoch nicht verschwiegen werden, dass es auch negative Utopien (Dystopien) gibt, die als Warnungen für die Gegenwart verstanden werden wollen. Dystopien sind vorwiegend in der Science-Fiction-Literatur vertreten wie beispielsweise „1984" von George Orwell. Manche dieser Ideen sind als Warnung durchaus ernst zu nehmen und könnten uns vor schweren Fehlern bewahren. Wir müssen diesen Literaten dankbar sein, wenn sie bestimmte Zukunftsentwicklungen weiterdenken und in ihrer Fantasie zu Schreckensszenarien ausarbeiten.

Wir stehen heute an manchen Scheidewegen, an denen Entscheidungen getroffen werden müssen, die von unübersehbarer Tragweite sein können. Man denke dabei insbesondere an die Genforschung, Klimapolitik und Atompolitik, neue Felder mit ungeheurem Potenzial. Dass sich dieses Potenzial zum Wohle des Menschen entfaltet, muss uns allen sehr am Herzen liegen.

Um nicht völlig blauäugig nur auf das Wohl zu vertrauen, bedarf es unbedingt der Mahner und fantasiebegabten Menschen, die in der Lage sind, uns zu zeigen, was passieren könnte, wenn etwas schiefläuft. Es gibt leider Entwicklungen, da darf nichts schiefgehen, weil diese Prozesse unumkehrbar sind. Es ist deshalb ein zwingendes ethisches Gebot, solche Entwicklungen vor ihrem Beginn abzuklären. Die Sorge, dass es dafür schon zu spät ist, ist mehr als berechtigt.

Immerhin scheint sich ein gewisses Unbehagen breitzumachen, denn neuerdings werden immer mehr „Ethikkommissionen" bei heiklen Fragen ins Leben gerufen. Es scheint eine zunehmende Einsicht Raum zu greifen, dass Politiker in Sachen Ethik wohl keine ausgewiesenen Fachleute sind.

Einordnung

Thema dieses Kapitels ist die positive Utopie, also der Fall des „Bestdenkbaren"; die Utopie als Zielvorstellung und Wegweiser künftiger Entwicklungen.

Der Bürger unseres Landes kann tun und lassen, was er möchte, solange er sich auf dem Boden der Verfassung bewegt. Innerhalb dieses Rahmens ist er frei. Das ist Gesetz und damit justiziabel.

Die Utopie hat kein Grundgesetz, sie hat nur die Vorstellung, sie macht nur Vorschläge, sie gibt einen imaginären Rahmen. Je ungefährer und diffuser sie bleibt, umso größere Erfolgsaussichten auf adäquate Umsetzung hat sie. Zeitgemäße Genauigkeit und Definitionswahn sind die Feinde der Zukunft, da wir nur von den gegenwärtigen Bedingungen ausgehen können. Eine Utopie kann höchstens die Richtung vorgeben, niemals jedoch ein genaues Ziel. Eine brauchbare Utopie muss auch zukünftige Entwicklungen und Erfindungen in sich aufnehmen können.

Damit steht sie auf schwachen Beinen und jedem, der behauptet, so etwas nicht zu brauchen, kann man auch nicht widersprechen. Man kann ihm aber nahelegen, dass er bereits jetzt schon von Utopien umgeben ist und auch mit ihnen lebt, er traut sich nur nicht, sie als solche zu benennen.

Setzt man eine Utopie mit der Wunschvorstellung, wie es eigentlich sein sollte, gleich, so wird man in der gesamten gesellschaftlichen Bandbreite fündig. Überall herrscht eine Wunschvorstellung. Die Realität und das Scheitern an der Realität lassen viele Menschen an der Utopie zweifeln. Das geht mittlerweile so weit, dass das Wort Utopie selbst einen negativen Beigeschmack bekommen hat.

So ist die Bezeichnung „Utopist" schon zu einer Art Schimpfwort geworden und da gilt es, einiges wieder geradezurücken. An diesem Punkt gibt es eine interessante Parallele zu dem Begriff der Moral, dessen Existenz von vielen Zeitgenossen generell infrage gestellt wird. Moral und Utopie sind auf einer Negativliste der nicht mehr zeitgemäßen Begriffe gelandet.

Ohne Utopien kann die Menschheit überhaupt nicht existieren, denn man muss sich doch an irgendwelchen Zielvorgaben orientieren. Wenn man also genau hinschaut, besteht das gesamte gesellschaftliche Gefüge aus nichts anderem als Utopien, nur muss man sie auch als solche erkennen.

Alles strebt zur Utopie, zum Bestmöglichen oder besser zum Bestdenkbaren, denn was möglich ist, entscheiden die Kriterien der Realität. So braucht man eine Wunschliste des Bestdenkbaren und eine Zustandsbeschreibung bzw. einen Abgleich mit der Realität. Probleme entstehen eigentlich nur, wenn zwischen diesen beiden Polen ein Widerspruch entsteht. Daraus resultiert die Frage: Wie weit ist das Bestdenkbare von der Realität entfernt? Dies bestimmt dann die Richtung der erwünschten Entwicklung.

Man muss bei der Utopie vom Besten ausgehen und bei der Gesellschaft vom Schlechtesten.

Alle gesellschaftlichen Entwicklungen und Maßnahmen sollten sich an der erstrebten Utopie ausrichten, nur so können wir überhaupt erkennen, wenn es gegenläufige Entwicklungen gibt. Wir brauchen den gemeinsamen Wertekonsens, zumindest innerstaatlich, um eine Orientierung erst einmal herzustellen. Dieser Wertekonsens ist der Maßstab für die Freiheit des Einzelnen, wobei der Freiheitsbegriff schon ein Wert an sich ist und im Interesse der Menschen so großzügig wie möglich ausgelegt werden sollte. Dazu sollte man sich vor Augen halten, dass es keine Freiheit jenseits der moralischen Vorgaben geben kann, sie sind auf das Engste miteinander verknüpft. Die Kollision dieser beiden Werte wird bis in alle Ewigkeit immer wieder kontrovers zu diskutieren sein. Ihr Verhältnis muss in Anpassung an die gerade herrschende Realität ständig neu kalibriert werden.

Die Moral ist ein Gewürz, welches die Speise niemals bis zur Unkenntlichkeit verfälschen sollte, das bedeutet, das Leben muss trotz moralischer Empfehlungen noch lebenswert bleiben. Man spricht gewiss nicht umsonst von „moralinsauer". Diese Feststellung ist in Bezug auf den späteren Text sehr wichtig, da es vornehmlich um moralische Werte gehen wird und der Eindruck entstehen könnte, es sei einer Diktatur der Moral das Wort geredet. Es geht nur um eine Orientierung in einem sehr großen zeitlichen Rahmen, damit ist als kleinste Einheit eine Generation gemeint.

Nehmen wir zum Beispiel den Begriff der Freiheit, der durch das Bedürfnis nach Sicherheit eingegrenzt wird. Man muss ständig diskutieren, wie weit man dem Bedürfnis nach Sicherheit nachgeben kann, um den Begriff der Freiheit nicht ad absurdum zu führen. Am sichersten ist es im Gefängnis. Die Unsicherheit ist der Preis der Freiheit. Jede neue digitale Technik muss diesbezüglich auf Herz und Nieren geprüft werden. Es wird immer nur um eine Frage gehen: Freiheit oder Sicherheit? Beides zusammen existiert nur im Kompromiss. Beides sind aber hohe Güter, nur kann man sie nicht gleichzeitig haben. Das Pendel wird einmal nach der einen Seite und einmal nach der anderen Seite ausschlagen.

Jeder, der für Sicherheit sorgen möchte, schränkt gleichzeitig die Freiheit ein, und zwar ohne bösen Willen. Jeder, der uneingeschränkte Freiheit fordert, fördert die Unsicherheit, auch ohne bösen Willen. Somit handelt es sich hier um ein klassisches Dilemma. Damit müssen wir leben, daran kann auch eine Utopie niemals etwas ändern. Bei einer Utopie handelt es sich also nicht um einen Idealzustand, sondern nur um eine Tendenz zum Besseren und Wünschenswerten.

Der Umstand, dass alle Utopien, die gewaltsam durchgesetzt wurden, letztendlich gescheitert sind und eine riesenhafte Blutspur hinterlassen haben, soll als Maxime für die Geschwindigkeitsvorstellung kommender Utopien gelten. Das gilt für den Kommunismus gleichermaßen wie für unzählige Glaubenskriege. Das Zeitmaß gesellschaftlicher Veränderungen ist mit der Lebensspanne eines Menschen leider nur sehr selten kongruent. Die weitaus meisten Veränderungen geschehen über viele Generationen hinweg. Dies bedeutet, dass Stärkung der Geduld die erste Forderung einer erfolgsversprechenden Utopie sein muss. Ungeduld hinterlässt nur

Scheinerfolge, meist jedoch blinde Wut, Zerstörung und Schlachtfelder.

Soziologie der Utopie

Darunter ist zu verstehen, inwieweit Utopien in unsere Gesellschaft Eingang gefunden haben bzw. wie sie bereits jetzt gesellschaftlich verflochten sind. Man denke dabei nur an folgende Utopien:

1. Kindeserziehung

Wir erziehen unsere Kinder nicht so, dass sie in der realen Gesellschaft gut zurechtkommen, sondern so, wie sie in einer erwünschten Gesellschaft zurechtkommen sollten. Im Idealfall werden sie mit allen möglichen Tugenden geimpft, die für eine gute Gesellschaft geeignet wären. Schon sind wir im Konjunktiv. Sie sollen nicht lügen, stehlen, keine Gewalt anwenden, nicht betrügen, sie sollen teilen, altruistisch sein, mitleidig, vertrauensvoll, höflich, fleißig etc. Aber was finden sie später in der realen Gesellschaft vor? Leider zu oft das genaue Gegenteil. „Du musst ein Schwein sein, in dieser Welt", das ist die Botschaft, die außerhalb des Elternhauses auf die Kinder einwirkt.

Man stelle sich eine Erziehung vor, die auf reale Zustände adäquat vorbereiten würde. Diese Art der Erziehung müsste absichtlich Frustrationen erzeugen, Ungerechtigkeiten herstellen, die eigenen Kinder belügen und bestehlen, ab und zu rohe Gewalt, Rachsucht, Betrug, Missbrauch – die Liste wäre lang. Das ist schon eine gruselige Vorstellung, aber der Vorteil wäre, dass es keine Konflikte zwischen der Erziehung und der realen Umwelt gäbe. Wer jetzt denkt, das wäre zynisch, der hat Recht. Wir sind in der Erziehung zur Utopie verdammt, alles andere wäre menschlich undenkbar. Wir sind unerschütterlich davon überzeugt, dass eine Erziehung Wirkung zeigt, deshalb kommen wir auch gar nicht auf die Idee, sie Utopie zu nennen. Der Utopie haftet etwas Undurchführbares an und damit möchte man seine Erziehung nicht in Verbindung bringen. In der Erziehung möchten die Eltern in aller Regel das Beste für ihre Kinder, das Bestmögliche und das Bestdenkbare – also eine klassische Utopie.

2. Gesundheit

Der Weltgesundheitsorganisation ist es bis heute nicht gelungen, eine Definition für Gesundheit zu geben. Wir wissen schlicht nicht, was Gesundheit ist. Es ist ein vager Begriff, der von jedem etwas anders ausgefüllt wird. Es hat aber jeder eine gewisse Vorstellung davon und der Begriff ist in der Welt, ob er real existiert oder nicht.

Definiert sind nur die groben Abweichungen von Gesundheit, nämlich die Krankheiten. Die können diagnostiziert werden. Was krank macht, kann man sogar von Fall zu Fall nachweisen, wissenschaftlich exakt. Bei Gesundheit sagt der Arzt nur: „Ich kann nichts finden." Tatsache ist allerdings auch, dass jeder nach Gesundheit strebt, auch ohne zu wissen, was das genau sein soll. Auch auf diesem Gebiet ist es das Bestmögliche, das angestrebt wird. Dass gerade auf diesen Feldern das meiste Geld verdient wird und die meiste Scharlatanerie herrscht, muss nicht verwundern, denn bei einem nicht existierenden Begriff, ist der juristische Nachweis unmöglich. Ich kann von allem behaupten, es sei der Gesundheit förderlich, ohne dafür belangt zu werden. Das Schönste ist: Es gibt auf diesem Gebiet sogar eine Art von Erfolgsgarantie. Es wird offensichtlich zu gerne geglaubt, wenn es um die eigene Gesundheit geht, denn es ist öfter ein Glaube, denn konkretes Wissen (siehe z. B. Nahrungsergänzungsmittel). Wenn jetzt aber jemand behauptet, Gesundheit sei ein utopischer Begriff, dann handelt er sich mit Sicherheit – im harmlosesten Fall – massives Unverständnis ein.

3. Frieden

Frieden zählt auch zu den Begriffen, die sich einer Definition entziehen. Was „wahrer" Frieden ist, kann man durchaus zur Ermessensfrage erklären. Ist Frieden nur die Abwesenheit von Gewalt? Da schließt sich doch sofort die Frage an: Was ist Gewalt? Es existiert eine ganze Palette gewalttätiger Prozesse, die ohne jegliche körperliche Gewalt auskommen. Ist Friedhofsruhe ein erstrebenswerter Frieden? Sicherlich nicht. Freiheitsberaubung zählt auch zu den Gewalttaten. Da muss man aber nur eine Tür zusperren, man muss nicht einmal jemanden anfassen.

Frieden ist mehr als nur die Abwesenheit von Gewalt, das spürt man innerlich. Wer kann dieses Wissen, was Frieden aber genau sein soll, für sich in Anspruch nehmen? Auch hier handelt es sich bei Licht gesehen um einen diffusen Zustand, nicht greifbar, ein Nebel, aber äußerst erstrebenswert. Wie schwierig dieser Begriff ist, merkt man schon daran, dass der Mensch manchmal aufgefordert wird, den Frieden mit sich selbst zu finden. Wie oft hört man auf Totenfeiern: „Jetzt hat er seinen Frieden gefunden." – Na herzlichen Glückwunsch, ein bisschen früher wäre netter gewesen!

4. Integration

Integration ist auch ein Wort aus dem Bereich des Wunschdenkens. Integration ist eine Vorstellung, aber kein definierter

Begriff. Immerhin findet sie hier und da wenigstens tatsächlich statt. Weitaus öfter gilt die Integration als Ersatz für das friedliche Nebeneinander-her-Leben. Bei der Integration steht immer die Frage im Hintergrund: Worin integrieren; in welchen Teil der Gesellschaft; ist die Gesellschaft hinreichend homogen? Man muss sich doch auch die Frage stellen, ob man selbst in seine eigene Gesellschaft integriert ist oder ob man dies überhaupt anstrebt. In der Zeit des Nationalsozialismus war Integration sicher kein edles Ziel.

5. Resozialisierung

Die große Utopie aus dem Bereich der Justiz und des Strafrechts ist die Resozialisierung. Kann ich jemanden resozialisieren, der vorher nicht mal sozialisiert war? Jemand, der als gut sozialisiert gilt, landet nämlich eher selten im Gefängnis. Man glaubt also an eine Verhaltensänderung, die schon vor der Haftstrafe offensichtlich nicht geklappt hat. Dies soll natürlich nicht heißen, dass man es nicht versuchen sollte, denn der Resozialisierungsgedanke ist durchaus positiv zu bewerten. Manchmal ist er aber nur noch als naiv zu werten und damit wahrhaft utopisch.

6. Religionen aller Art

Mit den Religionen sind wir auf dem Paradefeld der Utopien angekommen. Die Religionen bringen es fertig, sämtliche Konsequenzen des Lebens einfach ins Jenseits zu verlegen, und sind damit gegen alle irdischen Einwände immun. Ein Meisterwerk! Immerhin haben die großen Weltreligionen einen halbwegs brauchbaren Tugendkatalog aufgestellt, der auch für die real existierende Welt nützlich sein kann.

Das Missbrauchspotenzial der alten Schriften ist allerdings ebenfalls enorm, sodass man die Religionen auslegen kann, wie es gerade passt. Für fast jede Schweinerei findet man eine passende Textstelle. Dies hindert uns jedoch nicht daran, seit Jahrtausenden mit der Religion einigermaßen im Einklang zu leben. Die Religion zeigt uns auf eindringliche Weise, wie viel Umgang wir bereits jetzt mit einer Utopie haben.

7. Humanität

Humanität bedeutet zuerst einmal nichts anderes als Menschlichkeit. Nun haben wir aber schon am Anfang des Buches die Schwierigkeiten kennengelernt, die bei der Frage „Was ist der Mensch?" auftauchen. Wie soll man unter diesen Umständen festlegen, was Humanität ist?

Human kann alles sein, das kommt auf den Blickwinkel an. Die schwierigen Situationen blenden wir aber gerne aus, wenn wir von Humanität sprechen. Wenn ein Pferd sich ein Bein bricht, wird es erschossen – aus Tierliebe, zumindest in Wildwestfilmen. Ab wann aber soll man, im übertragenen Sinn, einen Menschen aus humanitären Gründen erschießen? Bei dem Versuch, den Begriff der Humanität zu definieren, kommen wir in Teufels Küche, im wahrsten Sinn des Wortes. Bei diesen Fragen streift man das Terrain der Eugenik und dies ist ein äußerst unliebsamer Aufenthaltsort. Da wir aber stets unterstellen, nur das Beste zu wollen, sind wir abermals in der Utopie gelandet.

8. Gerechtigkeit

Gerechtigkeit ist der Dreh- und Angelpunkt jeder Gesellschaft. Nichts wird so intensiv und gleichzeitig konträr diskutiert wie die Gerechtigkeit. Jeder hat seine eigene Vorstellung von Gerechtigkeit und gleichzeitig existiert ein kollektives Verlangen nach Gerechtigkeit. Gerechtigkeit ist eines der ganz seltenen Dinge, die einen ausschließlich positiven Ruf genießen. Bei all diesen Vorschusslorbeeren sollte man doch meinen, man wüsste mittlerweile, was Gerechtigkeit eigentlich sein soll. Nein, sie entzieht sich jeder Definition.

Die Gerechtigkeit ist die klassische Utopie. Jeder will sie und keiner kann sie erreichen. Die Gerechtigkeit ist ein zutiefst menschliches Verlangen, denn die Natur kann hier ausnahmsweise nicht zum Vorbild dienen. Gerechtigkeit ist der Höhepunkt einer moralischen Forderung und da muss die Natur leider passen. Moral ist eine menschliche Erfindung und in der Natur einfach nicht vorhanden. Wer „Zurück zur Natur" will, muss sich damit abfinden. Gerechtigkeit hat auch mit Justiz nicht das Geringste zu tun, auch wenn dieser Irrglaube weit verbreitet ist. Die Justiz spricht Recht, nicht Gerechtigkeit! Wir sprechen deshalb auch von Rechtsprechung und nicht von Gerechtigkeitsurteilen. Die Justiz kann nur eine Annäherung an die Gerechtigkeit versuchen. Gerade die Gerechtigkeit kann uns zeigen, wie sehr wir schon heute mit der Utopie täglichen Umgang pflegen.

9. Sicherheit

Was unsere Sicherheit angeht, haben wir historisch gesehen unfassbar viel erreicht. Die meisten Gefahren der Vergangenheit sind uns heute völlig unbekannt. Ein Mensch aus dem Neolithikum würde sich unter heutigen Gegebenheiten wie im wohlbehüteten Paradies fühlen (es sei denn, er muss eine vielbefahrene Straße überqueren). Sicherheit ist ein hohes Gut, welches niemand mehr aufgeben mag, außer natürlich der abenteuerlustige Zeitgenosse.

Damit sind aber schon beim Antagonisten der Sicherheit angekommen: der Freiheit. Was gilt als sicher? Da hat sich schon René Descartes den Kopf zerbrochen (Cogito ergo sum: Ich denke, also bin ich). Sicherheit ist nur ein Begriff, ein Begriff wie eine Leitplanke. Sicherheit als Absolutum gibt es nicht, man fühlt sich nur mehr oder weniger sicher. Mit dem Gedanken an die Sicherheit bewegen wir uns ebenfalls in einer Utopie. Jeder will sie haben, keiner kann sie erreichen und keiner weiß, was sie eigentlich sein soll.

10. Gleichheit der Menschen

Bei diesem Stichwort kann ich es kurz machen: reine Utopie!

Wie wir sehen, haben wir schon jetzt sehr viel Übung mit Utopien, aber es besteht keinerlei Anlass, diesen Begriff zu diffamieren.

Im Gegenteil: Utopien helfen und leiten uns durch das komplexe Leben. Sie sind die Leitplanken, die uns wieder auf den rechten Weg zurückbringen. Es geht schließlich darum, Modelle zu entwickeln, wie unser Zusammenleben organisiert werden kann. Dazu sind Gedankenspiele mit Utopien unerlässlich. Wir müssen uns eine Zukunft denken, von der wir zwar noch nichts wissen, auf die wir jedoch vorbereitet sein sollten. Dies können wir nur mit Hilfe unserer Erfahrungswerte und mit Fantasie erreichen. Erfahrungswerte sind zwar immens wichtig, jedoch beziehen sie sich naturgemäß ausschließlich auf die Vergangenheit. Für das Zukünftige ist also ausschließlich unsere Fantasie zuständig.

Eine Utopie ist immer ein Fantasieprodukt, niemals nachprüfbar – und dies macht sie für viele Menschen so suspekt. Hierbei handelt es sich aber um eine Klientel, die ein wenig zu faktenorientiert ist. Das Leben besteht eben nicht nur aus logisch rationalen Elementen, ob uns das jetzt passt oder nicht.

Eine Utopie spricht nicht unsere arithmetischen Fähigkeiten an, sondern unsere Vorstellungswelt. Von unserer Fantasie und Vorstellungswelt haben wir jedoch nur eine nebulöse Ahnung. In Bezug auf unsere Überlebensstrategien im Sinne der Evolution war sie immer nur der minderbemittelte Partner unserer logisch rationalen Fähigkeiten. Allein die Tatsache, dass sie durch die Jahrmillionen noch nicht wegrationalisiert wurde, zeigt uns, sie scheint wohl doch noch für irgendetwas unentbehrlich zu sein.

Man hört die Fantasie manchmal schreien, ob dem Unrecht und der Missachtung, welches ihr permanent zugefügt wird. Diese Schreie kann man hören, wenn man sich ihr von der Seite der künstlerischen Ausdrucksformen nähert. Nur der kunstfremdelnde Mensch hört nichts.

Welche Werte sollten heute als maßgebend für das Bestdenkbare gelten? Wie könnte der Prototyp eines innerlich „schönen" Menschen aussehen? Welche Eigenschaften des Menschen muss man fördern, um dem „guten" Menschen näherzukommen?

Positive Eigenschaften nennt man im Allgemeinen auch Tugenden. Also wird es bei einer positiven Utopie vorwiegend um Tugenden gehen.

Was ist überhaupt eine Tugend?

Gibt es grundsätzlich verschiedene Tugenden?

Wie kann man sie einordnen?

Warum Utopie?

Die Utopie verweist auf etwas Fernes, Unerreichbares und gleichzeitig Erstrebenswertes. Sie ist das klassische Fernziel. Beides ist gleich wichtig: das Ziel und die zeitliche Ferne.

Ein Hauptproblem des Menschen ist seine Ungeduld. Er möchte immer die Früchte seiner Arbeit sehen, am besten sofort. Betrachtet man aber evolutionäre Prozesse, wird schnell klar, dass wirkliche Veränderungen und Anpassungsvorgänge mit anderen zeitlichen Dimensionen gemessen werden müssen als mit einem Menschenleben. Es gibt Prozesse, die kann ich nicht beschleunigen. Das Gras wächst nicht schneller, wenn ich daran ziehe.

Um eine Utopie nicht als zwanghaft zu erleben, kann ich die zeitliche Dimension nicht einfach außer Acht lassen. Das bedeutet gleichzeitig, dass von dem einzelnen Menschen zu seinen Lebzeiten nicht alles verlangt werden wird. Es geht um die richtige Richtung, nicht um die schnelle Umsetzung. Diese Richtung kann über Generationen hinweg nur eine Utopie aufzeigen, die nicht in Zeitnot ist und somit nicht am Alltagstempo gemessen wird.

Schon Mao sagte sinngemäß: „Auch ein Marsch von tausend Kilometern beginnt mit dem ersten Schritt." Der Mann hatte Recht – bis auf die Nebensächlichkeit, dass er die Richtung des Marsches verschwiegen hatte.

Der Marsch zur Utopie ist mühsam und führt steil bergauf, wie lang er ist, weiß kein Mensch, aber zumindest die Richtung könnte man festlegen. Der Aufstieg geht langsam und das Einzige, wovor man sich fürchten muss, ist der Absturz, denn der geht dann rasant, und sofern man ihn überlebt, ist man weit zurückgeworfen. Die Nationalsozialisten haben es in nur zwölf Jahren geschafft, eine ganze „Kulturnation" in die Barbarei zu stürzen. So wie das Herstellen einer Sache oft sehr langsam geht, findet das Zerstören in Sekundenschnelle statt.

Tugenden

Das Wort Tugend geht etymologisch auf „taugen" zurück, Eigenschaften, die tauglich sind für die gute Entwicklung einer Gesellschaft. Die antiken Griechen haben bemerkenswerterweise von einem „guten" Leben gesprochen und nicht von einem glücklichen Leben. Das „Gute" scheint demnach die erste große Hürde für das Glück zu sein. Ich vermeide hier ganz bewusst den Begriff des Glücks oder des glücklichen Lebens.

Eine Gesellschaft kann nur friedlich zusammenleben, wenn sie sich bezüglich ihrer Wertschätzung der Tugenden einig ist. Dies scheint aber eine komplizierte Angelegenheit zu sein, da es noch keiner Gesellschaft gelungen ist, eine allgemeingültige „Positivliste" zu erstellen. Dafür hat aber jede Gesellschaft eine „Negativliste", also eine Liste mit Eigenschaften, die unerwünscht sind. Diese negativen Eigenschaften spiegeln sich in der jeweiligen Rechtsprechung wider.

Die Inventarliste der negativen Eigenschaften weicht zudem zwischen den verschiedenen Gesellschaften erheblich voneinander ab. Kritisch wird es aber, wenn sich Mitglieder dieser verschiedenen Wertevorstellungen einen gemeinsamen Raum teilen müssen. Bei Eigentumsdelikten und Mord ist man sich weltweit noch einigermaßen einig, da sind nur die Sanktionierungsmaßnahmen krass unterschiedlich. Denkt man aber beispielsweise an den Ehebruch, gehen die Meinungen schon extrem weit auseinander, von der absoluten Tabulosigkeit bis zu erlaubter Folter mit Todesfolge (Steinigung).

In Indien haben diese Unterschiede der Wertvorstellungen schließlich zur Teilung des Subkontinentes geführt. Moslems und Hindus konnten oder wollten einfach auf Dauer nicht mehr zusammen auf einem Raum leben. Zu groß waren die täglichen Konflikte. Die Hindus mussten ständig gewahr werden, wie ihre heiligen Kühe von ihren Nachbarn geschlachtet wurden, und die Moslems mussten die „unreinen" Schweine ertragen.

Würden wir in Europa asiatische Märkte zulassen, würden hiesige Tierschützer Amok laufen.

Es ist eben nicht ganz so einfach mit den Werten, wie sich manche rosarot bebrillten Träumer der sogenannten multikulturellen Gesellschaft das vorstellen. Ob zwei verschiedene Gesellschaftsmodelle zusammenleben können, hängt maßgeblich von der Bereitschaft ab, seine Wertvorstellungen zu relativieren, und zwar von beiden Seiten.

Aber egal wie der Wertekanon auch immer aussieht, eine Gesellschaft, die ihre Werte klar definiert oder durch eine Religion definieren lässt und zu diesen Werten steht, der geht es verhältnismäßig gut, unabhängig vom materiellen Wohlstand. Die Verhältnisse sind jedenfalls stabil und belastbar. Dies gilt allerdings nur für den geschlossenen Kreis dieser Gesellschaft. Nehmen wir aber die gesamte Menschheit als Gesellschaftsmodell, brechen sich die Konflikte augenblicklich Bahn. Die allgemeinen Menschenrechte sind ein solcher Versuch, die Menschheit als Ganzes zu umfassen. Die grausamen Ereignisse des zweiten Weltkriegs haben dazu geführt, dass man ein solches Vorhaben auf die Agenda gesetzt hat. Man wollte unbedingt eine Sicherheit, dass so etwas nie wieder vorkommen kann. Es war eine Geburt aus der Welle der Empörung. Ein netter Versuch. Aber hat es bislang funktioniert? Kaum ist die Empörung etwas abgeebbt, ist man schon wieder „kompromissbereiter".

Eine Gesellschaft, die ihre Werte nicht eindeutig formuliert, ist langsam dem Verfall preisgegeben, da dies letztendlich unweigerlich zur Dekadenz führt. Eine Gesellschaft kann aber nur ein Ziel haben: Stabilität! Zur Stabilität gehört selbstverständlich auch die Veränderung und Anpassung, da die Zeit ja nicht stehen bleibt. So ist die Stabilität natürlich keine Fixierung im Ist-Zustand, sondern eine wandelbare, durch innere Bande verknüpfte Stabilität. Ein Gelenk ist auch stabil, aber nicht unbeweglich. Nicht der Baum ist stabil, sondern der Bambus.

Voraussetzung, um die bestmögliche Stabilität zu erreichen, ist es, sich über wünschenswerte gemeinsame Tugenden weitgehend einig zu sein. Eine Gesellschaft muss alles dafür tun, diese Tugenden zu stärken und ihnen zur Anerkennung zu verhelfen. Der Tugendkanon ist somit das Fundament jeder Gesellschaft und wenn dieses Fundament ins Wanken gerät, stürzt das ganze Gebäude in den Abgrund. Der Tugendkanon ist nicht nur ein Pfeiler, der bei einer Beschädigung das Gebäude etwas unstabiler macht, er ist das Fundament.

Toleranz ist vor allem bedeutsam im Umgang mit anderen Kulturen, die zwar oft die gleichen Tugenden, aber eine andere Gewichtung haben, wie man am Beispiel des „Ehrbegriffs" überdeutlich ablesen kann. Für viele Kulturen steht die Ehre auf der obersten Tugendstufe. Das muss man im Umgang miteinander wissen, wenn man grobe Unannehmlichkeiten vermeiden will. Man denke dabei nur an den Begriff „Ehrenmord". Man kann nicht einfach sagen: „Das ist falsch." Denn es ist nur anders, wenn auch oft nicht mit der eigenen gesellschaftlichen Ordnung kompatibel.

Wenn man den Tugendkatalog anderer Kulturen kritisiert, muss man auch damit rechnen, selbst kritisiert zu werden, und zwar völlig zu Recht. Denn ohne jemanden zu diskriminieren, kann ich ihm keine Kritik untersagen, dieses Recht gilt nach unserer Vorstellung nämlich für alle. Aber nur nach unserer Vorstellung! Genau diese Vorstellung gilt es aber zu verteidigen, wenn wir uns grundsätzlich als Gesellschaft verstehen wollen. Wir dürfen unsere Werte nicht opfern, nur weil andere Gesellschaften sie nicht teilen.

Kritisieren darf man nämlich nicht in allen Kulturen und vor allem nicht in allen Bereichen. Wer beispielsweise in Thailand den König kritisiert, wird schnell registrieren, dass dort eine andere Auffassung von Kritik vorherrscht, und die gilt auch für Ausländer. Wer Religionsstifter kritisiert oder gar beleidigt (was eine Beleidigung ist, entscheidet hierbei der Beleidigte), wird sehr schnell merken, wie dünn der Faden der Toleranz manchmal ist.

Es wäre also ratsam, erst mal vor der eigenen Tür zu kehren und uns um unseren eigenen Wertekanon zu bemühen, der ist nämlich keineswegs genügend etabliert. Es bleibt dann immer noch genug zu tun, um einen Abgleich mit anderen Kulturen vorzunehmen.

Mit der allgemeinen Achtung eines einheitlichen Tugendkatalogs sind wir unvermittelt in der Utopie gelandet. Ob wir das je erreichen, ist höchst ungewiss, denn schon bei den Definitionen geraten wir in erhebliche Schwierigkeiten. Aber ist es nicht ein wenig so wie mit der Gesundheit? Niemand weiß, was das sein soll, aber jeder hat eine Vorstellung. Kein Arzt der Welt kann Gesundheit definieren, trotzdem streben alle danach und keiner kommt auf die törichte Idee, eine Krank-

heit für sein höchstes Gut zu halten, nur weil man den Idealzustand nicht definieren kann.

Was aber tut unsere Gesellschaft für ihre Gesundung? Man
kann sich manchmal des Eindrucks nicht erwehren, man
empfiehlt uns Typhus, Pest und Cholera zur Genesung mit
der zynischen Begründung, unser Immunsystem zu stärken.
Die Namen dieser Seuchen könnten heute lauten: Ehrgeiz,
Erfolg, Egomanie, Durchsetzungsvermögen, Ellenbogenge-
sellschaft, grenzenloser Kapitalismus, Diktatur der Wirtschaft,
Diktatur des Geldes, vollständiger Sieg der Ratio.

Kardinaltugenden

Schon die Antike hat sich sehr ausführlich mit Tugenden beschäftigt und vier sogenannte Kardinaltugenden für ihre ge-
schichtliche Epoche angeführt:

Weisheit (Sapientia)

Tapferkeit (Fortitudo)

Mäßigung (Temperamentia)

Gerechtigkeit (Justitia)

Ob Weisheit eine Tugend ist, darüber kann man geteilter
Meinung sein. Weisheit kann auch das Ergebnis einer besonderen Tugendhaftigkeit sein. Weisheit wäre demnach eine
Verknüpfung von Tugenden und Erfahrung. Das Maß an Erfahrungen ist auch der Grund dafür, dass man insbesondere
alten Menschen die Gabe der Weisheit zuschreibt. Im wirkli-
chen Leben ist es allerdings so, dass nicht die Summe der
Erfahrungen wichtig ist, sondern das, was man aus seinen
Erfahrungen macht. Deshalb können auch sehr junge Menschen durchaus weise sein.

Zur Familie der Weisheit muss man auch die Klugheit, Intelligenz und Schläue zählen. Diese Eigenschaften scharf von-

einander abzugrenzen ist keine einfache Aufgabe. Jeder dieser vier Begriffe hat sein eigenes Umfeld. Klugheit verbindet man mit Bildung und Voraussicht. Schläue hat mit Bildung nichts zu tun, eher mit Vorteilsnahme, denn man spricht auch von „bauernschlau" und meint damit Menschen, denen man nichts vormachen kann.

Ein unliebsamer Nachbar der Schläue ist allerdings die Verschlagenheit, die ausschließlich negativ konnotiert ist. Die Intelligenz ist positiv besetzt, aber moralisch völlig neutral. Genau dies macht sie auf der einen Seite so anziehend und auf der anderen Seite so gefährlich. Die Intelligenz ist die ambivalenteste Eigenschaft von den vier behandelten Tugenden. Es ist sogar berechtigt, die Intelligenz als Tugend in Zweifel zu ziehen.

Intelligenz ist eher eine Allzweckwaffe und es kommt sehr darauf an, wozu man sie einsetzt. Tugenden sind definitionsgemäß taugliche Eigenschaften, die der Entwicklung einer guten Gesellschaft dienen sollen. Schon Aristoteles hat einen Tugendkatalog entworfen. Heute würde man eher von einem „ranking" der Tugenden sprechen.

Bei Aristoteles handelt es sich um die sogenannte Nikomachische Ethik, nach seinem Sohn oder Vater benannt, die beide Nikomachos hießen. Er wollte damit eine Anleitung zur Führung eines guten und gelingenden Lebens geben. An die Spitze hat Aristoteles die „Klugheit" gesetzt. Heute würde man vielleicht die Klugheit durch Intelligenz ersetzen, da die Klugheit keine einfache, singuläre, sondern sehr kompliziert zusammengesetzte Eigenschaft ist.

Klug wäre beispielsweise eine Handlungsweise, die sich an der Zukunft orientiert, aber der momentanen Realität Rechnung trägt. Insofern hat Klugheit immer etwas mit Angemessenheit zu tun und so verstanden gehört sie tatsächlich auf die höchste Stufe des Tugendkatalogs. Nur um dorthin zu gelangen, bedarf es einer Vielzahl von Voraussetzungen. Sind diese jedoch erfüllt, kommt die Klugheit der Weisheit auf Tuchfühlung nahe, und was gibt es Schöneres als einen weisen Menschen, ob seiner Weisheit von allen geachtet, unabhängig von seinem Alter, denn nicht nur alte Menschen haben die Gabe der Weisheit.

Verlassen wir die Antike, um unserer Zeit etwas näherzukommen.

Humanismus

Lassen wir mal einige maßgebliche Humanisten zu Wort kommen, nur zur Erinnerung:

Johann Gottfried Herder

„Humanität ist der Charakter unseres Geschlechts; er ist uns aber nur in Anlagen angeboren, und muß uns eigentlich angebildet werden. Wir bringen ihn nicht fertig auf die Welt mit; auf der Welt aber soll er das Ziel unsres Bestrebens, die Summe unsrer Übungen, unser Wert sein … Wenn der Dämon, der uns regiert, kein humaner Dämon ist, werden wir Plagegeister der Menschen … Humanität ist der Schatz und die Ausbeute aller menschlichen Bemühungen, gleichsam die Kunst unsres Geschlechts. Die Bildung zu ihr ist ein Werk, das unablässig fortgesetzt werden muss, oder wir sinken … zur rohen Tierheit, zur Brutalität zurück."

Diese Warnung am Ende klingt wie eine Prophezeiung des Nationalsozialismus.

Kant beschrieb die Humanität als „[...] den Sinn für das Gute in Gemeinschaft mit anderen überhaupt; einerseits das allgemeine Teilnehmungsgefühl, andererseits das Vermögen, sich innigst und allgemein mitteilen zu können, welche Eigenschaften zusammen verbunden die der Menschheit angemessene Geselligkeit ausmachen." Nach Kant wird der Mensch erst durch Erziehung zum Menschen.

Das Programm der Menschenbildung hat nach Kant vier Stufen: In der Disziplinierung geht es um die Zähmung der animalischen Wildheit im Menschen. Bei der Kultivierung geht es um die Belehrung und Unterweisung, um Fähigkeiten zu beliebigen Zwecken zu erwerben. Bei der Zivilisierung geht es darum, dass der Mensch klug wird, sich in die menschliche Gesellschaft einfügt, beliebt ist und Einfluss erlangt. Bei der Moralisierung geht es schließlich um die Entwicklung einer vernunftgemäßen Gesinnung. Der Mensch soll lernen, gute Zwecke zu wählen. Gute Zwecke sind solche, die von jedermann gebilligt werden und gleichzeitig jedermanns Zwecke sein können. Kant verband mit diesem Programm die Idee eines Fortschreitens der Menschheit zum Besseren.

Wilhelm von Humboldt und seine Helfer schufen in kurzer Zeit ein dreistufiges Bildungswesen: Elementarschule, Gymnasium und Universität. Das Gymnasium sollte zur Hochschulreife führen und beschränkte sich im Wesentlichen auf allgemeinbildende Fächer. Einen wichtigen Beitrag leistete der altsprachliche Unterricht, in dem das Erlernen des Lateinischen und Griechischen am neuhumanistischen Gymnasium etwa die Hälfte der verfügbaren Schulstunden in Anspruch nahm. Die Schriften Platons und Ciceros gehörten zum Lektüreprogramm.

Der Weimarer Klassik galt das klassische Griechenland als Inbegriff höchster Humanität. Es war das Symbol für die eigenen Bestrebungen. Insbesondere Goethe und Schiller propagierten das Ideal einer Persönlichkeit, das sich nur durch die harmonische Entfaltung aller Anlagen und Kräfte verwirklichen lasse. Man glaubte, dass dieses Ideal im antiken Griechenland schon einmal verwirklicht worden war. So beschrieb Goethe das Wirken der Humanität: „Seele legt sie auch in den Genuß, noch Geist ins Bedürfnis, Grazie selbst in die Kraft, noch in die Hoheit ein Herz."

Ein schöner Satz, doch kein Wort über Sklaverei und Pädophilie.

Neo-Renaissance

Wir befinden uns heute in der angenehmen Lage, uns grundsätzlich nichts Neues ausdenken zu müssen, da im Humanismus und der Aufklärung bereits wunderbare Leitlinien festgelegt wurden. Unser derzeitiges Problem ist nur, dass wir es wieder vergessen haben. Genauso wie das Mittelalter allmählich die Errungenschaften der Antike vergaß, sodass es einer Renaissance bedurfte, um festzustellen, dass man eben nicht auf der Höhe der Zeit war. Die Höhepunkte des menschlichen Geistes lagen bereits um das Jahr 1500 schon fast 2.000 Jahre zurück.

Nach weiteren 500 Jahren scheint es offenbar wieder so weit zu sein, dass wir einiges vergessen haben und sozusagen eine zweite Renaissance dringend benötigen. Was ist eigentlich aus den Werten geworden, die aus dem Geist der Aufklärung und des Humanismus entstanden sind?

Diese Werte wurden ja nie widerlegt, geschweige denn modernisiert. Man hat mit dem Blick auf unsere Zeit eher den Eindruck, diese Werte seien heute schlicht zu unbequem und mühselig. Einzig die Religionen halten an manchen dieser Werte fest, wenn auch aus dubiosen Gründen. Als dubios bezeichne ich die Begründung, an etwas festzuhalten, nur weil es in alten Schriften steht und nicht weil wir die wahrhaftig innere Überzeugung haben, diese Werte für uns anzunehmen. Da die Interpretationen des Inhalts der alten Schriften schon für sehr viel Verdruss bis zu kriegerischen Auseinandersetzungen geführt haben, kann das bloß Geschriebene nicht genügend Rückhalt bilden für eine allgemein menschliche Anerkennung.

Da ist die Charta der Vereinten Nationen schon weiter und da war auch die Französische Revolution schon weiter. Freiheit, Gleichheit, Brüderlichkeit als Verpflichtung für die gesamte Menschheit. Da gibt es nicht viel zu interpretieren.

Die Religion kann im Abgleichungsverfahren mit der Realität durchaus noch ein paar tausend Jahre Bestand haben, wenn es uns gelingt, sie zu zügeln, also quasi zu personalisieren, sodass sie tatsächlich Privatsache bleibt. Der Laizismus hat erste Priorität. Religion ist Privatsache und jeder missionarische Versuch ist zu verurteilen.

Bei einer zeitgemäßen Utopie sollte man religiöse Aspekte unbedingt vermeiden und sich am allgemein Menschlichen orientieren. Das ist deshalb wichtig, weil eine Utopie unbedingt religionsübergreifend sein muss, sonst hätten die realen Lebensbedingungen niemals auch nur die geringste Chance, einer Utopie näherzukommen, zumindest so lange nicht, wie es verschiedene Religionen gibt.

Die Grundwerte des Humanismus waren:

Toleranz

Gewaltfreiheit

Gewissensfreiheit

Wie man sieht, kommt der Humanismus fast ohne Tugendbegriffe aus. Alle drei Grundwerte sind sehr dehnbare Begriffe, aber dennoch maßgebend. Was aber sagen sie uns heute?

Der Begriff der Gewaltfreiheit lässt sich noch am ehesten eins zu eins übertragen und wird auch heute allgemein anerkannt (als Utopie wohl bemerkt). Die Toleranz muss allerdings eine Grenzfestlegung ertragen können. Sie hat nur innerhalb eines geschlossenen Wertesystems Bestand.

Das Gewissen ist der wohl am schwersten zu fassende Begriff, da er ein zutiefst intimer Gegenstand ist und sich nach außen nur in Taten äußert. Dem christlich religiösen Menschen ist das schlechte Gewissen qua Definition schon eingepflanzt (Erbsünde), dagegen scheint bei manchen Menschen die gesamte Institution des Gewissens komplett zu entfallen.

Es kann also nur so zu verstehen sein, dass Menschen mit einem ausgeprägten Gewissen die meiste Toleranz entgegengebracht werden muss, da sich dieses ständig meldet. So gesehen bilden die Toleranz und das Gewissen eine Allianz. Gilt dies auch gegenüber einem gewissenlosen Menschen? Sicher nicht, denn auch das Gewissen hat ebenso wie die Toleranz nur innerhalb der Grenzen eines geschlossenen Denksystems seine volle Berechtigung.

In diesem inneren Zirkel bedarf es natürlich der absoluten Gewaltfreiheit, wobei man Gewalt nicht unbedingt mit körperlicher Gewalt gleichsetzen darf. Es geht eher in die Richtung, dass man seine Überlegenheit gegenüber Schwächeren in keiner Weise einsetzen darf – weder auf der körperlichen, der psychischen, materiellen oder geistigen Ebene. Die Erkenntnis, dass der Überlegene mit seiner Stärke auch eine moralische Verpflichtung hat, diese Stärke nur zum Wohle anderer einzusetzen, wird das vornehmste Erziehungsziel für die Zukunft sein.

Unter diesen Voraussetzungen ergeben die drei Grundwerte des Humanismus durchaus einen Sinn. Sie sind aber untrennbare Geschwister, stirbt eines davon, sterben die anderen sofort mit. So darf man bei der Betrachtung des Humanismus diese Trinität niemals aus den Augen verlieren.

Welche Eigenschaften des Menschen sind geeignet, auf dieses Ziel hinzuwirken? Negativ ausgedrückt könnte die Frage auch lauten: Welche Eigenschaften stehen dem am meisten entgegen, die es dann zu minimieren gälte? Da wir jedoch bei der Betrachtung der Utopie sind, beschäftigen wir uns vordringlich mit den geeigneten Prinzipien oder Prädispositionen.

Einteilung der Tugenden

Bei der Betrachtung der verschiedenen Tugenden muss man zwischen Primärtugenden, Sekundärtugenden und zwischenmenschlichen Tugenden unterscheiden.

Primärtugend: Wenn eine Tugend unabhängig von anderen Tugenden in Erscheinung tritt, wie z. B. der Gerechtigkeitssinn

Neugierde, Lernfähigkeit, Genussfähigkeit, Wissbegierde, Weisheit, Würde, Gerechtigkeitssinn, Freiheitsempfinden, Mut, Glücksempfinden, Kreativität, Humor, Aufmerksamkeit, Besonnenheit, Bescheidenheit, Mäßigung, Begeisterungsfähigkeit, Fantasie, Demut (Ehrfurcht), Wahrhaftigkeit, Achtung, Anpassungsfähigkeit, Rechtschaffenheit

Sekundärtugend: Diese ist von einer Primärtugend abhängig. Treue etwa ist eine ausgeprägte Tugend, aber als solche ohne Wert, wenn das Zielobjekt der Treue verwerflich ist.

Man kann auch einem Tyrannen treu sein oder einer schlechten Angewohnheit. Sekundärtugenden werden oft auch als „preußische Tugenden" bezeichnet.

Fleiß, Sparsamkeit, Reinlichkeit, Pünktlichkeit, Disziplin, Pflichtbewusstsein, Treue, Unterordnung, Zurückhaltung, Redlichkeit, Ordnungssinn, Härte, Gehorsam, Geduld, Schamhaftigkeit, Konsequenz, Beharrlichkeit, Sittlichkeit

Zwischenmenschliche Tugend: Hierunter versteht man Tugenden, die nur im Umgang miteinander zum Tragen kommen wie zum Beispiel Ehrlichkeit. Auch Altruismus ergibt nur im zwischenmenschlichen Bereich einen Sinn.

Ehrlichkeit, Empathie, Güte, Liebesfähigkeit, Respekt, Altruismus, Solidarität, Vertrauen, Pflichtbewusstsein, Vergebungsfähigkeit, Sanftmut, Dankbarkeit, Treue, Loyalität, Aufrichtigkeit, Verlässlichkeit, Diskretion, Fairness, Höflichkeit, Toleranz, Vertrauen

Manche Tugenden sind für sich zunächst neutral, denn erst durch den Zweck, dem sie dienen, bekommen sie eine wertende Eigenschaft. Es ist also Vorsicht geboten, es muss immer Maßstäbe für die Tugend geben. Einen möglichen Maßstab kann die Moral bilden (von moralis, die Sitte betreffend).

Heute wissen wir, dass der Mensch nicht als „tabula rasa", also als unbeschriebenes Blatt, auf die Welt kommt, sondern es hängt von seiner Genetik und seiner Sozialisation ab, was aus ihm wird. Auf jeden Fall aber wissen wir, dass er in seinem jeweiligen Rahmen erziehungsfähig ist. Warum dieser Prozess mit Beendigung der Ausbildung abgeschlossen sein soll, ist aus keinem Grund ersichtlich, aber das nur nebenbei. Im Grunde bleibt der Mensch lernfähig bis zum Tode – Gesundheit vorausgesetzt. Ziel einer Ausbildung im humanistischen Sinn muss es also sein, die vorgenannten Prinzipien zu stärken und damit den unerwünschten Prinzipien die Tür zu weisen.

Ausübende Organe in Erziehungsfragen sind immer noch das Elternhaus, der Kindergarten, die Schulen, die Universitäten, die Betriebe und letztendlich natürlich das soziale Umfeld, also die Gesellschaft selbst und somit auch die Medien.

In der Utopie bemühen sich alle Erziehungsinstitutionen gemeinsam, den Menschen zu seinem Wohlergehen mit zu formen. Da der Mensch aber in jüngerem Alter am formbarsten ist, kommen den Institutionen verschiedene Gewichtungen zu. Mit Abstand an erster Stelle steht selbstverständlich das Elternhaus. Da die Griechen der Antike dies natürlich auch wussten, haben sie ihre Kinder oft sehr früh Institutionen übergeben, wohl wegen eines begründeten Misstrauens sich selbst gegenüber, ein Fachmann in Erziehungsfragen zu sein. Dies war zum Wohle des Kindes gedacht und der Jüngling sprach nicht selten erst als Jugendlicher mit seinem Vater. Dass dies nur für sehr begrenzte Kreise und nur für männlichen Nachwuchs galt, ist für unsere Betrachtung irrelevant. Für heute mag man sich dergleichen allerdings lieber nicht vorstellen, obwohl es auch heute noch Internate gibt, die dem nahe sind, und auch heute gilt es nur für ganz kleine Kreise. Insofern sind wir auf einem guten Wege zur Plutokratie (Herrschaft der Besitzenden) und weit entfernt von den Ideen des Humanismus.

Aber zurück zur Utopie: Da die Eltern im Normalfall nicht zu derart drastischen Schritten wie in der Antike bereit sind, kommt die Hauptlast der Erziehung den öffentlichen Bildungseinrichtungen zu, also Kindergarten und Schule. Da kann auch der Staat am meisten Einfluss ausüben oder sagen wir lieber: könnte, wenn er wüsste, was er wollte.

Das mit Abstand wichtigste und vornehmste Erziehungsziel wäre es, den Starken ihre moralische Verpflichtung klarzumachen, dass sie den Schwächeren beistehen müssen. Dazu müssen wir allerdings erst die Starken in der Gesellschaft definieren und finden. Beim Geldadel ist das ja noch relativ leicht, denn Geld kann man zählen. Wie aber findet man die Intelligentesten, Empathischsten, Gütigsten, Kreativsten, Fantasievollsten etc.? Gerade beim Auffinden von Menschen mit zwischenmenschlichen Stärken herrscht in unserer derzeitigen Gesellschaft die größte Verwahrlosung. Eigentlich ist es noch drastischer: Man sucht diese Menschen noch nicht einmal, denn sie gelten mittlerweile als „Loser". Als stark gilt in unserer Gesellschaft leider immer noch der Durchsetzungsfähigste. Dieser zeichnet sich oft durch ein gerüttelt Maß an Rücksichtslosigkeit aus. Was wir dringend benötigen, ist eine neue zeitgemäße Definition der Stärke.

Bildung ist mehr als Wissensvermittlung und Training des logischen Verstandes. Bildung sollte eigentlich der Klugheit und Weisheit zuarbeiten. Bildung sollte den Menschen zu seinem Wohle erziehen. Eine Gesellschaft, die auf diese Weise Bildung bekäme, entwickelt sich fast von selbst weiter, und es gibt für niemanden auch nur einen Moment der Langeweile. Außerdem ist die Vorbildfunktion für andere Gesellschaften nicht zu unterschätzen. Soweit zur Utopie …

Zwischenmenschliche Tugenden

Schauen wir uns zuerst die zwischenmenschlichen Tugenden an, also Tugenden, die nur im Austausch mit anderen Menschen von Bedeutung sind. Ein besonderes Augenmerk liegt auf der Vermittlung und Wertschätzung dieser Tugenden in der aktuellen Realität. Nehmen sie den Platz ein, der ihnen eigentlich gebühren sollte?

1. Ehrlichkeit:

Da hat Herr Wickert in seinem Buchtitel schon recht: „Der Ehrliche ist der Dumme". Ein Volk, welches bei der Steuererklärung, beim Versicherungsbetrug oder allgemeiner Schädigung der Gesellschaft nicht den geringsten Gewissensbiss hat und auch noch behauptet: „Das machen doch alle!", hat noch einen sehr weiten Weg vor sich. Wenn man heute wirklich ehrlich sein will, muss man sich wie ein Idiot vorkommen und hat eigentlich kaum noch eine Chance, irgendetwas zu erreichen. Der Betrug geht durch alle Gesellschaftsschichten, Sozialbetrüger, Internetbetrüger, Korruption, Banken, Ärzte, Zahlungsunwillige, Institutionen, Spendenbetrüger – die Liste ist ewig lang, man kann sie gar nicht alle aufzählen; es genügen aber schon diese wenigen Beispiele, um einen völlig desolaten Zustand zu beschreiben.

Jedem Kind wird beigebracht, dass Ehrlichkeit ein Grundpfeiler jeder Beziehung ist. Was also muss das Kind denken, wenn es seine Umgebung bewusst wahrnimmt?

2. Empathie:

Die Schwierigkeiten und Probleme anderer scheinen immer weniger zu interessieren. Die häufigste Antwort lautet: „Ihr Problem." Ob es Alte, Kinder, Behinderte, Ausländer oder sonstige „Randgruppen" sind, es ist den Menschen egal. „Ihr Problem, ich habe genug eigene. Was gehen mich Transsexuelle an, ich muss gleich mein Auto waschen. Suizidgefährdet? Was habe ich damit zu tun? Wird wohl krank sein, soll zum Arzt gehen." Eiseskälte, wo man hinschaut, schauderhaft, beängstigend.

Um den Verfall der zwischenmenschlichen Werte zu beobachten, muss man diese Prozesse nur einmal mit den Augen der Kinder betrachten. Sie bekommen bei ihrer Erziehung in der Regel genau das Gegenteil beigebracht. Für die Kinder sorgt die raue Umgebung der Realität für den Zusammenbruch ihrer bisherigen Welt. Da predigen die Eltern jahrelang die Tugendhaftigkeit und draußen herrschen völlig andere Bedingungen.

3. Güte:

Ein Begriff, der dermaßen veraltet ist, dass er fast nur noch im religiösen Zusammenhang zu finden ist. Wann hat man Eltern zum letzten Mal zu ihren Kindern sagen hören: „Du musst gütig sein."? Das hört sich heute an wie aus dem Mittelalter. Heute hört man eher: „Du musst zurückschlagen, lass dir nichts gefallen, setz dich durch." Es scheitert schon an der Begriffsbestimmung, denn es klingen Nachsicht und Barmherzigkeit mit. Begriffe, von denen man gar nicht mehr weiß, ob sie der Duden überhaupt noch verzeichnet.

4. Liebesfähigkeit:

Jemanden zu lieben in guten wie in schlechten Zeiten – die Scheidungsrate gibt die Antwort: Liebesunfähigkeit ist eine immer häufigere Diagnose in der Psychotherapie. Jemanden zu lieben bedeutet auch immer eine gewisse Opferbereitschaft mitzubringen, etwas von sich zu geben, Risiken einzugehen, Vorleistungen zu erbringen, Respekt zu bezeugen, Loyalität zu zeigen, auch in schwierigen Zeiten jemandem beizustehen, Unglück gemeinsam zu ertragen etc.

5. Respekt:

Wo die Missgunst regiert, hat der Respekt keine Chance. Zum Respekt gehört, dass man eine Leistung auch als solche erkennt. Wenn ich keine Ahnung von der Materie habe, kann ich eine diesbezügliche Leistung auch nicht bewerten. Quasi weltweit herrscht Respekt vor dem Alter – nur des erreichten Alters wegen, ohne sonstige Verdienste. Bei uns dagegen? Die Behandlung unserer alten Menschen ruft in den meisten anderen Ländern Empörung hervor. Verdienstvolle Menschen, Repräsentanten von Institutionen und des Staates, Ärzte, Lehrer, sogar Feuerwehrleute müssen heute mit dem Spott und Hohn einiger schwer Verirrter rechnen. Unsere Klientel hat eher Respekt vor irgendwelchen Sportlern, Rappern, Gangstern oder Gewinnern von Proletencastings. Erbärmlich!

6. Altruismus:

Wo soll der denn nun plötzlich herkommen bei den vorgenannten Punkten? Ohne die Erwartung persönlicher Vorteile, jemandem zu helfen, einfach so – da braucht man schon eine Lupe, um diese seltene Spezies zu entdecken. Wer möchte, kann sich in eine beliebige Fußgängerzone stellen und die Menschen zu ihrer diesbezüglichen Einstellung fragen, viel Spaß. „Bin ich die Caritas? Geschenkt bekommt man nichts im Leben, da könnte ja jeder kommen" – das sind die zeitgemäßen Sprüche.

7. Solidarität:

Sicher, jederzeit, solange man sich nicht selbst schadet, dann hat es sich heutzutage nämlich schnell aussolidarisiert. Und wieder gilt der Standartspruch: „Was geht mich das an?"

Dass die polnische Solidaritätsbewegung eine ganze Weltmacht schließlich zu Fall brachte, wen interessiert es heute noch? Solidarität, eine der schärfsten Waffen, ist für die Machthaber in einer Ego-Gesellschaft nicht zu fürchten. Wenn es an der Empathie scheitert, warum sollte man dann plötzlich solidarisch sein, da fehlen einfach die Voraussetzungen.

8. Vertrauen:

Wie heißt es so schön: Vertrauen ist gut, Kontrolle ist besser. Damit ist alles gesagt. Der heute hervorragend bezahlte und begehrteste Beruf der Wirtschaftswissenschafts- und Betriebswirtschaftschaftsfuzzis ist – man ahnt es – der Controller. Der Boom der Überwachungstechnologie lässt den Schluss zu, dass es um das Vertrauen miserabel bestellt ist. Man feuert altgediente Arbeitnehmer und ist sogar so frech, von Vertrauensbruch zu sprechen, wenn ein Mitarbeiter mal ein übrig gebliebenes Brötchen vom Chefteller isst. Und was macht die Justiz? Statt zu lachen, gibt sie der Kündigungsklage recht. Herzlichen Glückwunsch, so etwas nennt man wohl „Verhältnismäßigkeit". Man wirbt sogar für Handyüberwachung für die eigenen Kinder und Spionagezubehör für den Lebensgefährten. Die Kinder bekommen beigebracht, überall misstrauisch zu sein: bei Nachrichten, bei Fremden, bei Geldangelegenheiten, beim Arzt etc.

Nun ist es aber so, dass wir vollständig vom Vertrauen abhängig sind!

Jede Währung dieser Welt besteht ausschließlich aus Vertrauen. Es würde schon reichen, wenn jeder zu seiner Bank gehen würde, um sich sein Geld zeigen zu lassen. Vermutlich würde das System kollabieren. Der Verlust des Vertrauens stand schon immer Pate für den Anfang jeden Untergangs.

Das Vertrauen ist ein empfindliches Pflänzchen, wenn es einmal Frost bekommt, ist es hin und man muss neu anpflanzen. Da es aber eines unserer Grundnahrungsmittel ist, sollten wir genügend Keimlinge auf Vorrat halten, sonst verhungern wir alle. Vertrauen ist für uns – wie für den Koalabären der Eukalyptus und für den Pandabären der Bambus – die einzige Überlebenschance. Wir sind zum Vertrauen verdammt. Man stelle sich nur mal den flächendeckenden Verlust des Vertrauens vor, das ist die Apokalypse, alles bräche zusammen. Bei der Finanzkrise war deutlich zu sehen, wie eifrig, ja fast panisch man um das Vertrauen buhlte. Man wusste, wenn es nicht gelingt, schleudern wir in den Abgrund. Wird das Vertrauen nur geringfügig erschüttert, z. B. was die Bevorratung angeht, kommt es regelmäßig zu Hamsterkäufen, was die Situation nur verschärft und anschließend zur Panik führt. Ein Vertrauensbruch ist mit Abstand das Schlimmste, was einem Menschen widerfahren kann. Man kann es an den Folgen von sexuellem Missbrauch überdeutlich ablesen, ein Vertrauensbruch ist oft irreparabel. Diese zwischenmenschliche Tugend ist also besonders sorgfältig zu handhaben.

Jemanden Vertrauen zu schenken ist eine schwierige Sache und bringt mir vordergründig auch erstmal gar nichts. Oft merkt man es nicht mal, wer Vertrauen zu einem hat. Menschen, die Vertrauen absichtlich missbrauchen, sind demgemäß der moralische Bodensatz. Jeder kann in seinem Leben einige Situationen aufzählen, in denen sein Vertrauen erschüttert wurde, auch weil man sich so genau an solche Situationen erinnert. Es ist eine fürchterliche Erfahrung und man fragt sich unweigerlich, wie man so blauäugig und blöde sein konnte, diesem oder jenem zu vertrauen. Das ist eine nachhaltige Erfahrung eines Verrates. Unzählige Gewaltdelikte gehen darauf zurück, eben weil es so elementar ist. Mit Vertrauen zu spielen heißt mit Leben zu spielen. Vertrauen ist die Top-Tugend im zwischenmenschlichen Bereich. Ist diese gestört, brauche ich mich gar nicht mehr mit den anderen Tugenden zu beschäftigen, denn dieser Verlust reißt alles in den Abgrund. Wie sieht es heute mit dem Vertrauen aus? Nun, wir leben in frostigen Zeiten!

9. Pflichtbewusstsein:
Dazu muss man allerdings erst mal wissen, was die eigene Pflicht ist, und sie als solche für sich annehmen. In Anbetracht der Gleichgültigkeit von Gaffern bei Unfällen oder Notfällen scheint dieses Bewusstsein nicht sehr stark ausgeprägt zu sein. Betrachtet man nun aber die moralische Pflicht des Starken, dem Schwachen beizustehen, kann man heute von einer fast vollständigen Fehlanzeige sprechen. Die Pflicht funktioniert nur dort, wo ein einklagbares Recht damit verbunden ist.

10. Vergebungsfähigkeit:
Siehe „Güte". Nicht Vergebung, nein, Rache heißt die Trumpfkarte – oft hinter der Tarnkappe der angeblichen Gerechtigkeit, wobei das im Wort enthaltene „recht" natürlich immer das eigene ist. Die wunderbar menschliche Fähigkeit des Verzeihens und Vergebens wird immer mehr in den Hintergrund gedrängt. Die Nachsicht mit einer menschlichen Schwäche, sogar die Nachsicht mit einem offensichtlichen Fehlverhalten gehört zu den großen Stärken der Zivilisation.

Dies ohne Groll über sich zu bringen sollte uns mit Stolz erfüllen, denn es beinhaltet auch die Einsicht der eigenen Schwächen.

11. Sanftmut:

Wer mit dieser Charaktereigenschaft heute geboren wird, ist zu bedauern. Er wird viele Schläge einstecken müssen und mangels Empathie werden die Stärkeren immer wieder zuschlagen. Der Sanftmütige steht auf der Skala der Suizidgefährdeten ganz oben. Diese liebenswerten Menschen sind auf unseren Schutz und auf unsere Wertschätzung angewiesen. Aber was ist ein sanftmütiger Mensch wert? Ich fürchte, da fehlen uns mittlerweile die Maßstäbe.

12. Dankbarkeit:

Frage einfach alte Menschen, wie die Zeit sich bezüglich der Dankbarkeit geändert hat, und du hast die Antwort. Viele haben schon Schwierigkeiten, das Wort „Danke" auszusprechen, ohne es gleichzeitig als Niederlage zu empfinden. Traurig, sehr traurig. Außerdem hat sie die kürzeste Halbwertszeit aller Tugenden.

13. Treue:

Eine Mischung aus Pflichtbewusstsein und Liebesfähigkeit. Die Treue wird nur noch von der Industrie eingefordert, wenn es um den Kauf ihrer Produkte geht, ach ja – und bei Hunden.

14. Loyalität:

Sicher immer wieder gerne, solange es dem eigenen Aufstieg nicht im Wege steht. Weitergehende Gültigkeit hatte sie wohl zuletzt zu Zeiten Thomas Manns in der hanseatischen Kaufmannsgilde. Sie wird in guten Zeiten aber immer ganz gerne mal im Munde geführt, rhetorisch, denn sie verlässt allenfalls als Sprechblase das Sprachzentrum.

15. Aufrichtigkeit:
Wäre jeder aufrichtig, hätten wir auf Erden das Paradies (oder die Hölle). Das heißt: Die Aufrichtigkeit ist ein Wesen, abhängig von ihrem Gegenstand, dem man entweder wohlgesonnen oder ablehnend gegenübersteht. Eine äußerst schwierige Tugend, die man in der Realität lieber nicht einfordern sollte. Man möchte mehr das Gefühl haben, der Mitmensch sei aufrichtig, als die Aufrichtigkeit selbst zu erfahren. Ein Gebiet, auf dem der Mensch am liebsten belogen sein will.

16. Verlässlichkeit:
Einen Menschen vorübergehend zu verlassen und ihn treu zu seinen Aussagen wiederzufinden, eben verlässlich, ist der Traum jeder Freundschaft. Verlässlichkeit ist eine der wenigen Tugenden, die auch heute noch zählen, schon weil die Wirtschaft ohne sie nicht auskommt. Dass allerdings Menschen und Institutionen, die ihr Fähnchen immer wieder nach dem Wind drehen, immer noch hofiert werden und Ansehen genießen, ist ein Zeichen dafür, dass auch diese Tugend nicht mehr Allgemeingültigkeit zu haben scheint oder im besten Fall das Gedächtnis der Protagonisten zu schlecht ist. Die Verlässlichkeit einer Abmachung per Handschlag ist jedenfalls längst vorbei.

17. Diskretion:

Im Zeitalter des Boulevardjournalismus eher ein satirischer Begriff, der sich mit dem allgegenwärtigen Voyeurismus nicht so recht vertragen will. Gibt es denn diskrete Paparazzi? Einer der liebsten Aufenthaltsorte der Menschen ist wohl die Gerüchteküche, denn dort feiert die Indiskretion ihre Urstände. Sie ist ein Indiz dafür, wie weit es mit der Sittlichkeit in einer Gesellschaft bestellt ist. Diskretion war mal ein sakrosanter Begriff, den niemand als Wert ernsthaft angezweifelt hat. Dieser Wert gilt auch heute noch, aber nur bei Menschen, die mit dem Begriff „Wert" noch etwas anfangen können. Mit dem Werteverfall ist die Diskretion eines der ersten Opfer, das erbärmlich absäuft.

18. Fairness:

Ein Begriff aus dem Sport, ein Spiel mit Regeln. Die Realität ist aber kein Spiel und hat auch keine klaren Spielregeln. Schon fühlt sich niemand verpflichtet, irgendeine Form der Fairness anzuerkennen, geschweige denn anzuwenden. Es wird ja allgemein als schlau und gewieft angesehen, wenn man Schlupflöcher findet, um Gesetze zu umgehen, um seine Ziele zu erreichen. Ganze Anwaltskanzleien sind ausschließlich damit beschäftigt. Bei dieser Grundeinstellung ist der Begriff der Fairness zu Recht völlig überflüssig.

19. Höflichkeit:

Die Höflichkeit betrifft die Umgangsformen untereinander, also Formen, deren Regeln erlernt werden müssen, demnach ein reines Erziehungsprodukt. Das gänzliche Fehlen dieser Fähigkeiten ist immer wieder sehr erheiternd bei kleinen Kindern zu sehen, die völlig ungehemmt von sich geben, was sie gerade denken, und sich so benehmen, wie ihnen gerade ist. Dies führt immer wieder zu absurden Situationen, die man ihnen aber nachsieht, weil man offenbar doch sehr genau weiß, dass Höflichkeit ein reines Erziehungsprodukt ist.

Warum ist Höflichkeit ein unverzichtbarer Bestandteil des menschlichen Umgangs? Wenn ich einem mir völlig unbekannten Menschen begegne, weiß ich ja nicht, wen ich vor mir habe, und welche Stärken und Schwächen dieser Mensch hat. Ich weiß nicht, ob ich ihn nach längerer Bekanntschaft eher lieben oder eher hassen werde. Da aber immer beides möglich ist, behandele ich ihn mit dem Respekt, der auch die positive Zukunft einschließt.

Da der erste Eindruck oft entscheidend ist, werde ich beim ersten Zusammentreffen natürlich nicht gleich mit einer Beleidigung aufwarten, und eine Unhöflichkeit ist eine Beleidigung. Man könnte es auch so sehen, dass der unhöfliche Mensch seiner eigenen Zukunft im zwischenmenschlichen Bereich keine Chance gibt. Er erwartet nichts Positives von der Zukunft, ein armer Hund. Übertragen hieße das, dass mit dem allgemeinen Verfall der Höflichkeit ein Misstrauen gegenüber der Zukunft einhergeht, eine Ziellosigkeit und Verzweiflung.

Zu beobachten ist auch, dass die Höflichkeit bei sich bekannten Personen, je nach dem Grad der Abneigung, erheblich zu wünschen übriglässt. Dies ist allerdings ein entstandenes Urteil und hat mit der allgemeinen Höflichkeit nichts zu tun, denn es wäre wirklich viel verlangt, wenn man etwa dem Mörder seines Kindes auch noch höflich gegenübertreten soll.

Gegenüber gesellschaftlich eindeutig höherstehenden Personen geht die Höflichkeit mit der Schleimerei allerdings eine unheilige Allianz ein. Das ist dann aber gar keine Höflichkeit, also kein respektvolles Verhalten, denn da wird die Höflichkeit nur instrumentalisiert für die eigenen Interessen. Der Glaube, dass dies funktionieren könnte, zeugt eigentlich von einer vollkommenen Respektlosigkeit. Gut situierte Persönlichkeiten, die es ihr ganzes Leben lang gewohnt sind, dass ihnen ein solches Verhalten entgegengebracht wird, haben nicht selten das – oft heimliche –Verlangen nach dem genauen Gegenteil. Wer dies nicht glauben möchte, frage mal eine Domina nach ihrem Kundenkreis. Extrem reiche Menschen haben kein Problem, höfliche Menschen um sich zu scharen, aber sie haben ein ernsthaftes Problem, die Motivation der Höflichkeit zu erkennen. Bei armen Menschen ist dies dagegen umgekehrt.

20. Toleranz:

Goethe: „Toleranz sollte eigentlich nur eine vorübergehende Gesinnung sein: Sie muss zur Anerkennung führen. Dulden heißt beleidigen."

Man muss Goethe allerdings zugutehalten, dass er wenig rumgekommen ist auf der Welt. Er kann wohl kaum der Meinung gewesen sein, dass man Kannibalismus oder Steinigungen anerkennen sollte. In dem Abschnitt über die Grundwerte des Humanismus habe ich schon erörtert, dass die Toleranz nur innerhalb eines Gesellschaftssystems bestehen kann. Verstößt eine Handlung gegen die Gesetze einer Gesellschaft, kann man diese Handlungen nicht durch den Appell an die Toleranz rechtfertigen, um einer Strafe zu entgehen. Toleranz ist allerdings innerhalb eines Systems verpflichtend, Anerkennung nicht! Wenn ich jemanden toleriere, kann dieser von mir nicht verlangen, dass ich ihn akzeptiere, umgekehrt kann ich von ihm einfordern, dass er meine Toleranz toleriert. Zur Toleranz und Rechtsstaatlichkeit gibt es den schönen Satz: „Für das, was du sagtest, könnte ich dich umbringen, aber für dein Recht, dies sagen zu dürfen, würde ich mich umbringen lassen."

Nun, Toleranz ist ein Ertragen oder eine Duldung, nicht mehr, aber auch nicht weniger. Für alle Gegebenheiten, die im Gesetz stehen, habe ich die Verpflichtung zur Toleranz, das heißt, ich muss sie als gleichberechtigt mit meinen eigenen Anschauungen betrachten. Dies beinhaltet auch, dass ich weder diskriminieren noch beleidigen darf, ohne selbst gegen das Gesetz zu verstoßen. Was zu diesen Gegebenheiten zählt, regelt das Gesetz der jeweiligen Gesellschaft und nur diese Gesellschaft kann es auch ändern. Eine Gesellschaft von außen zu zwingen, ihre Toleranzmaßstäbe zu ändern, wird auf wenig Gegenliebe treffen, es muss schon ein innergesellschaftlicher Konsens sein.

Nehmen wir z. B. den Tierschutz: In vielen Ländern der Erde wird dem Tier keine Seele zugeschrieben, es wird demgemäß wie eine Sache behandelt. Ein Gang über einen ostasiatischen Markt hat schon manchen Europäer zutiefst schockiert und wäre hierzulande strengstens verboten. Dort muss ich es tolerieren, es ist nicht unser Gesellschaftssystem und eine Anklage würde dort nur auf völliges Unverständnis stoßen. Hierzulande muss ich aber denselben Vorgang nicht tolerieren, sondern habe sogar die Verpflichtung, den Vorgang den Behörden zu melden, da ein Gesetzesverstoß vorliegt.

Die Toleranz ist eine der schwierigsten und gleichzeitig wichtigsten Tugenden. Schwierig deshalb, weil ich stets wissen muss, in welchem System ich mich bewege, und weil es Dinge gibt, die für mich persönlich abscheulich und trotzdem erlaubt sind.

Wichtig ist die Toleranz deshalb, weil ein Minderheitenschutz ohne die Tugend der Toleranz gar nicht herzustellen ist. Sie ist der wesentliche Schutzfaktor für Minderheiten. Man darf nie vergessen, dass man selbst sehr leicht einer Minderheit zugerechnet werden kann und dann selbst vollständig von diesem Schutz abhängig ist.

Die Qualität einer Gesellschaft kann man daran ablesen, wie diese mit ihren Minderheiten umgeht, und dabei geht es keineswegs nur um ethnische Minderheiten. Homosexuelle, Behinderte und kranke Menschen, Tierliebhaber, Blumenfreunde, Religionen, Wanderer, Radfahrer, Modellbauliebhaber, Briefmarkensammler, sogar Menschen, die gegen die Normen der Gesellschaft verstoßen haben, also Strafgefangene, genießen den Minderheitenschutz. Den meisten Menschen ist gar nicht bewusst, in welchem Ausmaß sie selbst Minderheiten angehören.

Für den Hindu ist auch die Kuh des muslimischen Nachbarn ein Heiligtum und wenn der diese schlachtet und verzehrt, hat der Hindu ein ernstes Problem, sieht er es nicht, weil sie örtlich getrennt leben, kann er damit noch halbwegs umgehen. Wenn der Hindu hingegen im Nachbarsgarten Schweine züchtet, hat der Moslem ein ernsthaftes Problem. Da kann der Staat zur Toleranz aufrufen, solange er will, wenn die Menschen religiöse Gesetze als höherstehend betrachten als staatliche Gesetze, hat der Staat keine Chance, ohne die halbe Bevölkerung einzusperren. Diese Art von Konflikten führte immerhin zur Teilung Indiens, es waren die Grenzen der Toleranz, die Pakistan und Bangladesch entstehen ließen.

Wie sieht es in unserer derzeitigen Gesellschaft mit der Toleranz aus? Gesetzlich ist alles vorzüglich geregelt, aber in die Köpfe der Menschen möchte man manchmal lieber nicht hineinschauen. Deshalb auch ein Appell an alle Verfechter der Volksabstimmung, dieses Plebiszit nur bei relativ unwichtigen Dingen anzustreben. Stellte man nach einem besonders spektakulären Verbrechen die Frage nach der Todesstrafe, wäre ich mir nicht so sicher, welches Ergebnis zu erzielen wäre. Befragt man das „Volk", wofür man die Steuern ausgeben sollte, wären die meisten gesellschaftlichen Institutionen von heute auf morgen pleite und damit nicht mehr existent. Der Minderheitenschutz wäre damit ausgehebelt und hinterher will es dann wieder keiner gewesen sein. Brauchen wir ein Planetarium (Bibliothek, Theater, Orchester, Forschungslabor etc.)? – so lautet dann die Fragestellung. Bei jeder Minderheitenfrage wäre immer die absolute Mehrheit dagegen, sonst wären es ja auch keine Minderheiten.

Man sollte sich schon fragen, warum die Humanisten ausgerechnet die Toleranz auf ihre Fahne geschrieben haben.

Das Wort Demokratie haben wir gerne und erfolgreich aus dem griechischen übernommen, die Idee allerdings nicht so ganz. Im antiken Griechenland war natürlich nicht jeder Grieche mit einer Stimme ausgestattet, sondern nur die oberste bürgerliche Schicht. Diese Schicht konnte sich gar nicht vorstellen, dass ein Schmied beispielsweise abstimmungsberechtigt sei. Der hatte in ihren Augen gar keine Ahnung, worum es in der Abstimmung ging. In unserer heutigen sehr vielgestaltigen Welt, die für den Einzelnen unüberschaubar kompliziert geworden ist, will jetzt aber plötzlich jeder über alles abstimmen können, unabhängig davon, dass er von fast allen

Dingen keine Ahnung hat. Da käme aber Platon weinend aus seinem Grabe gekrochen, um etwas richtigzustellen.

Wir sind zum Vertrauen in unsere Volksvertreter verdammt, niemand kann dies heutzutage einfach selbst in die Hand nehmen. Hinter jeder politischen Entscheidung steht in der Regel ein Expertenstreit und der jeweilige Politiker spielt nur den Schiedsrichter. Wenn er zu oft falsch pfeift, wird er vom Platz gestellt und der nächste versucht, es besser zu machen. Ich fürchte, so einfach ist das.

Primärtugenden

Wenden wir uns nun den Primärtugenden zu. Diese bilden die Orientierungskoordinaten für die Sekundärtugenden und sind zum Teil angeboren und somit nur in diesem Rahmen formbar – dies darf man niemals aus den Augen verlieren. Die Einordnung der Tugenden in Primärtugenden und Sekundärtugenden ist keinesfalls wasserdicht, denn auch da existieren zahlreiche Mischformen und es gibt Tugenden, die in beiden Lagern auftreten können. Es gibt beispielsweise die Treue im zwischenmenschlichen Bereich, die Treue zu sich selbst und die Treue als reine Sekundärtugend im Sinne des militärischen Kadavergehorsams.

Fangen wir mit den vier Kardinaltugenden der Antike an.

1. Weisheit

Die Weisheit ist die Königsdisziplin unter den Tugenden.

Als weise gilt ein Mensch, dem es gelingt, die Utopie mit der Realität in Einklang zu bekommen. Weise Menschen sind Meister der Tugenden, die stets die Gesamtheit im Blick haben.

Meist sind es ältere Menschen, die schon genügend Zeit für den Umgang mit den Tugenden und entsprechend viel Zeit für die Beobachtung ihrer jeweiligen realen Lebensverhältnisse hatten. Der weise Mensch trachtet danach, Probleme der Gegenwart mit den Anforderungen der Zukunft zu verknüpfen. Ihm geht es nicht nur um die schlichte Lösung eines Problems, sondern um das Ergebnis, das auch noch an der Zukunftsträchtigkeit gemessen werden können muss.

Das sind in der Tat sehr hohe Anforderungen, denen nicht jeder gewachsen ist, der weise Mensch wird immer eine Ausnahme bleiben.

Der weise Mensch verachtet durchschnittliche Lösungsversuche, da er weiß, dass manchmal nur eine grundsätzliche Änderung ein Problem wirklich langfristig löst.

Die Weisheit ist eine Tugend, die von keiner Gesellschaft auch nur annähernd in Zweifel gezogen wird. Sie ist demnach für wirklich alle Menschen ein erstrebenswertes Ziel.

Die Weisheit ist ein Geschenk und keine Tugend, die man sich erarbeiten kann. Sie ist somit auch kein Erziehungsprodukt. Man kann sogar darüber diskutieren, ob die Weisheit überhaupt eine Tugend ist und nicht das Ergebnis eines besonders tugendhaften Lebenswandels.

Was die Erziehung diesbezüglich tun kann, ist den Respekt vor der Weisheit zu fördern. Doch nicht jeder alte Mensch ist weise, die meisten sind einfach nur alt. Nicht jede Erfahrung trägt zur Weisheit bei, man kann auch Jahrzehnte das Falsche tun. Die Weisheit ist ein Titel, den man verliehen bekommt, denn wenn jemand von sich behauptet, er sei weise, beweist er damit schon das Gegenteil. Die Weisheit bewegt sich im Nebel der höchsten Achtung, des höchsten Respekts und der höchsten Anerkennung. Sie schwebt unsichtbar über allen Tugenden.

Bezeichnenderweise haben wir in Deutschland den Rat der Wirtschaftsweisen und damit kommt schon das ganze Credo unserer Gesellschaft zu Tage. Da wird der wunderbare Tugendbegriff, der so positiv besetzt ist, schamlos missbraucht. Was hat Wirtschaft bitte schön mit Tugend zu tun? Die Wirtschaftswissenschaft ist eine selbsternannte Wissenschaft. Da kann ich auch einen erfolgreichen Hütchenspieler weise nennen und seine Tätigkeit als eine Wissenschaft bezeichnen.

Der Weise unserer Republik sollte eigentlich der Präsident sein und mit Weizsäcker und Herzog hatten wir auch schon mal annähernd solche Menschen gefunden. Aber was kam danach? Kann man dies wirklich Fortschritt nennen? Jemand, der seinen Job ganz gut hinbekommt? Manche Politiker sind sich noch nicht mal zu blöde, es genauso zu formulieren, welch eine Erbärmlichkeit!

Das Schlimmste, was uns passieren kann, ist, dass uns die Weisheit gleichgültig wird, das wäre der Tiefpunkt, und so wie es derzeit aussieht, rasen wir in atemberaubender Geschwindigkeit auf eben genau diesen Punkt zu.

2. Gerechtigkeitsempfinden

Die Gerechtigkeit (Justitia) gehört auch zu den vier Kardinaltugenden der Antike.

Man hat im Allgemeinen eine diffuse Vorstellung von dem, was man als Gerechtigkeit bezeichnen soll, denn es kommt immer darauf an, auf welchen Rahmen man Gerechtigkeit bezieht.

Nichtsdestotrotz ist sie der große Gradmesser einer Gesellschaft und der Erziehung. Schließlich will man jedem Kind beibringen, was Gerechtigkeit ist, so abstrakt der Begriff auch sein mag, jeder hält ihn für wichtig, und zwar universal. Es gibt kaum etwas, was so nachhaltig beleidigt, wie eine nachweislich als ungerecht erfahrene Behandlung.

An der Gerechtigkeit mühen sich alle Staaten mehr oder weniger erfolgreich ab. Leider muss man aber immer wieder feststellen, dass es im Einzelfall immer wieder zu Bedenklichkeiten kommt. Ist die Todesstrafe gerecht? Auch wenn man weiß, dass es Justizirrtümer gibt? Kann es irgendwie gerechtfertigt sein, einen vielleicht Unschuldigen mit dem Tode zu bestrafen?

Die Gerechtigkeit ist das klassische Schlachtfeld des Dilemmas. Sie ist außerdem die klassische Utopie. Eine Utopie, zu der jeder strebt, obwohl gleichzeitig jeder weiß: Sie ist nicht zu erreichen!

Man muss sich damit abfinden, dass man eventuell nur die krassesten Ungerechtigkeiten vermeiden kann, aber es bleiben immer noch genügend übrig, um handfeste Frustrationen zu erzeugen. Die Frage der Gerechtigkeit beziehungsweise natürlich die empfundene Ungerechtigkeit hat schon ganze Völker auf die Barrikaden getrieben und scheint ein mächtiger Motor zu sein.

Im Allgemeinen versucht man, Gerechtigkeit mithilfe von Gesetzen herzustellen, nur stellt man auch hier immer wieder fest, dass die Wirklichkeit vielgestaltiger ist als die Eventualitäten eines Gesetzestextes. Also behilft man sich mit einem Richter, der die Texte entsprechend auslegen soll. Letztlich entscheidet wieder ein Mensch aus Fleisch und Blut über die Gerechtigkeit. Man sagt ja auch: Recht haben und Recht bekommen sind zwei verschiedene Dinge.

Dementsprechend ist die Gesetzgebung weltweit sehr verschieden, je nach gesellschaftlichem Empfinden. In den Niederlanden kann man Rauschmittel im Coffeeshop ganz legal einkaufen, während in Singapur bei der gleichen Menge die Todesstrafe folgt. In anderen Ländern gibt es öffentliche Auspeitschungen und öffentliche Steinigungen. Früher hat man Menschen für vogelfrei erklärt und sie der Willkür aller ausgesetzt. Verbannung war ein beliebtes Mittel, die australische Gesellschaft kann ein Lied davon singen. Auch auf Island hat man Verbrecher ins Landesinnere verbannt, was einem Todesurteil gleichkam, nur dass es noch grausamer war. Im isländischen Landesinneren hat man keinerlei Überlebenschance: Entweder man verhungert oder erfriert.

Zu Zeiten der Sklaverei hatte man nicht die Spur von Unrechtsempfinden und das über Jahrhunderte. Ähnlich in der Inquisition. Die Kirche war auch noch so dreist, sich für einen intimen Kenner von Gottes Willen auszugeben, ohne jemals belegen zu können, woher sie ihr angebliches Wissen bezieht. Man sprach von Gottesurteilen, das muss man sich mal vorstellen!

Die Menschheitsgeschichte ist eine Geschichte der Gerechtigkeitsirrtümer und trotzdem halten wir an dem Begriff fest wie ein Ertrinkender an einer Bootsplanke.

Tatsache ist aber, dass wir an dem Gerechtigkeitsempfinden die Entwicklung einer Utopie am klarsten ablesen können: Wir versuchen, uns ständig zu verbessern, obwohl das Ziel in unerreichbarer Ferne zu liegen scheint, denn wir wissen, dass menschliches Zusammenleben ohne diese Begrifflichkeit unmöglich ist. Gegenüber der Gerechtigkeit kann niemand gleichgültig sein, er zählt sie automatisch zu seinen

Grundrechten, ohne zu wissen, was das überhaupt sein soll. Das ist schon ein seltsames Phänomen.

Unzählige kluge Köpfe haben sich schon den Kopf darüber zerbrochen und immer nur Teilergebnisse zu Stande gebracht, wenn auch manchmal mit beeindruckender Klugheit: Wie teile ich eine Sache gerecht auf? Man lässt den einen die Portionen bestimmen und den anderen verteilen, wirklich salomonisch, beeindruckend weise, dies gilt aber nur für Teilungsprozesse.

Da in der Natur keine moralischen Grundsätze gelten, sucht man dort auch vergeblich nach Gerechtigkeit, dies sei allen Menschen ins Stammbuch geschrieben, die zurück zur Natur möchten. Wer naturnah leben möchte, muss auch den Nerv haben, grausige Szenen mit anzusehen. Lebewesen, die wir lieben, sind in der Natur nur ein Nahrungsmittel für andere, nicht mehr und nicht weniger. Das viel gerühmte Gleichgewicht der Natur basiert auf Grausamkeiten: verhungern, verdursten, verbluten und gefressen werden (und zwar ohne vorherige Narkose).

Das Gerechtigkeitsempfinden ist eine zutiefst menschliche Regung, auf die man nicht verzichten kann, sobald auch nur zwei Menschen aufeinandertreffen. Es ist in uns angelegt, muss aber gepflegt und geschult werden. Aber vor allem muss unser Gerechtigkeitsempfinden gegen Frustrationen widerstandsfähig werden, denn Angriffe auf das Gerechtigkeitsempfinden bleiben mit Sicherheit nicht aus.

Der Gerechtigkeitssinn scheint eine uralte Eigenschaft zu sein, wie ein Experiment mit Kapuzineraffen an der Universität Atlanta eindrucksvoll unter Beweis stellt. Deutlicher als diese Affen kann man eine Emotion nicht demonstrieren. (YouTube: Neid Affenexperiment)

Wer lehrt den Menschen, wie man mit Ungerechtigkeiten umgehen kann? Denn das ist die Kehrseite der Medaille: sich nicht nur um Gerechtigkeit zu bemühen, sondern auch den Umgang mit Ungerechtigkeiten zu lernen. Das Gefühl, das sich einstellt, wenn man ungerecht behandelt wurde, ist derart gewaltig, dass der nächste benachbarte Gedanke schon die Rache ist. Rache ändert nichts, sondern kann im schlimmsten Fall noch zu einer Eskalation führen. Die Angst vor der Rache kann jedoch auch einen potenziellen Täter hemmen, wenn er die nachfolgende Rache fürchten muss.

Wer also glaubt, Utopien gäbe es nicht oder sie seien nicht nötig, unzeitgemäß und Spinnerei, der sei auf das Gerechtigkeitsempfinden verwiesen.

3. Mäßigung

Die Mäßigung scheint ein regelrechtes Kunstprodukt der Erziehung zu sein. Angesichts von Gesetzgebungen, gesellschaftlichen Vorgaben, triebhafter Natur des Menschen, Gier, Verlangen, Rachsucht, Appetit, Drogensucht, sexueller Triebhaftigkeit etc. kann der Mensch nur überleben, wenn es ihm gelingt, sich zu mäßigen. Der andere Pol ist die Askese, Mäßigung bis zur Enthaltsamkeit, ein Ideal, welches sich bezeichnenderweise viele Religionen verordnet haben. So ist die Mäßigung der Gegenspieler vieler Veranlagungen, die der Mensch von Natur aus mit sich bringt. Was immer auch Rousseau dazu bewogen hat zu glauben, der Mensch sei von Natur aus gut und edel, schon der Stellenwert der Mäßigung straft ihn Lügen. Die Frage aller Fragen diesbezüglich ist natürlich, wo die Mäßigung zu beginnen hat und wo sie aufhören soll. Leider sind die Antworten so verschieden, wie auch die Menschen verschieden sind. Die gute Nachricht: Mäßigung ist nicht überall angesagt, weil Mäßigung immer mit Disziplin verbunden ist, und dies ist in aller Regel eine schwer zu erreichende Tugend. Wer mag schon einen durch und durch disziplinierten Menschen, einen Menschen, der bei der Mäßigung die Disziplin außen vorlässt? Denn auch die Disziplin benötigt Mäßigung. Disziplin ist leider sehr oft notwendig, aber immer lebensfeindlich. Die Mäßigung darf sich eine temporäre Auszeit nehmen, wenn es um Kunst und Bildung geht. Um in das Wesen der Kunst einzudringen, ist es oft (wohlgemerkt nicht bei jedem) nötig, sich exzessiv mit ihr zu beschäftigen, jenseits allen Maßes, aufopfernd, ohne Rücksicht auf momentane Bedürfnisse. Aber dies ist offensichtlich die berühmte Ausnahme von der Regel, für viele jedoch verlockend genug.

Die Mäßigung zählte immerhin schon zu den vier Kardinaltugenden der Antike und somit kann man ihren Stellenwert durch die Geschichte hindurch ganz gut erahnen. Besonders wichtig erscheint die Mäßigung in Bezug auf emotionale Reaktionen, insbesondere bei der Rachsucht oder sagen wir lieber bei dem Wunsch nach Vergeltung, wenn uns Unrecht geschehen ist. Schon der bekannte Kodex „Auge um Auge" war eine Empfehlung, Mäßigkeit walten zu lassen, nämlich dem Täter keinen größeren Schaden zuzufügen, als er angerichtet hat. Jemanden für einen Diebstahl zu töten fand man offensichtlich schon zu biblischen Zeiten übertrieben. So müssen sich nicht nur Individuen mäßigen, sondern auch Familien, Gruppen, Staaten, Firmen, Konzerne und Gesetze. Maßlosigkeit führt allgemein zu berechtigter Empörung, ist meist aber gesetzeskonform und wird überhaupt nicht juristisch ins Feld geführt, da niemand sich zutraut, ein entsprechendes Maß vorzugeben, siehe die Debatte um Managergehälter und Bankenboni. Alles legal im Sinne des Gesetzes, ethisch, moralisch allerdings verwerflich und schamlos. Wir können uns empören, aber zu Recht? Wir haben eine Gesellschaft zugelassen, in der solche Menschen diese Posten bekleiden dürfen, sie sind ja nur das Ergebnis unserer eigenen Entwicklung, also sollten wir uns für sie fremdschämen. Die drängende Frage ist doch wohl, wie man es künftig verhindern kann, dass ein solch verwahrloster Typus Mensch so einen Posten besetzen darf.

Eines ist sicher: Diese Menschen werden die Mäßigung nicht mehr lernen, dafür ist es viel zu spät. Man kann versuchen, sie zu reglementieren, wie man will, sie werden alles daransetzen, einen Ausweg zu finden, um ihre Maßlosigkeit weiter ausleben zu können. Es ist Teil ihres Charakters und dass man diesen bei über 50-Jährigen noch grundlegend ändern könnte, glauben ja wohl auch die unverbesserlichsten Optimisten nicht mehr.

4. Mut

Der Mut steht zwischen der Feigheit und der Waghalsigkeit und zählte als Tapferkeit zu den antiken Kardinaltugenden. Dabei sollte man aber berücksichtigen, dass dies die Griechen vielleicht ein wenig anders beurteilten, denn sie haben schließlich fast permanent Krieg geführt, sodass der Mut insbesondere der Kampfesmut eine zentrale Rolle spielte.

Doch auch heute, in friedlicheren Zeiten, ist Mut eine unverzichtbare Tugend, denn bei jeder Veränderung sind Menschen gefragt, die vorausgehen. Aber nicht alles, was mutig aussieht, ist auch wirklich mutig, denn eine Sentenz lautet auch: „Mut beruht oft nur auf dem Mangel an Informationen." Die Fähigkeit zum Mut, eine mutige Prädisposition, ist zu einem Großteil sicher angeboren und schon bei Babys zu beobachten. Was wir bei einem erwachsenen Menschen als mutig bezeichnen, ist aber wesentlich komplizierter als der reine Kampfesmut, also die Tapferkeit.

Der große Bruder des Mutes ist das Selbstbewusstsein und die kleine Schwester ist die Besonnenheit. Der Mut selbst ist erst mal nur eine wertneutrale Eigenschaft, die zu einem Ziel eingesetzt werden kann. Von der Wahl des Zieles ist alles abhängig und diese Wahl müssen andere geistige Institutionen übernehmen.

Es gibt sehr unterschiedliche Gebiete, wo Mut zum Einsatz kommen kann. Es erfordert zum Beispiel eine Menge Mut, in einer Ansammlung von Menschen alleine aufzustehen und nein zu sagen, während alle anderen ihre Zustimmung skandieren. Noch mehr Mut erfordert aber vielleicht die Änderung einer Ansicht, weil man etwas erkannt hat und durch diese Erkenntnis quasi gezwungen wird, sein Leben zu ändern, wenn man noch in den Spiegel sehen möchte. So erfordert die Verpflichtung zur Wahrhaftigkeit permanent eine mutige Haltung sich selbst gegenüber. Das Zugeben eines Irrtums zählt zu den schwierigen Aufgaben des Lebens und die meisten Menschen sind damit vollständig überfordert. Feigheit und Angst vor der Zukunft stehen ständig in den Startlöchern.

Um zu beurteilen, ob es sich um ein mutiges Verhalten handelt, ist man oft von detaillierten Informationen abhängig, denn der Mut kann sich in allen Lebenslagen entfalten. Wenn etwa ein Chemiker zwei Flüssigkeiten zusammenschüttet, kann das extrem mutig sein, wenn er weiß, was er da tut, oder eben auch extrem naiv, wenn er es nicht weiß. Es kommt bei der Beurteilung von Mut demzufolge ausschließlich auf die Motivationslage an.

So wird es zwangsläufig immer wieder extrem mutige Menschen geben, deren Taten nie an das Tageslicht kommen, da man keine Informationen über ihre Leistungen hat. Die Eigenschaft eines wahrhaft mutigen Menschen entspricht der des wahrhaft barmherzigen Menschen: Man spricht nicht über seine Taten, zum einen, weil sie für den Mutigen gar nicht so spektakulär sind wie für den Außenstehenden, zum anderen, weil diese Taten für den Mutigen keine Besonderheit darstellen.

Über den Umweg des Selbstbewusstseins kann man in der Erziehung den Mut erheblich fördern, aber man muss sich gleichzeitig vorsehen, damit der Mut nicht zum Selbstzweck mutiert. Dann wird er zur Waghalsigkeit, Verwegenheit und zur Tollkühnheit – keine nachahmungswürdigen Verhaltensweisen und bestenfalls noch in Kriegszeiten einsetzbar.

Solange der Mut an der Leine gehalten wird, entwickelt er keine Eigendynamik, kann gut ernährt werden und ist dem Menschen ein guter Begleiter.

Mut bildet ein Depot an Sicherheit und man muss nicht ständig auf ihn zurückgreifen, man muss ihn nicht gebrauchen, aber wenn man ihn braucht, muss er in Bereitschaft sein.

5. Lernfähigkeit

Die Lernfähigkeit ist eine der wertvollsten Eigenschaften, die den Menschen im Rahmen der Evolution so erfolgreich gemacht hat. Sie hängt unmittelbar von der Intelligenz ab und ist somit bei den Menschen höchst unterschiedlich ausgebildet. Prinzipiell ist der Mensch aber bis zum Tode lernfähig (Gesundheit natürlich vorausgesetzt). Warum es sich hierzulande eingebürgert hat, nach dem Ende der Ausbildung nicht weiter erzogen werden zu wollen, und damit auch weniger

Lernbereitschaft herrscht, ist völlig unklar und kann nur mit negativen Erinnerungen an die Schulzeit zu tun haben.

Bezüglich der Tugenden heißt Lernfähigkeit, durch Einsicht in einen Sachverhalt sein Verhalten zu verändern, und eben dort zeigt sich die Wichtigkeit dieser Eigenschaft am deutlichsten. Von der Intelligenz und Lernfähigkeit hängt es primär ab, wie weit ein Mensch gebildet werden kann. Dabei muss allerdings die Intelligenz in den Dienst der Lernfähigkeit genommen werden, denn wie schon gesagt, sie ist nur ein Werkzeug, dessen Gebrauch vom Benutzer abhängig ist.

Man kann die Lernfähigkeit immer nur im Rahmen der Möglichkeiten des Individuums einsetzen und die sind, um es nochmals zu wiederholen unterschiedlich! Das Ziel, diesbezüglich alle Menschen gleich behandeln zu wollen, mag zwar edel sein, ist aber de facto für alle schädlich. Der eine ist überfordert, der andere unterfordert und somit sind alle unzufrieden – bis auf das Mittelmaß, aber das ist ja immer zufrieden. Auch hier gilt wie so oft: Gut gemeint ist das Gegenteil von gut gemacht.

Wie sieht aber heute der Umgang mit der Lernfähigkeit aus? Die Lernfähigkeit wird zu keinem Zeitpunkt des Lebens wirklich ausgelotet. Man macht nur jederzeit und allerorten irgendwelche Lernstandserhebungen und auch die noch nach zweifelhaften Kriterien. Die moderne Rhetorik bringt es sogar fertig, bei Aktienkursen von Potenzialen zu sprechen, nicht jedoch bei Menschen. Dabei ist es für ein Land wie Deutschland überlebensnotwendig, die Potenziale seiner Bürger zu nutzen, denn wir werden niemals billiger produzieren als Länder wie beispielsweise Bangladesch. Norbert Blüm sagte einmal völlig zu Recht: „Wer sich auf ein Preisdumping mit diesen Ländern einlassen möchte, muss auch die Kinderarbeit wieder einführen."

Die Chancen unseres Wachstums liegen eher auf dem Gebiet einer wohlorganisierten Gesellschaft, also auf der Seite der Qualität, nicht der Quantität. Da nutzt es überhaupt nichts, wenn man den Mitarbeiter ausquetscht wie eine Zitrone. Besser wäre es, die Leute dort einzusetzen, wo ihre Stärken sind. Dazu müsste man ihre Stärken aber auch erkennen, müsste jeder erst mal in sich selbst seine Stärken erkennen. Dies wird aber vollständig vernachlässigt, weil man ständig nur irgendwelche Nahziele im Auge hat. Der Kindergarten hat die Grundschule als nächstes Ziel, die Grundschule die weiterführende Schule, das Gymnasium die Universität, die Universität die Wirtschaft und die Wirtschaft den Gewinn, und zwar in einer Vierteljahresbilanz. Wo bleibt da der Mensch?

Wir zwängen die Menschen in ein Korsett, in das sie einfach nicht reinpassen wollen. Der Mensch wird so konditioniert, dass er zur Stapelware wird. Der Mensch als ganzheitliches Wesen muss wieder mehr in den Fokus gerückt werden. Dies sind Forderungen einer neuen Utopie.

In einem „Rückert-Lied" von Gustav Mahler heißt es: „Ich bin der Welt abhanden gekommen." Wie zeitgemäß! Mit der Lernfähigkeit steigt und fällt alles, was die Zukunft der Menschen angeht. Wir brauchen keine neuen Potenziale, wir haben sie schon, wir sehen sie nur nicht. Wir haben kein Problem mit Nachwuchs – wir haben ein Problem mit unseren Auswahlverfahren!

6. Wissbegierde

Jedes Kind hat eine Phase der uneingeschränkten Wissbegierde, in der es manche Eltern zur Verzweiflung treibt, weil fast jede Frage mit einem Warum beginnt. Es will sich die Welt erklären genau wie die Philosophen, deren Grundlage ja auch das Staunen ist.

Die Frage ist: Warum lässt diese Art des Fragens nach – manchmal bis zum völligen Ausbleiben? Diese von der Natur so wunderbar eingerichtete Verhaltensweise der Wissbegierde sollte man doch so lange wie irgend möglich aufrechterhalten. Sehr wenige Menschen schaffen dies sogar bis ins hohe Alter, aber es sind verschwindend wenige, nur sind sie überdurchschnittlich berühmt als Wissenschaftler oder Künstler. Die Wissbegierde ist die treibende Kraft und wenn sie auf ein geeignetes Umfeld stößt, kann sie Fantastisches bewirken. Liebe Eltern, gebt euren Kindern bitte Antworten, bemüht euch zumindest und sagt niemals: „Frag nicht so viel!"

Und wenn die Kinder nachlassen mit den Warum-Fragen, müsst ihr weitermachen und sie fragen, immer wieder fragen, denn Fragen bedeuten Interesse. Wer die Wissbegierde tötet, vergeht sich an der Gesellschaft! Das Wissen um die verschiedensten Dinge macht Menschen ja überhaupt erst interessant und die Gesellschaft bunt. Durch das Wissen-Wollen werden Energien freigesetzt, finden Vernetzungen und Begegnungen zwischen Menschen statt. Die Wissbegierde ist eine der stärksten Kräfte für die Entwicklung einer zivilisierten Gesellschaft.

An dieser Stelle mal ein Wort zur Bildungsdebatte unserer Gesellschaft: In der gesamten Menschheitsgeschichte war es noch niemals so einfach und billig, an Informationen zu kommen, wie heute. Das Problem ist doch: Sie werden nicht abgerufen! Es besteht offensichtlich kein Interesse an Bildung. Die Angebote, die jeder Bürger in Anspruch nehmen kann, sind in unserer Gesellschaft enorm und zum größten Teil auch noch kostenlos.

Schon allein, was das Medium Fernsehen anbietet, ist kaum zu überschauen. Telekollegs, Sprachkurse, naturwissenschaftliche Sendungen, politische Bildung, medizinische Themen, soziale Reportagen, Verbrauchermagazine etc. – alles völlig kostenlos. Aber wo kulminieren die Einschaltquoten? Das Radio bietet mindestens doppelt so viele Möglichkeiten an, meist sogar als Podcast, sodass man nicht mal zur Sendezeit dabei sein muss. Öffentliche Bibliotheken sind kostenlos, es sei denn, man will etwas ausleihen, aber das Lesen in der Bibliothek und auch in vielen Buchgeschäften ist kostenfrei. Wer über einen Internetanschluss verfügt, und das sind ja mittlerweile fast alle, hat per se schon alle Möglichkeiten.

Es liegt nicht an den fehlenden Mitteln, wie das Geschrei der Beschäftigten in der Bildung glauben machen will. Man könnte die Bildungsausgaben verzehnfachen, es würde sich unter den gegebenen Umständen nichts ändern, weil der Wert der Bildung einfach nicht vermittelt wird und bei dem desolaten moralischen Zustand der Gesellschaft wohl auch nicht vermittelt werden kann. Man muss sich damit abfinden, dass an diesem Zustand niemanden direkte Schuld trifft, sondern man wird akzeptieren müssen, dass dies ein bedauerliches Kollektivversagen ist.

Man sehe sich nur mal an, welche Strapazen Kinder und Jugendliche in sogenannten Entwicklungsländern auf sich nehmen, um überhaupt in eine Schule zu kommen. Millionen von Eltern müssen sich das Schulgeld unter unmenschlichen Bedingungen erarbeiten. Die Schüler sind oft ein Musterbeispiel an Lernbegierde, und zwar freiwillig, intrinsisch, ohne jeden Zwang. Verglichen mit unserer Gesellschaft wird man den Verdacht nicht los: Da stimmt doch irgendwas nicht. Würde man diesen wirklich benachteiligten Schülern das Geld geben, welches hier gefordert wird, sie hätten den jahrhundertelangen Rückstand in zwei Generationen aufgeholt. Unser Glück ist es im Grunde doch nur, dass es diesen Menschen so dreckig geht, sonst wären wir schon lange im Abseits oder schlicht weg vom Fenster.

Bildung fällt eben nicht vom Himmel, man muss sie wollen, man muss für sie brennen, denn Bildung ordnet das Wissen. Bildung und Wissen sind zwei verschiedene Dinge. Ein Telefonbuch auswendig zu lernen ist zweifellos eine enorme Anstrengung, aber völlig sinnlos, obwohl man danach viel Wissen hat. Ein gebildeter Mensch fängt mit so etwas gar nicht erst an. Bei der Wissbegierde geht es vornehmlich nicht um Wissensanhäufung, sondern um Bildung, also die Fähigkeit, mein jetziges und zukünftiges Wissen einzuordnen, das ist ja auch der Sinn jeder Warum-Frage. Ursache und Wirkung, dies geht weit über das Wissen hinaus.

7. Begeisterungsfähigkeit

„Manche leben mit einer solchen Routine, dass es schwerfällt zu glauben, sie lebten das erste Mal." (Stanislaw Lec)

Die Begeisterungsfähigkeit gehört auch zu den Primärtugenden, die unbedingt unterstützt werden sollten, da sie ein Energiequell ersten Ranges ist. Von etwas begeistert zu sein heißt stets auch, das Rückgrat zu haben, sich für etwas einzusetzen und sich ständig selbst zu motivieren. Ich kann mich nicht für etwas begeistern, ohne liebesfähig zu sein, wobei die Begeisterung noch eine Steigerung darstellt und in der Lage ist, durch ihren Enthusiasmus andere mitzureißen. In der Begeisterung steckt das Leben selbst, das Übermaß, der Schwung und die Vitalität. So müsste man von der Begeisterung selbst begeistert sein. Eine Sache greift Raum vom gesamten Geist, eine wunderbare Fähigkeit, die es unbedingt zu nutzen gilt.

Doch auch hier werden insbesondere Kinder immer wieder gezähmt und zur Mäßigung gemahnt. Bei erwachsenen Begeisterten hört man dagegen oft den Vorwurf der Spinnerei oder des negativ konnotierten Enthusiasten, der irgendwann sicherlich auch wieder bodenständig werden wird. Auf solche Menschen muss die Gesellschaft wie eine riesige Bremsanlage wirken.

8. Aufmerksamkeit

Die Aufmerksamkeit betrifft alle Bereiche des Lebens: Dinge, Ereignisse, Entwicklungen, Umgebung, soziales Umfeld und sich selbst. Die Aufmerksamkeit zu schärfen sollte also ein zentrales Anliegen jeder Erziehung sein. Man kann ja nur zu etwas Stellung beziehen, wenn man es überhaupt bemerkt hat. Man gehe mal mit einem einheimischen, kundigen Führer durch den Dschungel und man wird sofort merken, wie schulbar die Aufmerksamkeit ist, denn von dem, was dort vor sich geht, bekommt der ungeschulte Begleiter so gut wie nichts mit. Genau so ergeht es uns in allen Bereichen des Lebens, die außerhalb unseres Erfahrungshorizontes liegen.

Somit stellt die Aufmerksamkeit die Voraussetzung für viele spätere Betrachtungen dar und ist damit auch eine unverzichtbare Energiequelle. Aber damit nicht genug, sie dient außerdem der eigenen sozialen Entwicklung und der humanitären Entwicklung der Gesellschaft. Man kann ja auch jemandem gegenüber aufmerksam sein, indem man beispielsweise einen Wunsch oder gar eine Notlage erkennt. Darüber hinaus kann sie im äußersten Fall auch der Gefahrenabwehr dienen, denn nur die Aufmerksamkeit nimmt eine Gefahr auch als solche wahr. Somit ist die Aufmerksamkeit ein Universalwerkzeug und für jede Art von Entwicklung unentbehrlich.

Die „Aufmerksamkeit" als frühere Kopfnote im Zeugnis gibt nicht annähernd wieder, was sie zu leisten im Stande ist, in der Schule wurde allenfalls ein gewisser Wachheitszustand benotet. Objektiv war dies keineswegs, denn es gibt Menschen, die nehmen im Halbschlaf mehr wahr als andere in hellwachem Zustand, außerdem galt diese Beurteilung immer nur fachbezogen für das, was gerade unterrichtet wurde.

Hat sich der Schüler allerdings gerade intensiv mit etwas anderem geistig beschäftigt, etwas, was wohl seine Aufmerksamkeit erregt hat, so war er keineswegs unaufmerksam. Nur das Lehrsystem hat aus der Primärtugend der Aufmerksamkeit eine Sekundärtugend gemacht, indem sie Aufmerksamkeit in ein Abhängigkeitsverhältnis gezwungen hat. Man fordert die Aufmerksamkeit zur Konzentration auf eine einzige Sache auf, was ihrem Wesen jedoch widerspricht, denn die Aufmerksamkeit ist eben das Wachsein in alle erdenkbaren Richtungen, also diffus. Wer die Aufmerksamkeit derart beschneiden will und sie nur auf eine Sache ausrichten möchte, der tötet sie ab.

9. Neugierde

Die Neugierde verleiht uns die Fähigkeit, auf unbekannte Dinge zuzugehen, sich dem Unbekannten zu nähern, und bildet damit die Grundlage, unseren Horizont zu erweitern. Sie ist eine der Tugenden, die schon im Tierreich vorhanden sind, und somit wahrscheinlich uralter, archaischer Natur. Eine Gier nach dem Neuen, Unbekannten und somit ein Garant für das Leben selbst, zumindest für dessen Buntheit. Ohne Neugierde gäbe es überhaupt nichts, keinen Fortschritt, keine Wissenschaft, keine Annäherung.

Die Neugierde betrifft alle Sinnesorgane. Die Neugierde ist nur dort bedenklich, wenn sie sich mit der Intimsphäre anderer Menschen beschäftigt, also im zwischenmenschlichen Bereich. Dort gehört sie durch andere Tugenden eingeschränkt. Eine uneingeschränkte Neugier kann dort nämlich durchaus primäre Menschenrechte wie die Würde verletzen. Neugierde ist demnach nur da angebracht, wenn durch sie keinem anderen Menschen ein Schaden zugefügt wird. Sich selbst schaden kann man durch übermäßige Neugier allerdings auch. Wenn man etwa versucht, seinen eigenen Körper zu erforschen, was er bezüglich Drogen, Schlaflosigkeit, Schmerzen oder Giften etc. alles aushält. Nur in diesen Fällen sollten Eltern ihren Kindern sagen: „Sei doch nicht so neugierig." In allen anderen Fällen ist die Neugierde unbedingt zu fördern.

Die Neugierde ist ein unverzichtbarer Bestandteil des Lebens, die aber ihre Räume zugewiesen bekommen muss, wo sie sich ungebremst austoben kann. Trotz dieser Abhängigkeitsverhältnisse ist die Neugier aufgrund ihrer ungeheuren Macht und Stärke als eine Primärtugend zu bezeichnen.

10. Würde

Die Würde des Menschen steht im Grundgesetz an erster Stelle, obwohl die Begriffsbestimmung dessen, was Würde überhaupt sein soll, äußerst schwierig erscheint. Die Würde ist eine Tugend, die fast ausschließlich durch ihre Verletzungen beschrieben wird, ähnlich der Gesundheit. Außerdem ist sie abhängig von der jeweiligen ethnischen Kultur und noch abhängiger ist sie von der persönlichen Definition des Einzelnen. Es ist wie bei der Beleidigung, denn was schließlich als Beleidigung aufgefasst wird, liegt im Auge des Beleidigten. Man hat zwar versucht, die Grundelemente der Würde zu erfassen – als Recht auf körperliche Unversehrtheit, Meinungsäußerung, Religionsfreiheit, Nicht-Diskriminierung, Freiheit etc. –, aber ein ganzes Bild dessen, was man sich unter Würde vorzustellen hat, wird es wohl nie geben.

Fühlt sich ein Mensch allerdings subjektiv in seiner Würde beschädigt, kann man sicher sein, dass er darauf auch heftig reagieren wird, nach außen, auf den, der für die Verletzung verantwortlich ist, oft aber auch nach innen, bis hin zum Suizid (z. B. Vergewaltigungsopfer).

Der Begriff Würde ist ähnlich diffus wie der Begriff „Seele" und trotzdem in aller Munde. Man weiß schon in etwa, was damit gemeint ist. Die Kinder der Würde heißen Stolz und Ehre. Daran kann man schon ermessen, auf welchem Minenfeld man sich befindet. Sogenannte würdelose Menschen erzeugen geradezu Abscheu, Unverständnis und Ekel. Dazu zählen klassischerweise Wendehälse, Opportunisten, Schleimer und hemmungslos geldgierige Menschen, die für Geld alles tun. Man könnte diesen Kreis noch erheblich erweitern.

Der Umgang mit der eigenen Würde zählt mit zu den schwierigsten Erziehungsaufgaben überhaupt. Bedenkt man allein, wie zu reagieren wäre, sollte die Würde verletzt werden. Es ist ja wenig sinnvoll, immer sofort mit maximaler Intensität zu reagieren. Soll man darüber mit seinem Kontrahenten sprechen, um am Ende noch mehr Angriffsflächen zu bieten? Sollte ich es schweigend übergehen, auch auf die Gefahr hin, dass es dann immer wieder passieren kann? Alles ist vom Einzelfall abhängig. Was soll man tun, wenn eine Institution oder der Staat selbst meine Würde verletzt? Man denke dabei nur an Hilfsbedürftige oder Behinderte. Vielleicht wäre es sogar sinnvoll, die Verletzung der Würde bzw. die Reaktion regelrecht zu trainieren, damit man im Ernstfall angemessen darauf reagieren kann.

Es gibt wohl keinen Menschen, dessen Würde im Verlauf seines Lebens nicht schon einmal verletzt wurde, und daraus entsteht oft ein regelrechtes Trauma, welches ein ganzes Leben nachwirken kann.

11. Genussfähigkeit

Die Genussfähigkeit ist auf den ersten Blick eine sehr untergeordnete Tugend. Dennoch: Das Vermögen, die Belohnungszentren im Gehirn anzusprechen, um einmal in der Sprache der Biologie zu sprechen, erscheinen für ein ausgeglichenes Leben unabdingbar.

Wozu all die Arbeit, das Nachdenken und die Muße, wenn man nicht in der Lage ist zu genießen?

Damit ist allerdings nicht der hedonistische Genuss gemeint, der alles andere verdrängen möchte und eine klar auf das Ego zielende Richtung darstellt. Der hier gemeinte Genuss ist eher ein Ausgleich, eine Tankstelle, eine Entlohnung. Man sollte ihn allerdings nie ohne seine Schwester, die Mäßigung, vor die Tür lassen, denn alleine gelassen wird er schnell bei Herrn Epikur Unterschlupf suchen.

Bei all den Verpflichtungen, die gesellschaftlichen Regeln einzuhalten, den oft sehr mühsamen Alltagsplagen und individuellen Schwierigkeiten bildet der Genuss den ersehnten Ruhepunkt. Seine schönste Erscheinungsform ist der Genuss ohne schlechtes Gewissen und Reue. Die Genussfähigkeit ist die Fähigkeit, den Genuss bewusst anzunehmen, ohne Fluchthintergrund. Einzutauchen in einen „flow", der die Zeit vergessen macht, sich in eine Tätigkeit fallen zu lassen und für eine Zeit die Welt zu vergessen. Sie verschwindet ja dadurch nicht und wird sich mit Sicherheit beizeiten wieder in Erinnerung bringen.

Die Zielobjekte des Genusses sollen hier nicht erörtert werden, da sie für die Genussfähigkeit keine Rolle spielen. Auch die Arbeit kann Zielobjekt des Genusses sein, somit wäre ein „Workaholic" ein ausgeprägter Hedonist. Man bedenke nur, welch traurige Erscheinung ein Mensch darstellt, der niemals in der Lage ist, etwas zu genießen. Verbitterte, enttäuschte, zerknitterte, zerknirschte, ausgemergelte und zermürbte Menschen sind oft genau deshalb so, weil sie nicht oder nicht mehr in der Lage sind zu genießen. Im Extremfall kann das so weit gehen, dass man die Genussfähigkeit in die zwischenmenschlichen Tugenden transferiert und sich nur noch am Unglück der anderen hochzieht. Wer bei sich Neid, Missgunst und Schadenfreude diagnostiziert, befindet sich schon auf einem guten Weg dorthin. Menschen, für die Genuss darin besteht, anderen Menschen absichtlich Schaden zuzufügen, sind diesbezüglich schon in einem Paralleluniversum, sie haben die Genussfähigkeit pervertiert.

Der Genuss ist ein Streicheln der Seele, eine Zärtlichkeit zu sich selbst, während der Hedonismus einer Permanentmasturbation gleichkommt. Im Genuss öffne ich alle Pforten und

Schleusen, um den Gegenstand des Genusses ungehindert zu meiner Seele vordringen zu lassen. Für solche Zärtlichkeiten erweist sich die Seele als sehr dankbare Adresse. Ohne den Genuss muss sich die Seele andere Nahrungsquellen erschließen und kommt unter Umständen dem Hungertod nahe. So gesehen ist die Genussfähigkeit vielleicht doch nicht so untergeordnet, sondern der große Gleichrichter des Seelenhaushaltes. Alles, was das Wohlergehen der Seele betrifft, kann nicht unwichtig sein.

Seele und Psyche sind in diesem Fall gleichzustellen, da beide nur vage Annäherungsbegriffe sind wie etwa die Gesundheit.

12. Kreativität

Von keiner anderen Eigenschaft wird die Zukunft der Menschen mehr abhängen als von der Kreativität. Man wird diese Menschen suchen wie die Nadel im Heuhaufen, denn in schwierigen Situationen sind stets kreative Lösungen erforderlich. Zur Beendigung des zweiten Weltkrieges war es seinerzeit unbedingt nötig, die Funksprüche der Deutschen zu entschlüsseln, die diese mit der Verschlüsselungsmaschine Enigma codiert hatten. Dies ist damals den besten Mitarbeitern der Geheimdienste und des Militärs nicht gelungen. Also hat man nach Kryptologen in der ganzen Welt gesucht, hohe Belohnungen ausgesetzt und die besten Arbeitsbedingungen geboten.

Damals stellte man sich die bange Frage: Gibt es solche Menschen überhaupt und wo findet man Kryptologen? Man fand sie und hatte Glück: Einem englischen Team (um Alan Turing) und einem polnischen Kryptologen (Marian Rejewski) gelang es, den Code zu knacken. Der Krieg wurde gewonnen.

Wenn herkömmliche Systeme versagen, dann schlägt die Stunde der Kreativen.

Kreativität findet nicht nur in der Kunst statt, sondern heute vor allem in der IT-Branche. Das Schreckgespenst aller Kreativen ist der Zwang. Kreativität kann man nicht erzwingen, sie ist eine launische Ziege, ein störrischer Esel und ein Schmetterling zugleich.

Die Industrie bietet heute den Kreativkräften traumhafte Arbeitsbedingungen – eben aus dem Wissen heraus, dass Zwänge auf diesem Gebiet keinerlei Wirkung haben, sondern nur Hemmungen erzeugen. Das kreative Moment lässt sich nur durch günstige Bedingungen locken – durch das Bereitstellen des besten Humus in völlig entspannter Atmosphäre. Aber es gibt niemals eine Garantie auf den Erfolg. Die Kreativität ist kapriziös. Man sollte eher dankbar sein, dass es doch hin und wieder vorkommt und die Ergebnisse manchmal derart sensationell sind, dass die ganze Welt in Staunen versetzt wird. Alle fragen sich: Wie kommt man darauf, wie kann einem Menschen so etwas einfallen? Das ist eben das Faszinierende an der Kreativität, sie hat manchmal eine Wirkung, die einem Wunder nahekommt.

Offensichtlich ist das menschliche Gehirn bereit für solche Bocksprünge, nur werden sie meist gar nicht zugelassen. Glücklicherweise gibt es aber immer wieder Menschen, die sich nicht vorschreiben lassen, wie sie zu denken haben, die ihre Gedanken und Fantasien ergebnisoffen auf Reisen schicken. Der Spießbürger hasst solche Menschen, er will Ergebnisse, er braucht das Ursache-Wirkungsprinzip, und zwar eins zu eins.

Wahrscheinlich existiert noch ein Riesenpotenzial an Kreativität in der Gesellschaft, wenn wir es nur öfter zulassen würden und nicht schon im Keim erstickten.

Eine gute Pädagogik sollte schnell herausfinden, welche Köpfe diesbezüglich geeignet sind, denn die Kreativität hat natürlich nicht jeder im gleichen Maße in sich, sie ist angeboren, man kann sie nicht erlernen. Aber fördern und die Atmosphäre schaffen, das könnte man. Menschen sind unterschiedlich, ob einem das passt oder nicht.

Kreativität ist die Fähigkeit, völlig Neues zu erschaffen, manchmal aus dem Nichts, manchmal nur durch eine einzige neue Kombination. Querdenken durch alle Disziplinen, unerwartete Verwandtschaften entdecken, Zusammenhänge herstellen, Kombinationsgabe. Es ist ein Geflecht, das sich einer genauen Definition entzieht, aber Definitionen brauchen ja auch nur unkreative Menschen.

Die Kreativität hat viele Geschwister, die sozusagen im Familienverband mitwirken und ohne die sie auch nur schlecht zurechtkäme. Aber kein einziges dieser Geschwister bildet die unmittelbare Voraussetzung für die Existenz der Kreativität, das macht die Angelegenheit ja so einzigartig. Fantasie, Intelligenz, Hartnäckigkeit, Beharrlichkeit, Wissensdurst, Neugierde, Faulheit, Fleiß, Disziplin, Muße – alle arbeiten der Kreativität zu, aber von keiner einzigen ist sie abhängig. Man könnte sagen, dass der Kreative einen Instinkt dafür hat, wo er suchen muss, und damit hat es auch etwas Mystisches.

Als Tugend im Sinne von „taugen" beansprucht die Kreativität eine Spitzenposition, die aber nicht jedem zugänglich ist.

Bezogen auf unsere Realität braucht man nur eine Frage zu stellen: Leben wir unter Bedingungen, die der Kreativität zuträglich sind? Ich glaube, die Antwort erübrigt sich!

13. Demut

Demut ist die Anerkennung des mir Höherstehenden aus freiem Willem. Die Freiwilligkeit spielt bei dieser Tugend die zentrale Rolle. Das Zielobjekt der Demut kann hingegen fast alles sein, es geht nur um das subjektive Gefühl des mir Unerreichbaren oder mir Überlegenen. Man kann einem realen Menschen gegenüber demütig sein wie gegenüber der Natur, einer Idee, einem System und besonders gerne genommen: Gott. In diesem Zusammenhang taucht auch der Urahn der Demut öfter auf: die Ehrfurcht.

Demut ist ein sehr intimer, innerster Prozess. Demütige Anerkennung ist völlig frei von Neid und Missgunst, somit ist die Demut eine völlig unbefleckte Tugend. Demut ist der große Gegenspieler der Arroganz. Frage einen arroganten oder narzisstischen Menschen nach seinen Objekten der Demut und du wirst weitgehendes Schweigen erhalten, wenn er diesen Begriff überhaupt noch in seinem Wortschatz beherbergt.

Demut hat nichts mit hündischer Unterwerfung zu tun, das ist nur gespielte Demut und eine besonders traurige Erscheinung.

Für unser Thema könnte man sagen: Der Staat sollte demütig gegenüber seiner Utopie sein, er wird sie nicht erreichen und sie steht weit über ihm. „Wo du nicht Herr sein kannst, da sei Diener." (Nietzsche)

Demut erzeugt eine ganze Schar freiwilliger Diener, unentgeltliche Arbeiter, der Traum eines Sozialwesens.

Demut stellt den Menschen auf den Platz, der ihm gebührt. Das Wichtigste bei der Demut ist jedoch die unbedingte Wahrhaftigkeit und so mag es wohl auch Menschen geben, die zur Demut gar nicht in der Lage sind. Einem Menschen, der nicht demütig sein kann, sollte man niemals trauen!

Man muss den Mut haben, den Begriff der Demut aus seinem religiösen Umfeld zu lösen, er ist zu wichtig, um in dieser Nische zu verkommen, um ein freudloses Dasein zu fristen.

Nietzsche war schon sehr vorsichtig in seiner Formulierung, denn er sagt, „wo" du nicht Herr sein kannst und nicht „wenn". Das Ideal ist eben das Schaffen „und" das Dienen, da ist kein Platz für ein „oder".

14. Humor

„Es ist schrecklich in einem Land zu leben in dem es keinen Humor gibt, aber es ist noch schrecklicher in einem Land zu leben, in dem man Humor braucht." (Berthold Brecht)

Humor kann ein wunderbares gesellschaftliches Regulativ sein. Er ist der Seismograph der Freiheit. Der wahre Humor ist immer auch geistreich, sonst sind es nur Possen und Quatsch, Clownerien, Slapstick oder Comedy.

Alle Diktatoren der Welt zittern im Grunde vor dem Humor ihrer Untertanen, denn dort lauern die Kräfte, die zum Umsturz führen können. „Diktatur ist die Angst Aller vor Einem und die Angst von Einem vor allen." (Alberto Moravia)

Dass der Mensch die Fähigkeit hat, trotz prekärer Situationen die Komik zu entdecken, macht ihn unberechenbar, er befreit sich schlagartig durch das Lachen. Diktatoren hassen diese Fähigkeit. Sie senden Boten aus, um zu erfahren, ob im Volk Witze über sie gemacht werden, um dann den Humor im Keim zu ersticken. Der Humor wird als Zersetzung gebrandmarkt. Diese Boten werden wahrscheinlich zu einem nicht geringen Teil das, was sie gehört haben, dem Diktator gar nicht mitteilen, da sie befürchten, bei der Wiedergabe eines Witzes selbst einen Lachanfall zu bekommen und irgendwo zu verschwinden.

Humor ist immer etwas Kreatives, die Ausnahme von normalen Denkvorgängen, die Lust am Spiel des Geistes.

Schiller war der Ansicht, der Mensch sei nur dort wirklich
Mensch, wo er spielt. So könnte man auch sagen, wenn der
Geist mit sich selbst spielt, läuft er zur Hochform auf. Wenn
bei diesem Spiel Humor entsteht, so ist das eine großartige
kulturelle Leistung und die kann sogar bis zur Selbstironie
führen. Eine der großartigsten kulturellen Errungenschaften:
über sich selbst lachen zu können. Für eine gesunde Gesellschaft unbedingt eine Bereicherung, eine extrem menschliche
Eigenheit. Das Lachen gilt zudem medizinisch als Gesund-
brunnen. In Indien gibt es sogar Gruppen, die sich täglich
morgens zum Lachen treffen, einfach so, ohne dass jemand
Witze erzählt.

In Künstlerkreisen weiß man allerdings genau, dass es zu
den schwierigsten Disziplinen gehört, witzig zu sein, ähnlich
schwierig ist es, einfach und schlicht zu wirken. Überdurchschnittlich oft sind Menschen, die für ihren Humor berühmt
sind, privat sehr still, bisweilen sogar depressiv. Leichtigkeit
ist eine schwere Angelegenheit.

Humor streicht die Welt in bunten Farben an, er entsteht unvermittelt in völlig unvermuteten Situationen. Man muss jederzeit mit ihm rechnen.

Es ist nur schwer vorstellbar, dass zwei Menschen zusammenleben können, die bezüglich des Humors völlig unterschiedliche Auffassungen haben. Der Humor ist die Würze,
die dem Leben den bisweilen faden Geschmack nimmt.

Eine gesunde Gesellschaft muss Humor aushalten können,
das politische Kabarett, den schwarzen Humor, den Sarkas-
mus, den Zynismus. Es muss ihn ja nicht jeder lieben, aber
aushalten muss man ihn können. Der Fanatiker ist humorlos,

er fasst Humor als Beleidigung auf. Wenn es um das Objekt seines Fanatismus geht, hört man stereotyp: „Darüber macht man keine Witze."

Schon Goethe sagte, dass man einen Menschen am besten kennenlernen kann, wenn man darauf achtet, worüber er lacht und was er lächerlich findet.

Humor ist oft der Notausgang für die Seele, die Befreiung, ein Steinbruch der Aggressionen.

Der Humor ist unter den Tugenden einzigartig, denn so wichtig er sein kann, nötig ist er nicht! Er ist sozusagen eine freiwillige Spende der Natur.

Aber bitte – eine humorlose Gesellschaft, das ist doch eine grauenhafte Vorstellung, das ist so gemütlich wie eine lichtlose, unmöblierte, betonierte Einzelzelle. Es muss doch schon per se ein krankes Gehirn sein, welches den Humor verbieten will, das ist der spätmöglichste Zeitpunkt, um misstrauisch zu werden.

Die Utopie der Gesellschaft wird sich vor allem daran zu messen haben, wie sie mit Humor umgeht. Humor ist der Gradmesser, die Moralapostel in ihre Schranken zu weisen. Humor bestimmt den Zeitplan der Umformung einer Gesellschaft, denn eine Veränderung ist erst dann verinnerlicht, wenn sie den Angriffen des Humors standhält. Man kann sagen, dass der Humor die Endkontrolle im Herstellungsprozess des Produktes Utopie übernimmt.

Humor ist der Schutzschild vor Fanatikern, der Gradmesser der Freiheit, das Trüffelschwein der Tabus und der Drogenhund für Scheinheiligkeiten.

15. Wahrhaftigkeit

Wahrhaftigkeit ist das innere Pflichtgefühl gegen seine eigenen Anschauungen, sie ist damit eine Art Treue zu sich selbst.

Die Wahrhaftigkeit ist ein sehr unbeliebter und seltener Begriff im Alltag geworden, viele Menschen haben große Schwierigkeiten, sich überhaupt etwas dabei vorzustellen. Das könnte den Rückschluss zulassen, dass es nicht nur um das Wort schlecht bestellt ist. Die Pflichtverletzung des Respekts vor dem eigenen Sein ist offenbar so peinlich, dass man lieber gar nicht darüber redet.

Die hohe Kunst, sich selbst zu belügen, und die Scheinheiligkeit stehen der Wahrhaftigkeit wie unbezwingbare Gegner stets gegenüber. Da der Begriff der Wahrheit nicht gut fassbar ist, wird gleich die ganze Familie in Sippenhaft genommen und für konturenlos erklärt. Man darf aber nicht vergessen, dass mit dem Verlust der Wahrhaftigkeit über kurz oder lang auch die Selbstachtung mitgerissen wird, und ohne den Türsteher Selbstachtung werden sehr unliebsame Gäste Einzug halten. Der Weg zum Opportunisten, Wendehals, Schleimer und Kriecher wird plötzlich überschaubar kurz.

Man darf sich nicht täuschen lassen, nur weil der Verstand für jede miese Handlung eine Erklärung und Begründung hervorzaubert. Der Verlust der Selbstachtung und Wahrhaftigkeit ist ein brutaler Gewaltakt gegen die Seele.

Die Wahrhaftigkeit sorgt dafür, dass wir die Spiegel nicht aus unseren Wohnungen entfernen müssen. Durch den Filter der Wahrhaftigkeit entstehen Sätze wie: „Lieber sterbe ich, als dies zu tun!" Daran kann man ermessen, welche Kräfte diese Tugend entfalten kann, sie reichen tatsächlich bis zur physischen Selbstvernichtung.

Der polnische Priester, der mit seiner Schulklasse gemeinsam ins KZ ging, ist einer der Protagonisten für heldenhaftes Verhalten, welches durch die Wahrhaftigkeit entstehen kann. Es sind Menschen, die sich auch angesichts des Todes eher für den sauberen als für den späteren Weg entscheiden.

Die Wahrhaftigkeit ist der Staub- und Schmutzfilter der Seele. Es ist allgemein bekannt, dass das Hygieneempfinden der Menschen höchst unterschiedlich ausgeprägt ist. Das trifft auch für die Seele zu. Wird die Hygiene stark vernachlässigt, muss man mit Seuchen rechnen. Philosophisch trainierte Augen können die Epidemien in unserer Gesellschaft schon lange beobachten und da sie wissen, wo die Seuche herkommt, kennen sie auch die Gegenmittel. Das Problem dabei ist nur, dass der Patient sich noch nicht krank fühlt und die Einnahme des Medikaments verweigert. Die Verweigerung, die Krankheit anzuerkennen, gehört zum Krankheitsbild.

Allerdings verhält es sich mit der Wahrhaftigkeit ein wenig so wie mit der Ehrlichkeit: Das Unbedingte ist manchmal schädlicher als ein kleiner Kompromiss. Der Kompromiss soll aber die Ausnahme bleiben und nicht die Sache an sich infrage stellen. Man sollte sich schon darum bemühen, linientreu zu bleiben, auch gegen Widerstände und unter Mühen. Im Einzelfall bleibt es jedoch ein Abwägen.

Zur Linientreue gehört selbstverständlich auch die Veränderung, sie ist keinesfalls ein starres System, eben wie das Leben selbst permanente Anpassung bedeutet. Wenn eine Gewohnheit nicht mehr praktikabel erscheint, gebietet die Wahrhaftigkeit nicht das Verharren, sondern die Änderung.

16. Freiheitsempfinden

Die Frage nach der Freiheit können freie Menschen schwerer beantworten als Menschen unter Diktaturen oder sonstigen Zwängen. Die Freiheit ist ein inflationär beliebtes Argument für allerlei Unsinn. Ein Mensch, der glaubt, das ganze Heil läge in der Freiheit, irrt gewaltig. Uneingeschränkte Freiheit gibt es nicht und darf es auch nicht geben. Die eigene Freiheit endet nämlich immer an der Grenze, an der die Freiheit des anderen beginnt. Das ist schon ein Teil des kategorischen Imperativs von Kant und somit humanistisches Grundkapital. Innerhalb dieser natürlichen Grenzen sollte die Freiheit jedoch so weit wie möglich gehen.

Das Freiheitsempfinden ist als Bewusstsein für die eigene Freiheit zu interpretieren, welches Grenzen eben mit einschließt. Dieses Bewusstsein soll auch die Fähigkeit und die Vorstellungskraft für das Fehlen von Freiheiten trainieren.

„Der glückliche Sklave ist der erbittertste Gegner der Freiheit." (Marie von Ebner-Eschenbach)

Die Tücke des Objekts Freiheit ist, dass sich die Freiheit meist erst durch ihren Verlust bemerkbar macht. Ähnlich dem Gesundheitsbegriff. Solange ich nicht krank bin, wird der Gesundheit kaum Bedeutung beigemessen. Der sorglose Umgang mit der Freiheit führt aber direkt in die Unfreiheit.

Freiheit bedeutet, die Wahl zu haben und gleichzeitig auch wählen zu müssen. Das kann unbequem sein, ist aber unverzichtbarer Bestandteil der Freiheit. Was die Qual der Wahl bedeuten kann, ist bei der Entwicklung technischer Geräte besonders deutlich geworden. Man möchte zwar alle Funktionen haben, ist aber oft völlig überfordert, wenn das Programm ständig fragt, was man will, insbesondere dann, wenn man noch nicht einmal die Frage versteht. An diesem Punkt fängt man an, die Freiheit zu verfluchen. Freiheit bedeutet immer auch Arbeit, Freiheit ist nichts für bequeme Menschen.

Im Vergleich zu der Freiheit, sein Leben zu gestalten, sind die Anforderungen technischer Geräte jedoch noch sehr überschaubar. Mit Freiheit umzugehen ist schwierig und nicht jeder ist im gleichen Maße dafür geeignet.

Das Freiheitsempfinden ist eine Tugend, die dafür sorgt, Segnungen zu spüren, deren Anwesenheit wir meist gar nicht registrieren, eine Witterung für die Gefahren des Freiheitsverlustes. Die Genussfähigkeit für einen Gegenstand, der nicht unmittelbar greifbar ist, die Achtung eines Wertes, der sich erst im Verlust bemerkbar macht. Dazu zählt aber auch die Verarbeitung des Freiheitsverlustes, wenn dieser einer höheren Sache dient wie etwa dem kategorischen Imperativ. Um allen mehr Freiheit zu gewähren, muss ich meine eigene Freiheit etwas einschränken, darf diese Einschränkung jedoch nicht als Verlust bilanzieren, sondern als Gewinn für alle. So wird mit der Akzeptanz jeder moralischen Forderung die Freiheit in Mitleidenschaft gezogen.

So entspricht der Ruf nach uneingeschränkter Freiheit der Ablehnung jeglicher Änderung im moralischen Verhalten. Es ist eben keine Freiheit, wenn jeder machen kann, was er möchte, denn diese Einstellung führt langfristig zur totalen Unfreiheit.

17. Besonnenheit

Die Besonnenheit ist eine Tugend, die ständig neu angemahnt werden muss. Sie ist das Bremssystem der Affekte.

Je temperamentvoller der Charakter, umso mehr bedarf er der Besonnenheit. Besonnenheit bildet die Ordnungsinstanz impulsiver Gefühlsregungen. Ihre Aufgabe ist es, die Angemessenheit herzustellen, damit der Mensch sich nicht selbst Schaden zufügt.

Der absolut notwendige Partner der Besonnenheit ist die Zeit. Die Besonnenheit mahnt zu verzögernder Reaktion und trägt zur Abkühlung einer hitzigen Situation bei.

Der Affekt strebt zur sofortigen Umsetzung in eine Tat. Deshalb werden die Mahner zur Besonnenheit oft als Störenfriede wahrgenommen und man bedankt sich oft erst sehr viel später für ihren Einsatz. Die Besonnenheit sorgt dafür, dass man nicht nur an den nächsten Schritt denkt, sondern auch an die Folgen dieses Schrittes. Somit hat sie eine zentrale Aufgabe zur Bewahrung des Friedens und dem reibungslosen Ablauf gesellschaftlicher Prozesse.

Unter den Tugenden hat sie den schwersten Stand, da sie keiner richtig leiden kann, obwohl später alle froh sind, dass sie da war. Sie wirkt bei fast allen Tugenden zuerst als Bremse, wer aber fühlt sich schon gerne ausgebremst. Die Besonnenheit ist jedoch die Ordnungsmacht und die macht sich selten beliebt.

Weise Menschen werden oft als besonders besonnene Menschen beschrieben. Sie sind es, die der Besonnenheit freundschaftlich gegenüberstehen, da sie im Umgang mit den Tugenden besonders geübt sind.

Besonnenheit ist ein wertvoller zivilisatorischer Gewinn, der letztlich auch zu der Idee der Gewaltenteilung geführt hat. Man traute dem Menschen nicht zu, das Recht in die eigene Hand nehmen zu können, da er als Opfer von seinen Affekten nicht loskommt und damit zu viele neue Opfer erzeugt – ein Teufelskreis. Die Angemessenheit einer Reaktion zählt nicht zu den Stärken eines Affektes. Gerade die Besonnenheit ist die große Stärke des Menschen, um ihn vor groben Fehlern seiner Entscheidungen zu schützen. Die Besonnenheit ist ein Langweiler, der Gegenspieler des impulsiven, farbigen Lebens, ein unbeliebter Begleiter, der einem bei jeder Tätigkeit als Aufpasser an die Seite gestellt wird. Wer ist schon gerne ständig in einer solchen Begleitung unterwegs? Ihren Lohn bekommt die Besonnenheit immer nur für die übernächste Tat, da es ihre Aufgabe ist, die nächste Tat zu verhindern. Meist jedoch geht sie völlig ohne Lohn aus, da man nie feststellen kann, was passiert wäre, wenn sie nicht da gewesen wäre. Sie muss sich zusätzlich noch allerlei Diffamierungen gefallen lassen, weil der Konjunktiv Kaffeesatzleserei ist. Die unsinnigste aller Fragen: „Was wäre, wenn dies und das gewesen wäre?" Damit kann die Besonnenheit überhaupt nichts anfangen, da sie sich ausschließlich mit der Zukunft beschäftigt. Sie kann nur Fragen im Konjunktiv des Futurs stellen.

Es ist die Besonnenheit, die gemahnt, einer Utopie in einem angemessenen Zeitrahmen zum Durchbruch zu verhelfen. Der große Fehler aller guten Gedanken war stets, dass sie mit einer großen Ungeduld umgesetzt werden wollten. Der Mensch war überfordert und hat dann die ganze Idee als undurchführbar abgelehnt. Es ist eine der grundsätzlichen Schwächen des Menschen, dass er die Ergebnisse seiner Arbeit sofort sehen möchte und damit viele gute Entwicklungen verhindert.

Nur die Besonnenheit kann helfen, dafür zu sorgen, generationenübergreifend zu denken und zu handeln, langfristig, sehr langfristig …

Ein wichtiges Erziehungsziel ist es deshalb, die Besonnenheit zu fördern, denn sie ist erlernbar, wie jeder aus seiner eigenen Biografie weiß. Man muss sie nicht lieben, die Besonnenheit ist genügsam. Ihr reicht es aus, geachtet zu werden, ihre Notwendigkeit steht sowieso außer Frage.

18. Glücksempfinden

Die Verfassung der USA räumt ihren Bürgern das Recht auf Glück ein. Würden sie etwas für die Sensibilisierung des Glücksempfindens tun, könnten sie sich diesen Artikel sparen, da jeder, der unter so guten Voraussetzungen geboren wird, per se schon Glück hat.

Zur rechten Zeit am rechten Ort geboren zu sein – mehr Glück kann ein Mensch kaum haben. Dieses Glück wird auf Reisen immer wieder deutlich sichtbar. Sonderbarerweise ist dieses Glück aber in der Mimik der Menschen fast nirgendwo erkennbar, denn gerade in Entwicklungsländern sieht man oft die glücklicheren Menschen. Wie kann das sein? Offenbar ist es so, dass für Menschen, die ein Glück nur in Ausnahmesituationen erleben, die Sensibilität am ausgeprägtesten ist. Da genügen oft winzige Kleinigkeiten, um Menschen wahrlich zu erfreuen. Hierzulande müssen da offensichtlich stärkere Kaliber aufgefahren werden, da muss es mindestens ein Lottogewinn sein und der hält auch nicht lange vor.

Dabei könnte uns unser Glücksempfinden vor vielen Unsinnigkeiten und Begehrlichkeiten bewahren. Das Glücksempfinden ist allerdings ein Todfeind der Industriegesellschaft, die nur die Begehrlichkeit unterstützt. Ein Mensch, der der Meinung ist, alles zu haben, um glücklich zu sein, ist in unserer wirtschaftsorientierten Gesellschaft wertlos, weil er keine Begehrlichkeiten mehr hat.

Mit etwas Abstand betrachtet ist dies eine völlig pervertierte Einstellung. Ein ausgeprägtes Glücksempfinden könnte das Leben so viel einfacher gestalten, so vieles vom angeblich ach so Wichtigen zur Banalität herunter deklinieren, die Ressourcen schonen und die Mitmenschlichkeit fördern. Ein glücklicher Mensch kennt keinen Neid – worauf denn auch? In unserer Gesellschaft dient der Glücksbegriff nur noch dem Marketing und erzeugt genau dadurch Unglück. Natürlich ist das Glück individuell höchst verschieden und entzieht sich vollkommen einer Definition, aber dennoch kann jeder etwas mit diesem Begriff anfangen und dies genügt auch.

Manche Menschen, die aus armen Weltgegenden in unser Land kommen und die Leute hier beobachten, können die Welt nicht mehr verstehen und sie halten uns für verrückt. Man muss befürchten: Sie haben Recht. Wir sind im wahrsten Sinne des Wortes ver-rückt. Wir sind ver-rückt, weil wir den Positionswechsel vom Anerkennen dessen, was wir haben, zur Begehrlichkeit dessen, was wir noch nicht haben, vollzogen haben. Ein Außenstehender erkennt das sofort, wir hingegen sind betriebsblind.

An diesem Zustand kann eigentlich nur das Glücksempfinden etwas Grundlegendes verändern. Von der Quantität zur Qualität. Wenn wir es nicht schaffen, glücklich zu sein, wem soll es denn dann gelingen? Wenn es zum Glück nicht ganz reicht, könnte man es erst mal mit Zufriedenheit probieren.

Das Problem des Menschen mit dem Glück ist, dass er es unbedingt konservieren möchte, er akzeptiert es nicht als flüchtiges Element. Das sorgt natürlich für Enttäuschungen.

Die Religionen haben dies erkannt und schlauerweise das wahre Glück ins Jenseits verlegt und dort fixiert. Mit diesem Versprechen wurden Millionen geködert. Das Glück auf Erden ist da schon weniger gut zu händeln.

Glücksempfinden ist keine Naturbegabung, sondern ein Erziehungsprozess. Es setzt ein gehöriges Maß an Wissen und

Erfahrung voraus. Zu wissen, was man hat, impliziert die Fantasie des Verlustes dieser Schätze. Nicht verhungern zu müssen wäre für Millionen von Menschen schon ein Glück. Sich jedoch an einen gedeckten Tisch zu setzen und sich beim Essen seines Glückes bewusst zu sein ist eine abstrakte Angelegenheit und nicht immer abrufbar, leider. Zugang zu Bildung jeder Art zu haben, Infrastruktur nutzen zu können, unter hygienisch annehmbaren Verhältnissen zu leben, körperlich nicht ausgebeutet zu sein – all dies ist doch im Grunde genommen unsagbares Glück, man muss es nur als solches empfinden können. Die Umstände, in denen die Menschen heute in Deutschland leben, sind nachweislich so gut, wie sie es noch niemals in der Menschheitsgeschichte waren, schon weil wir seit zwei Generationen keinen Krieg mehr hatten. Im Frieden zu leben müsste allein schon ausreichen, jeden Morgen auf die Straße zu rennen, um zu tanzen. Dies sähe zwar etwas merkwürdig aus, wäre aber ein deutliches Indiz dafür, dass die Menschen ein ausgeprägtes Glück empfinden.

Aber was sehen wir tagtäglich in den Fußgängerzonen, in den Büros, überall, wo wir Menschen begegnen? Da sieht es in den Gesichtern eher so aus, als wäre gerade ein Krieg ausgebrochen.

Es geht selbstverständlich nicht darum, sämtliche Probleme wegzulächeln, aber man sollte der Seele ab und an eine Kur angedeihen lassen, um auch die Errungenschaften und Fortschritte zu ihrem Recht kommen zu lassen. Das Glücksempfinden hindert die Probleme nicht daran, trotzdem vorhanden zu sein, aber es hindert sie daran, permanent in der ersten Reihe zu sitzen.

Nur wenn ich das Gute auch als gut erkenne, bin ich bereit, dafür einzustehen. Das Glücksempfinden hilft uns dabei, das Gute und Erhaltenswerte aufzuspüren. Bezüglich unserer Errungenschaften haben wir offensichtlich ein Erkenntnisproblem. Anders lässt es sich einfach nicht erklären, warum manche Menschen sogar den fundamentalen Wert unserer Demokratie infrage stellen. Man muss sich doch fragen: Was wollen die eigentlich stattdessen? Eine Diktatur? Das ist doch kompletter Wahnsinn, wie kann der menschliche Geist derart verwahrlosen? Die harmloseste Unterstellung, die man diesen Leuten machen kann, ist ihre schlichte Dummheit, sie wissen es halt nicht besser. Da haben das Bildungssystem und die Erziehung komplett versagt.

19. Bescheidenheit

Bescheidenheit lässt sich leicht dadurch erreichen, indem wir unsere Stärken in Demut vor dem Stärkeren relativieren.

Nur eine Bescheidenheit, die aus der Quelle einer Stärke entspringt, ist eine echte Bescheidenheit. Alles andere sind gespiegelte und übertünchte Schwächen. In der Bescheidenheit wird mit Abstand am meisten gelogen, wenn auch oft unbewusst; man gibt sich bescheiden, um eine Stärke vorzutäuschen, aber dahinter lauert die Versagensangst.

Das Bild der Bescheidenheit ist ein Verwandlungskünstler und man muss stets genau hinschauen, was unter der Maske zum Vorschein kommt.

Es gibt auch auffallend viele negative Urteile über diese Tugend, positive Urteile kommen fast ausschließlich aus der religiösen Ecke.

Was uns beschäftigen soll, ist selbstverständlich die wahre Bescheidenheit, denn eine Utopie soll ja keine Gebrauchsanweisung für Betrüger sein. Worin sollen überhaupt die Vorteile der Bescheidenheit liegen?

Schon allein, dass die Bescheidenheit der große Gegenspieler der Gier ist, gibt ihr eine Daseinsberechtigung. Es sei daran erinnert, dass die Gier zu den sieben Todsünden zählt.

Der bescheidene Mensch hat erkannt, dass er fast alles, was ihn ausmacht, mehr oder weniger glücklichen Umständen zu verdanken hat.

Jeder Mensch, der geboren wird, bildet in diesem Moment das letzte Glied einer Kette aller seiner Vorfahren. Milliarden unbekannter Menschen haben ihm zugearbeitet, sodass er deren Früchte nur noch einsammeln muss. Sich als würdiges „Mitglied" (die Sprache hat das Bild der Kette in diesem Wort schon genial eingearbeitet) dieser Menschenkette zu erweisen, sollte eigentlich jedem ein Bedürfnis sein. Vergleiche ich nun meine Verdienste, die ich bei allem persönlichen Fleiß in meinem Leben ansammeln kann, bilden sie doch im Vergleich zu dem, was meine Vorfahren für mich geleistet haben, immer nur einen verschwindend kleinen Beitrag. Unsere Vorfahren sind die großen Lehrer der Bescheidenheit.

Fast alles, was ich besitze und mir an Wissen angeeignet habe, ist mir ja quasi geschenkt worden. Dass es Menschen gibt, die diese Art von Geschenken ablehnen, steht auf einem anderen Blatt. Wer derart mit Geschenken überhäuft wird, für den ist die Bescheidenheit zwangsläufig eine moralische Pflicht, die auch beinhaltet, dass er von seinen Geschenken abgibt.

Nur wer sich nicht als Endglied einer ganzen Kette sieht, kann überhaupt auf die Idee kommen, es wären ausschließlich seine Verdienste, die ihn zu dem machten, was er jetzt ist beziehungsweise was er derzeit darstellt. Diese Menschen tun sich mit der Bescheidenheit schwer, sehen in ihr ausschließlich eine Schwäche und verachten sie. Nun, eigentlich ist es ganz einfach: Sie irren sich.

Nur weil der Irrtum flächendeckend verbreitet ist, macht es ihn nicht weniger zum Irrtum. Die Korrektur seiner eigenen Irrtümer zählt schon seit jeher zu den schwierigsten menschlichen Aufgaben. Lieber fügt man noch einen weiteren Irrtum hinzu, als dass man einen eingesteht.

Es sei an dieser Stelle daran erinnert, dass es zu dem vornehmsten Erziehungsziel gehört, den Starken moralisch zu verpflichten, den Schwächeren zu unterstützen. „Gib ab, es tut dir doch nicht weh, etwas von Deinen reichhaltigen Geschenken herzugeben, man wird es dir doch auch lohnen." Diese Forderung wird aber ungeheuer schwer durchzusetzen sein, wenn der Starke gegenüber seiner eigenen Stärke keine Bescheidenheit pflegt. Das friedfertige und gute Zusammenleben in der Gesellschaft wird zunehmend von der Bereitschaft des Abgebens der Stärkeren abhängen. Ausschließlich die Bescheidenheit kann bewirken, dass sie dies auch tun. Damit wird auch deutlich, dass Bescheidenheit eine Tugend der Stärke ist.

20. Anpassungsfähigkeit

Anpassungsfähigkeit ist die Tugend, die den Menschen im Evolutionsprozess auf seine jetzige Stufe katapultiert hat. Nur wohnt sie in einem schwierigen sozialen Milieu mit moralisch äußerst fragwürdigen und zudringlichen Nachbarn: Opportunismus, Schleimerei, Egoismus, Korruption, Bestechlichkeit, Wendehälsen, Kriecherei und Selbstverleugnung – gewährt man ihnen nur einmal den Zutritt, ist die Wohnung schnell verwüstet und der Hausherr für immer vertrieben. Diese

Nachbarn haben nur eines im Sinn, nämlich sich mit dem Namen des Hausherrn zu schmücken, den sie auch stets übereifrig im Munde führen, um sich nicht mit ihrem eigenen hässlichen Namen vorstellen zu müssen.

Die Anpassungsfähigkeit ist im Tugendkatalog das eifrigste Mitglied, denn sie wird ständig gefordert, da die Zeit immer weiter fortzuschreiten beliebt. Jeweils das gesamte komplexe Wesen des Menschen muss an sich ständig verändernde Umstände angepasst werden. Ohne die Fähigkeit der Anpassung fällt man sozusagen aus der Zeit, was ja auch nicht selten zu beobachten ist. Mit etwas Glück kann man sich diese Fähigkeit jedoch bis ins hohe Alter bewahren. Ohne die Tugend der Lernfähigkeit allerdings fehlt der Anpassungsfähigkeit die Luft zum Atmen.

Die Kardinalfrage ist jedoch die nach dem Objekt der Anpassung. Da ist der Rat der Ältesten gefragt – die Klugheit und die Weisheit.

Anpassung kann zum Beispiel auch bedeuten, dass ich mich im völligen Widerspruch zur derzeitigen Gesellschaft befinde und meine Grundeinstellung auf eine mir feindliche Umgebung abstimmen muss. Ich bewege mich zum Schein mühelos in der Gesellschaft, bleibe meinen Grundwerten aber treu, da ich diese nicht an den Mainstream anpassen möchte. Also passe ich, im Sinne des geringsten Widerstands, mein soziales Verhalten an, um mir meine Werte zu erhalten.

Menschen, die in Diktaturen leben, wissen genau, was damit gemeint ist. Anpassung kann im Extremfall bedeuten, mich lebenslänglich verstellen zu müssen. Anpassen heißt nämlich mitnichten mitmachen!

Anpassen bedeutet Irrtümer einzusehen, neue Erkenntnisse zu gewinnen, neue Techniken für sich zu gebrauchen, Entwicklungen ablehnen zu können, das Bewährte mit dem Neuen zu verknüpfen, offen, aufmerksam und besonnen zu sein.

Einen Gedanken, der gedacht wurde, kann man schließlich nicht zurückdenken, auch wenn er noch so unbequem ist. Die Anpassungsfähigkeit kann dazu führen, alles bis dahin Gedachte zu verwerfen, nur um diesen neuen Gedanken unterzubringen. Das Ausmaß dieser Fähigkeit entscheidet, wie viel in diesem Sog mitgerissen wird. So kann das Leben mehrfach die Richtung wechseln, nur weil man seinen Grundüberzeugungen treu geblieben ist und sie immer wieder neu angepasst hat.

Man muss nur ein sehr scharfes Auge auf die missratenen Nachbarn haben, sie sind schnell und geräuschlos und nur am Geruch zu erkennen. Sie riechen nach Fäulnis, Verwesung und Schimmel.

Anpassungsfähigkeit ist ein an sich neutraler Begriff und bekommt seinen Edelmut erst in Verbindung mit der Tugend. Deshalb muss man bei all denen nachbohren, die diesen Begriff im Munde führen, ob es nun der Edelmut oder die Verkleidung seiner verwahrlosten Nachbarn ist.

21. Rechtschaffenheit

Rechtschaffenheit ist eine Tugend, die eigentlich nicht zu definieren ist. Man kann sich ihr nur annähern. Sie war früher in bürgerlichen Kreisen weit verbreitet und hat den Anklang an Ehrbarkeit, Honorigkeit, Anständigkeit, Achtbarkeit, Unbestechlichkeit, Redlichkeit, Aufrichtigkeit und Integrität.

Daran merkt man schon die Geschmeidigkeit dieses Begriffes, der eine Zusammenfassung all dieser Eigenschaften darstellen soll. Diese preußischen oder auch bürgerlichen

Tugenden sind an sich alles Sekundärtugenden, da jede von mindestens einer Primärtugend abhängig ist. In der Zusammenfassung zur Rechtschaffenheit kann man sie aber den Primärtugenden zurechnen.

Hier ein Zitat von Himmler (sinngemäß): „Ich weiß, wie schwer es für einen Offizier ist, tausende und abertausende von Juden zu erschießen und dabei noch anständig zu bleiben." So viel zu den Sekundärtugenden, der Mann hatte das ernst gemeint und in seinem Weltbild war das auch möglich.

Die Rechtschaffenheit sorgt dafür, dass durch keine meiner Handlungen, die Maxime meiner Moralvorstellungen verletzt wird. Sie ist somit der Filter, der vor jeder Handlung stehen sollte.

Wenn ich einen rechtschaffenen Menschen vor mir habe, brauche ich keine Verträge zu schließen, denn er wird gemäß seiner Moral niemals sein Wort brechen. Früher war es allgemein üblich, ein Geschäft nur mit einem Handschlag zu besiegeln, und zwar unter völlig Fremden, ohne Zeugen, nicht nur unter Bekannten oder Freunden. Welch ein Verlust!

Im Grunde müssten wir uns in Grund und Boden schämen, dass wir derart verwahrlost sind, eine solche Geste des unbedingten Vertrauens kampflos aufgegeben zu haben. Heute lässt man sich sogar von Freunden und Familienmitgliedern lieber etwas schriftlich geben. Da verwundert es nicht mehr, dass das Wort Rechtschaffenheit in manchen Lexika nicht mehr vorkommt, geschweige denn im allgemeinen Sprachgebrauch.

Wir haben den Filter der Rechtschaffenheit vor jeder Handlung durch den Filter der Nützlichkeit im egoistischen Sinne ersetzt.

Anscheinend fühlen wir uns gar nicht mehr als Bürger. Anstand heißt doch: am Stande orientiert. Diese Stände hatten alle einen Moralkodex und wer anständig war, richtete sich selbstverständlich nach diesem Kodex.

Offensichtlich hat der Verlust der Stände die Moral gleich mitgerissen und durch nichts ersetzt, sodass wir heute diesbezüglich in einem Vakuum leben. Es geht natürlich nicht darum, das Rad der Geschichte zurückzudrehen, es geht nur darum, dass man weiß, wo man suchen muss, wenn man nach der Moral sucht.

Der rechtschaffene Mensch war der Inbegriff dieser Haltung, absolut verlässlich, integer und ehrlich. Daran kann man erkennen, dass wir uns moralisch nicht auf der Höhe der Zeit befinden, wir waren schon einmal wesentlich weiter. Rechtschaffenheit war Allgemeingut, zumindest in bürgerlichen Kreisen, aber immerhin, das war ein Anfang. Man identifizierte sich mit der Gesellschaft und war in der Regel auch wohltätig, auch das ist heute nur noch die Ausnahme.

Die Rückkehr der Rechtschaffenheit würde zumindest heftige Diskussionen um die bürgerlichen Tugenden auslösen und damit wäre schon viel gewonnen.

Die Studentenrevolution 1968 hatte vollinhaltlich Recht, mit ihrem Protest gegen die bürgerlichen Tugenden aufzubegehren, denn diese Sekundärtugenden waren am Untergang Deutschlands beteiligt. Nur eines war damals zu kurzsichtig: Es waren nicht die Tugenden, die Schuld waren, sondern Hauptursache war, dass man sie von den Primärtugenden trennte und dann missbrauchen konnte. 1968 hat man aber gründlich aufgeräumt und auch die Tugenden ohne adäquaten Ersatz mit in den Abgrund gerissen. Heute werden die Verluste langsam und schmerzlich sichtbar –, nach zwei Generationen, die ohne diese Tugenden erzogen wurden, wenn man in diesem Fall überhaupt noch von Erziehung sprechen kann.

Es war ein Experiment. Gut, Experimente können schiefgehen, auch gut, nur verhalten sich die Protagonisten von einst genauso uneinsichtig wie die, gegen die sie damals gekämpft haben – nicht gut. Unter diesen Umständen ist eine Tugend wie die Rechtschaffenheit natürlich vom Hungertod bedroht. Allein für die Rechtschaffenheit wäre eine neue Renaissance gerechtfertigt.

22. Achtung

Wurde im Mittelalter über jemanden die „Acht" verhängt, so war er aus der Gesellschaft ausgeschlossen und vogelfrei, jeder konnte ihn straflos töten. In unserer Sprache finden sich noch Anklänge in den Worten: Verachtung, Ächtung, verächtlich, Missachtung, achtlos etc. Damit bezog sich die Achtung stets auf das Verhältnis der Gesellschaft zum Individuum. Somit verweist die Achtung im heutigen Sprachgebrauch, entsprechend ihrer etymologischen Wurzel, auf das Recht der Mitglieder einer Gesellschaft auf Aufmerksamkeit, Beachtung und Fürsorge. Soweit die Etymologie.

Heute ist mit Achtung eigentlich die Vorstufe des Respekts gemeint, nämlich jemanden der Aufmerksamkeit für würdig zu erachten. Man kann etwas achten, ohne zu respektieren, das hieße in etwa, das System anzuerkennen, aber nicht dessen Inhalt.

Etwas Achtung zu schenken heißt, sein Recht auf Aufmerksamkeit zu akzeptieren. Dies gilt auch für sich selbst im Sinne der Selbstachtung.

Die Achtung ist somit die Grundvoraussetzung für den zukünftigen Umgang mit dem Objekt. Somit bildet die Verachtung auch eine der gröbsten Beleidigungen, der man nichts mehr hinzuzufügen braucht. Mit der Verachtung sind alle Bänder zerschnitten. Achtung bzw. Verachtung gilt aber nicht nur im zwischenmenschlichen Bereich, sonst wäre sie keine Primärtugend, sondern sehr allgemein. Die Achtung kann sich auf Gesetze beziehen, Gesellschaftsformen, Sitten, Natur, Religionen, Tiere, sexuelle Präferenzen, Moralvorstellungen, Ämter, …

Mit der Achtung als Grundeinstellung stehe ich Dingen und Menschen erst mal offen gegenüber, offen und vor allem höflich, denn Achtung ist die Minimalanforderung der Höflichkeit. Wie sich die Achtung dann entwickelt, hängt von der Erfahrung mit dem entsprechenden Gegenstand ab. Allem, was fremd ist mit dem Unvertrauten, sollte man primär mit Achtung begegnen.

Die Achtung ist ansonsten ein sehr schlüpfriger Begriff, der sich gar nicht so leicht fassen lässt, geschweige denn definieren. Diesen Schwierigkeiten zum Trotz bleibt er ein zentraler Begriff unter den Tugenden. Erinnern wir uns nur an die Gerechtigkeit und Gesundheit, die auch kein Mensch auf diesem Planeten je definieren konnte.

Die Achtung bezieht sich keinesfalls nur auf unsere Mitmenschen, sondern vor allem auch auf die Natur und unsere Umwelt. Mit der Achtung beginnt alles und mit der Verachtung endet alles.

Soweit zu den Primärtugenden. Nicht alle tugendtauglichen Begriffe lassen sich ohne Weiteres in Kategorien einteilen. Manche Begriffe können sowohl Primär- als auch Sekundärtugenden bilden. Vieles hängt von der Betrachtungsweise oder Interpretation ab.

Allein die Vielzahl der infrage kommenden Begriffe lässt darauf schließen, dass die Differenzierungsmöglichkeiten für unsere Gesellschaft in ihrer Historie eine herausragende Rolle gespielt haben müssen. Umso wichtiger also, diese Begriffe von Zeit zu Zeit wieder einmal zu aktualisieren.

Die Einteilung in Primär- und Sekundärtugenden ist rein willkürlich. Diese könnten auch anders benannt werden. Es soll damit nur ausgedrückt werden, dass nicht alle Tugenden den gleichen Stellenwert haben, nur weil sie unter dem Oberbegriff Tugend subsummiert werden. Deutlicher wird dies bei der folgenden Behandlung der Sekundärtugenden. Diese vertragen sich häufig sehr gut mit Eigenschaften, die den Primärtugenden entgegenstehen.

Sekundärtugenden

Hier nochmals zur Erinnerung:

Fleiß, Sparsamkeit, Reinlichkeit, Pünktlichkeit, Disziplin, Pflichtbewusstsein, Treue, Unterordnung, Zurückhaltung, Redlichkeit, Ordnungssinn, Härte, Gehorsam, Geduld, Schamhaftigkeit, Konsequenz, Beharrlichkeit, Sittlichkeit

Die Sekundärtugenden kann man gut zusammenfassen, denn sie gehorchen alle dem gleichen Gesetz: Sie brauchen einen Bezugspunkt. Für sich allein genommen haben sie kaum eine charakterliche Aussagekraft. Es ist schließlich ein Unterschied, wenn man von jemandem sagen kann, er sei gerecht oder er sei pünktlich. Was soll ich von einem pünktlichen Einbrecher halten? Oder von einem fristgerechten Auftragsmord?

Man nennt die Sekundärtugenden auch bürgerliche Tugenden oder preußische Tugenden. Auch diese Tugenden sind durchweg positiv besetzt. Wenn sie allerdings „unbegleitet" auftauchen, ist stets Vorsicht geboten. Mit Sekundärtugenden kann man auch jede Schweinerei begehen, ohne gegen diese Tugenden zu verstoßen. Was spricht gegen einen fleißigen Massenmörder, einen sparsamen Betrüger, einen reinlichen Umweltsünder, einen pünktlichen Hochstapler, einen disziplinierten Folterknecht und einen pflichtbewussten Schreibtischtäter etc.?

Nur wenn die Sekundärtugenden von einer Primärtugend geleitet werden, gewinnen sie an Profil. Allein für sich genommen sagen sie so gut wie gar nichts aus, außer dass sich ein reinlicher Mensch ausreichend wäscht. Für eine Charakterbeschreibung ist das allerdings ein wenig dünn.

Die Realität

Nehmen wir beispielsweise die sieben Todsünden des christlichen Glaubens:

1 Superbia: Hochmut (Übermut, Eitelkeit, Stolz)

2 Avaritia: Geiz (Habgier, Habsucht)

3 Luxuria: Wollust (Genusssucht, Ausschweifung)

4 Ira: Zorn (Wut, Vergeltung, Rachsucht)

5 Gula: Völlerei (Gefräßigkeit, Unmäßigkeit, Maßlosigkeit, Selbstsucht)

6 Invidia: Neid (Missgunst, Eifersucht)

7 Acedia: Trägheit des Herzens/des Geistes (Faulheit, Feigheit, Ignoranz)

Es ist schon fast eine komplette Beschreibung unserer Realität, wobei noch zu bemerken ist, dass es uns tatsächlich gelungen ist, den Fokus auf die Todsünden einem Elektromarkt zu überlassen: „Geiz ist geil" – da wird die Wollust gleich mit verwurstet. (Aber wir wollen die Religion ja außen vor lassen.) In welchem Zustand ist eine Gesellschaft, in der so etwas noch nicht einmal mehr auffällt?

Wie man sehen kann, ist es uns gelungen, alle Werte, die für den zwischenmenschlichen Bereich im Sinne des Humanismus gelten, zum überwiegenden Teil mit Füßen zu treten, sie teilweise sogar ins Gegenteil umzuformen. Da müsste man eigentlich konsequenterweise sagen: Wir lehnen den Humanismus ab. Dies führt aber zu Schwierigkeiten mit dem Grundgesetz und der Charta der vereinten Nationen. Also wofür stehen wir? Nach der bisherigen Beschreibung der Realität ist nur eines sicher: Wir stehen am Abgrund, und zwar am Abgrund der Barbarei.

Der jüngste von den humanistischen Kameraden ist jetzt schon rund 150 Jahre tot. Was ist inzwischen aus uns geworden? Wir haben eine zweite Renaissance offensichtlich so nötig wie nie. Viele haben die Religion über Bord geworfen und ihre Werte durch nichts ersetzt. Sie haben sich überschätzt; wären sie mal bei der Religion geblieben. Wir wundern uns heute, wie stark gemeinschaftlich orientiert manche Religionsgemeinschaften auftreten, sei es nun der Islam, das Judentum oder evangelikale Gruppierungen. Die Wahrheit ist: Wir haben dem nichts entgegenzusetzen, weil wir keine einheitlichen Wertvorstellungen mehr haben.

Welche Werte sind wir als Gesellschaft denn bereit zu verteidigen? Unseren Wohlstand, das war's! Der größte Wert des Geldes liegt darin, dass man es zählen kann. Aber schon bei der Sprache geben wir klein bei und lassen schon an den Wahnsinn grenzende Anglizismen zu, statt sie vom Hof zu jagen oder allenfalls der Höflichkeit halber kleingedruckt hinzuzufügen. Bemerkenswert dabei ist, dass unsere Bereitschaft der bedingungslosen Anpassung nur in eine Richtung geht, obwohl es ja mehrere Weltsprachen gibt.

Nach meiner Beobachtung kommen sich die Menschen, die mit Anglizismen um sich werfen, besonders zeitgemäß vor. Dabei sei aber erinnert, dass die USA eine Gemeinschaft sind, die ihre Wertvorstellung einzig aus einem Konglomerat calvinistischer Weltanschauungen bilden, die auch kein Problem damit haben, Creationisten vollständig ernst zu nehmen, und damit weit hinter jede Akzeptanzgrenze zurückzufallen, und das gemessen an Werten, die schon hunderte Jahre alt sind. Nein, die Deutschen biedern sich derart an, dass sie sogar englische Begriffe erfinden, die es gar nicht gibt, wie zum Beispiel das Handy. Aber so ist das halt, wenn man selbst nichts mehr dagegenzusetzen hat. Satirisch könnte man es auch so ausdrücken: Einst hat Europa seine Habenichtse, Problemschichten, religiöse Eiferer und Verbrecher auf die Insel verbannt und 500 Jahre später werden die Eltern von ihren eigenen Kindern aufgefressen, das hat schon fast mythologische Qualitäten. Aber wie es vielen Eltern eben ergeht, sie sind in der Zeit stehengeblieben und werden von den Ereignissen überrollt.

Europa hat seine Ressourcen verzockt. Wie heißt es so treffend: Es braucht ein ganzes Dorf, um ein Kind zu erziehen. Man könnte auch sagen: Es braucht Jahrhunderte, um einen Michelangelo, einen Mozart oder einen Kant zu erzeugen. Dann sind diese Menschen endlich erschaffen und wir nehmen sie nicht gebührend wahr. Das ist in etwa so, als ob ich mein Leben lang arbeite, um ein kleines Vermögen anzuhäufen, das ich dann an einem einzigen Tag in der Spielbank verzocke.

Es gibt natürlich immerhin noch den Trost, dass die Werte noch da sind, sie sind nicht verschwunden, nur etwas schwer zu finden in der Masse der Überlagerungen. Aber sie laufen im Marathon der Geistesgeschichte nicht mehr in der Spitzengruppe, sondern bei den Namenlosen. Wenn wir nach Menschen suchen, die für diese Werte einstehen, brauchen wir deshalb auch nicht in der Spitzengruppe zu suchen, denn da kommt man heute offensichtlich nur hin, wenn man souverän über diese Werte hinwegschreitet.

Betrachten wir die Spitzen der Gesellschaft in Deutschland: Repräsentativ an der Spitze steht der Präsident, der keine andere Aufgabe hat, als an Werten gemessene Reden zu halten. Er soll aufrütteln und unparteilich korrigierend einwirken. Wie ernst wir diesen Posten noch nehmen, zeigen exemplarisch die letzten drei Kandidaten: Rau, Köhler, Wulff. Das ist also das Beste, was wir derzeit zu bieten haben? Ein Gnadenpräsident, ein Finanzfuzzi und ein Schrebergartenvorsitzender. Da kann man nur an Heine gemahnen: „Denk ich an Deutschland in der Nacht, bin ich um den Schlaf gebracht." Mal angenommen die Herren Kant, Goethe, Schiller, Humboldt, Heine, Herder hätten ihre Nachfolger noch erlebt oder schauen von irgendwoher zu, ich glaube, sie könnten nicht mal mehr lachen, außer Heine vielleicht. Nehmen wir beispielsweise die derzeit hitzige Diskussion um den Islam. Nimmt man das Wort nur in den Mund, erstarrt alles vor Schreck – oh Gott der Muselmane! Das ist in etwa so, wie man früher bei dem Wort Neger sofort an Kannibalismus und Voodoo gedacht hatte.

Der Islam ist eine der drei abrahamitischen monotheistischen Weltreligionen mit einem ausgeprägt friedlichen Wertekatalog, genau wie das Christentum und Judentum. Der Umgang und der Verfall dieser Werte sind am Christentum besonders deutlich abzulesen, siehe Kreuzzüge und Inquisition. Es liegt eben nicht an der Religion, sondern am jeweiligen Zustand der Gesellschaft, wie sie mit Werten umgeht, auch wenn die Barbarei mit der Religion begründet wird.

Der einzige Unterschied zwischen diesen Religionen ist, dass das Christentum eine Renaissance und die Aufklärung hatte und somit eine Relativierung ertragen musste. Der Islam und das Judentum befinden sich unter diesem Aspekt sozusagen noch in ihrem Mittelalter. Nur dies macht sie gegenüber absurden Auslegungen so empfindlich verletzbar. Es existiert kein korrigierender Wertekatalog, der die Religion in ihre Schranken verweist. Die Verpflichtung zum Laizismus als Aufnahmebedingung für die Vereinten Nationen wäre ein richtiger Schritt. Die Religionsfreiheit ist eine Selbstverständlichkeit, wenn es nicht so wäre, würde man eine Religion über eine andere stellen und wäre damit selbst barbarisch. Die Angst vor einer Religion ist also vollkommen überflüssig. Die Angst vor Menschen, die fanatisiert sind, ist allerdings sehr berechtigt, nur gilt das für alle Religionen und Ideologien. Gar nicht auszudenken, welche Stimmung geherrscht hätte, wenn die Baader-Meinhoff-Bande aus Islamisten bestanden hätte.

Eine Gemeinschaft lässt sich grundsätzlich nur von innen bereinigen, trete ich ihr feindlich gegenüber, geschieht genau das Gegenteil, man schweißt sie enger zusammen und verhindert die Diskussion um innere Werte. Die Menschen, die dem Islam feindlich gegenüberstehen, erreichen damit genau das Gegenteil von dem, was sie wollen, nämlich eine friedliche Koexistenz. Koexistenz – wohl bemerkt, keine Durchmischung wie einige Multikulti-Dilettanten sich das mit ihrer rosa Brille ausmalen. Sogar in einem so vorbildlichen Land wie Brasilien, was die Rassenpolitik (ein scheußliches Wort) angeht, leben auch nach 5oo Jahren Einwanderung die Volksgruppen noch hübsch getrennt voneinander, aber friedlich, jeder hat seine Stadtviertel: Italiener, Japaner, Portugiesen, Koreaner, Litauer, Armenier etc. Respekt heißt dort das Zauberwort.

Die Probleme, die es in Deutschland mit manchen Einwanderern aus islamisch geprägten Ländern gibt, haben mit der Religion selbst überhaupt nichts zu tun, sondern sind gesellschaftlicher Natur. Ich habe auch noch nie gehört, dass irgendeine Bande gesagt hätte: „Im Namen Allahs, hau ich dir jetzt eine aufs Maul." In diesem Fall würden sie nämlich mit ihren eigenen Leuten gehörigen Stress bekommen. Wir können allerdings nur eine Auslegung des Islam zulassen, der mit unseren Grundwerten vereinbar ist, für alles darüber hinausgehende ist die Justiz zuständig. Aber da sind wir wieder bei unseren Werten, deren Bestimmung uns ja so enorme Schwierigkeiten bereit. Wären wir diesbezüglich stark, hätte auch keiner den geringsten Grund zur Angst. Dann könnten wir auch über diese Werte diskutieren, vor allem auch mit Andersgläubigen.

Was aber sagt der Top-Repräsentant unseres Staates Christian Wulff (bei dessen Vornamen haben sich wenigstens die Eltern noch für eine klare Positionsbestimmung Mühe gegeben) in einer schon peinlichen Kleinlauterei: „Der Islam gehört zu Deutschland." Da gehört er aber genauso wenig hin wie der tibetanische Buddhismus, Voodoo, Scientology, Mormonen oder Pygmäen. Der Satz muss lauten: Deutschland hat die moralische und politische Pflicht, den Islam wie auch jede andere Religion als solche zu akzeptieren und zu tolerieren. Jeder, der dies nicht tut, verstößt gegen das Gesetz.

Was wo hingehört, hat ein Herr Wulff und auch sonst kein anderer zu entscheiden. Aber wenn er das schon so genau weiß, dann kann er sicher auch sagen, wo die anderen Gemeinschaften hingehören: Juden, Kurden, Tibeter, Basken, Sinti und Roma, Indigenas, Kosovaren, Mazedonier, Lappen, Samen, Tamilen etc.

„Nichts ist mehr Erziehung, denn das Vorbild."

Gerhard Schröder, Wolfgang Clement, Theo Weigel, Rudolf Scharping, Werner Müller, Volker Rühe, Martin Bangemann, Florian Gerster, Otto Graf Lambsdorff, Otto Schily, Lothar Späth, Roland Koch. Alles Spitzenpolitiker, die ohne jeden Skrupel in die Privatwirtschaft gewechselt sind. Welche Signale setzen solche Tendenzen bei jungen Menschen? Hoffentlich Ekel, aber so optimistisch bin dann doch nicht. Ob diese Entwicklung im Sinne der humanistischen Werte zu sehen ist, mag allerdings stark bezweifelt werden. Gewissensfrei sicherlich, aber im Sinne von „frei von Gewissen", da haben die Herrschaften was verwechselt.

„Der Fisch stinkt vom Kopfe her." Die Volksweisheit ist oft sehr viel intelligenter als ihre Repräsentanten.

Ein bis maximal drei Prozent der Bevölkerung sind weit überdurchschnittlich intelligent oder hochbegabt. Wäre es für die Entwicklung unserer Gesellschaft nicht von so überragender Bedeutung, könnte man diese Randgruppe durchaus vernachlässigen. Doch finden wir diese Menschen überhaupt, die von der Natur so gut ausgestattet sind? Nein, wir suchen sie gar nicht und wenn wir per Zufall mal einen entdeckt haben, machen wir ihm das Leben schwer. Zugegebenermaßen eine krasse These. Es gibt aber auch einen Aspekt, der die Suche geradezu zwingend nötig macht:

Es bedarf unbedingt einer Förderung der geistigen Elite, da sich der Genius immer Bahn bricht und nicht auf die falsche Seite geraten darf. Wenn der Genius nicht durch entsprechende Wertevermittlung auf die rechte Bahn gebracht wird, sucht er sich andere Betätigungsfelder und dadurch wird es immer wieder geniale kriminelle Egoisten geben, die dann die gesamte Gesellschaft gefährden. Es liegt also im ureigensten Interesse des Friedens, die besten Leute für sich zu gewinnen.

Die Intelligenz ist nur ein Werkzeug, welches durch die Hand der Moral geführt werden muss.

Ein einziger hochintelligenter Verbrecher kann eine ganze Nation in Atem halten, wie seinerzeit Dagobert oder Al Capone. Die Intelligenz ist eine angeborene Eigenschaft und durch nichts später zu beeinflussen wie etwa auch die Körpergröße oder die Augenfarbe. Diese Eigenschaft ist aber die bei weitem schärfste Waffe, die es je gegeben hat, und wer sie besitzt, muss auch eine Ausbildung an dieser Waffe absolvieren, sonst kann es zu großen Unglücken kommen. So ist natürlich nicht jeder hochbegabte Mensch ein sittlich guter Mensch, denn das eine ist Natur, das andere Erziehung.

Die Menschheit kann von Glück sagen, dass die überwiegende Zahl der Hochbegabten bei Nichtbeachtung zur Depression neigt. Die meisten wissen nicht mal um ihre Begabung. Diese Menschen brauchen die gründlichste Ausbildung insbesondere in Bezug auf Ethik und Moral, denn davon hängt es ab, wie sie ihr Werkzeug der Intelligenz zukünftig gebrauchen.

Sokrates ging davon aus, dass derjenige, der etwas als richtig erkennt, gar nicht mehr falsch handeln kann. Heute wissen wir, das war ein wenig naiv, da hat Herr Sokrates von sich auf andere geschlossen.

Wir haben es mittlerweile geschafft, uns widerstandslos vom Mittelmaß regieren zu lassen. Aber es ist nur eine logische Konsequenz unseres Systems. Die Schwächeren zu fördern liegt ja noch ganz auf der Linie des Humanismus, aber die Schwächeren auf Kosten der Starken zu fördern ist eine Idiotie, die nur flächendeckend zum Mittelmaß führen kann. Da darf man sich dann nicht wundern, wenn andere Nationen, die diesen Unsinn nicht mitgemacht haben, uns mittlerweile haushoch überlegen sind.

Wenn ich die Starken einschränke, können sich die Schwächeren auf Dauer gar nicht mehr weiterentwickeln, der Schwächere soll ja von den Starken profitieren und muss folglich ein Interesse an deren Stärke haben. Das Einzige, was wir durch diese Politik erreicht haben, ist eine ausgeprägte Neidkultur. Wenn ich irgendwo fremd bin, nehme ich mir ja auch einen Führer, jemanden, der sich dort auskennt, davon kann mein Leben abhängen. Auf diesen Führer bin ich ja auch nicht neidisch. Wenn bei uns jemand etwas erreicht, wenn auch im sehr kleinen Rahmen, sei es als Arzt, Beamter oder erfolgreicher Selbstständiger, stehen die Neider schon in den Startlöchern und wollen deren Privilegien gestrichen sehen, als ob es einem selbst dadurch besser ginge.

In den 80er-Jahren wurden die Beamten und Angestellten von den Freiberuflern verlacht, weil sie sich mit einem in ihren Augen lächerlichen Gehalt zufriedengaben, und 20 Jahre später lästern die gleichen Leute über Festanstellung und Privilegien der Menschen, die sie vorher verhöhnt haben. Das ist unsere derzeitige Realität. Niemandem etwas gönnen, lieber allen etwas wegnehmen, außer sich selbst natürlich. Keiner will sich damit abfinden, vielleicht am richtigen Platz zu stehen.

Nach 30 Jahren Gejammer, Gezeter und gesellschaftlichem Totalstillstand ist es um die Intellektuellen im Lande merkwürdig ruhig geworden. Da fühlt sich das Mittelmaß natürlich gestärkt, denn es kann seinen Unsinn ohne Widersprüche durchdrücken und seine Idee von Moral verbreiten. Das Mittelmaß geht sogar so weit, dass es sich selbst für die Elite hält. Aber warum schweigen die Intellektuellen?

Das ist eigentlich ganz einfach: Sie haben keine Ansprechpartner mehr, denn sie wissen es ja schon vorher, dass sie nicht verstanden werden, und nur ein Idiot redet dann noch weiter, das macht eben den Unterschied aus. Wenn jemand behauptet, 2 + 2 sei 5, wird er nur einen Gesprächspartner finden, der das auch glaubt oder der Meinung ist, es könnte auch 3 sein, aber ein Mathematiker wird sich bei einem solchen Gespräch erheitert abwenden. Was soll er auch sagen? „Meine Herren, ich habe studiert und ich kann ihnen sagen, es ergibt 4." „Ja, die Studierten, voll mit Theorien, aber in der Praxis keine Ahnung, schließlich sind wir zwei gegen einen, haben sie noch nie was von Demokratie gehört?" Ja, da schweigt der Herr Professor lieber.

Die Religionen haben verstanden

Erstaunlicherweise sind die Religionen der Unterschiedlichkeit der Menschen schon gerecht geworden, wahrscheinlich ihr schlauester Schachzug. Sie bieten ein komplexes metaphysisches System an, an dem sich auch der Scharfsinnigste abarbeiten kann. Gleichzeitig gibt es auch mundgerechte

Häppchen für einfachere Gemüter in Form von Alltagsverrichtungen, Geboten und vor allem aber Verboten, Tages-, Wochen- und Jahreseinteilungen, schöne anschauliche Geschichtchen mit Helden und Dämonen usw. und siehe, es hat funktioniert. Hat der einfache Glaubensbruder ein Problem, geht er zum Fachmann in Religionsfragen, dem Gelehrten, und alle sind zufrieden.

Die Menschen sind unterschiedlich und die Religion hat's erkannt: ein Erfolgsmodell.

Und genau da gilt es anzuknüpfen, um von Religionssystemen zu lernen. Eine neue Elite muss her, die andere bei der Hand nehmen kann und von deren Stärke letztendlich alle profitieren werden. Eine moralisch, ethisch topausgebildete, aus den Besten bestehende Gruppe, die beispielgebend das vorlebt, was nach Kant jedem zum Ziel werden kann. Diese auserwählte Gruppe darf nur einen Berufswunsch haben: Lehrer! Und zwar so lange, bis die Wertevermittlung auf dem Grunde der Gesellschaft angekommen ist und wenn es 200 Jahre dauert. Auf einmal sind wir wieder mitten in der Utopie gelandet.

Aber zurück zur Realität: Wenn nicht einmal der Wille zur Veränderung vorhanden ist, wird es bleiben, wie es ist – im besten Fall wohl bemerkt. Die Intellektuellen werden weiter schweigen, die Plutokratie verfestigt sich, die Zweiklassengesellschaft steht schon längst im Flur.

Wer wissen möchte, was eine Zweiklassengesellschaft bedeutet, dem empfehle ich das Reisen, aber nicht auf einem Kreuzfahrtschiff. Je dreckiger es einem Land geht, umso wahrscheinlicher trifft man dort diese Gesellschaftsform an. Also ruhig mal einen Blick in die eigene Zukunft wagen.

Eine Gesellschaft kann im Grunde nach zwei Seiten kippen wie bei jeder Gratwanderung. Entweder sie ist maßlos reich, dann kippt sie in Richtung Dubai – eine Stadt der völligen Sinnentleerung. Eine geistfreie Zone für die Wohlhabenden dieser Welt, die sich absolut nichts mehr zu sagen haben, dafür aber umso mehr zu zeigen.

Auf der anderen Seite des Grates stehen Länder, wie etwa Honduras, wo kriminelle Banden den Alltag der Menschen bestimmen. Dort muss sich bereits der Mittelstand verbarrikadieren. Keiner geht mehr auf die Straße und das Leben ist fast nichts mehr wert. Beide Entwicklungen sind Ergebnisse eines entfesselten Kapitalismus.

Wie aber kann man ein ganzes Volk erziehen? Da muss man sich eigentlich nur die Geschichte des Nationalsozialismus anschauen. Die Nationalsozialisten haben es in kürzester Zeit geschafft, aus dem Volk der Dichter und Denker ein Volk von Barbaren zu erzeugen. Dabei wurden alle technischen Mittel zielgerichtet eingesetzt, wie zum Beispiel Film und Rundfunk. Auch die Psychologie wurde dem Stand ihrer Zeit entsprechend höchst wirksam in Form von Propaganda zu Hilfe genommen.

Etwas zynisch, aber doch nahe bei der Wahrheit, könnte man sagen: Siegen lernen heißt, bei der Religion und bei Tyrannen in die Lehre zu gehen.

Wie also könnte eine Utopie heute aussehen? Sie muss auf jeden Fall mit der Rückeroberung des Tugendbegriffs beginnen. Bei unserem derzeitigen Umgang mit den Tugenden wird eine nachhaltige Veränderung nicht die geringste Chance haben. Wir werden auch den Begriff „Wachstum" und „Bildung" völlig neu denken müssen.

Außerdem ist es heutzutage mit einer Insellösung, wie bei Thomas Morus „Utopia", leider nicht mehr getan. Ohne eine globale Beteiligung wird jeder Versuch scheitern. Wir müssen alle Lösungsansätze global denken, aber wir können selbstverständlich lokal im Kleinen und beispielhaft beginnen. Dieser Weg hat nur eine Chance, wenn wir für eine weltweite Bildungsoffensive sorgen.

Parallel dazu muss ein wirtschaftlicher Ausgleich zwischen den Staaten erfolgen und eine Begrenzung der Vermehrungsrate. Eine gute Wirtschaftspolitik ist die beste Sozialpolitik!

Die Bildung ist der Schlüssel zu allem! Diese Bildung muss aber eine andere sein als das, was wir heute unter Bildung verstehen. Unsere Schulsysteme müssen einen radikalen Wandel vollziehen.

Wir brauchen eine qualitativ hochqualifizierte Diskussion um die Werte der Tugenden. Wenn nämlich der Stärkere dem Schwächeren helfen soll, dann muss dies aus intrinsischer Motivation erfolgen, also aus einem inneren Verlangen.

Ohne eine ausgeprägte Tugendhaftigkeit werden wir niemals ein „Art"-Gefühl entwickeln, wobei der Begriff „Gefühl" absolut zentral ist. Jenseits unserer Gefühlswelt ist nämlich schwerlich etwas durchsetzbar. Veränderungen lassen sich nur erreichen, wenn das Gefühl sich angesprochen fühlt.

Wir müssen uns als „Menschheit" näherkommen, jenseits aller Ideologien und Religionen. Genau deshalb liegt unser Wohlergehen eben nicht im logisch rationalen Denken. Dieser Art des Denkens haben wir nur die Bequemlichkeit zu verdanken, die wir heute in Anspruch nehmen dürfen. Technische Fortschritte, materieller Wohlstand, Freizeit, Ungebundenheit, Freiheit – alles Begriffe, die mit unseren Gefühlen nur tangential zu tun haben. Wir müssen aber den Kern unserer Persönlichkeit respektieren und das ist nun mal die Welt unserer Gefühle. Das wäre der Anfang einer neuen Utopie.

Diese Aufgaben der Zukunft sind derart gewaltig, dass eigentlich sonnenklar sein dürfte, dass man nicht hoffen darf, dies in einigen Generationen zu erreichen. Man muss schon absolut von der Richtigkeit der eingeleiteten Schritte überzeugt sein und den festen und unerschütterlichen Glauben an die nächste Generation haben.

Voraussetzung für all dies ist Bildung. Dies muss der erste Schritt sein, denn ohne Bildung bleibt der Rest unverstanden und damit wirkungslos. Die „Bewegung" muss verstanden werden und von jedem innerlich nachvollzogen werden können.

Alles, was nach Bevormundung riecht oder gar diktatorisch erscheint, ist kontraproduktiv. Was wir brauchen, ist ein kollektiver Wunsch, besser noch ein kollektives Verlangen. Fragen wir doch unsere Werbeindustrie – die weiß, wie man Wünsche erzeugt.

Wie das Zusammenleben nach der Erfüllung der Voraussetzungen konkret aussehen soll, ist völlig irrelevant, da eine Prognose über einen derart langen Zeitraum absolut sinnfrei ist. Es geht in der Utopie auch nicht um ein spezielles Modell, sondern lediglich um eine Richtung.

Jeder Schritt, der in die richtige Richtung weist, ist ein guter und richtiger Schritt. Die Geschwindigkeit ist erst mal sekundär, es sei denn unsere derzeitige Barbarei setzt die Natur derart unter Druck, dass sie uns auch noch die Geschwindigkeit vorschreibt.

Dann befürchte ich jedoch, dass wir uns von dem Experiment „Mensch" verabschieden müssen.

Der erste Anfang einer diesbezüglich veränderten Geisteshaltung ist wieder einmal ein Tugendbegriff. Wir sind gehalten, gegenüber der Natur eine gehörige Portion Demut zu entwickeln. Vom Hochmut zur Demut! Erst nach diesem Schritt lohnt es sich, weiter über die Sache nachzudenken.

Die Natur ist unser Lehrmeister, ob wir wollen oder nicht. Erkennen wir sie als Lehrer an, haben wir noch eine Chance auf ein gütliches Auskommen. Sollten wir die Natur allerdings nicht anerkennen, wird sie zu ihren eigenen Lehrmethoden greifen. Die sind allerdings rustikal und werden uns nicht gefallen. Ich hoffe inständig, dass wir noch die Wahl haben.

Eine Utopie kann heute kein fertiges Modell abbilden, sondern allenfalls ein Kompass sein, der eine Richtung vorgibt. Es ist ja gerade das Beruhigende, nicht auf ein bestimmtes Modell hinarbeiten zu müssen. Ein fertiges Modell ruft zwangsläufig die Zweifler auf den Plan, die sofort skandieren: „Das schaffen wir nie, das ist undurchführbar." Man muss immer mit machbaren Schritten beginnen, es darf niemandem unverhältnismäßig weh tun. Wir können nicht alle gleichzeitig ins Boot holen. Was wir aber können, ist damit zu beginnen, überhaupt ein Boot zu bauen. Die Erfahrung im Bootsbau wird uns mehr Zutrauen vermitteln, auch größere Schiffe zu bauen und diese dann irgendwann zu einer Flotte zu verstärken. Erst dann wird der Platz an Bord attraktiv.

Als „Utopist" muss man damit leben, am Anfang sein Dasein als Spinner zu fristen. Die Geschichte hat uns aber gelehrt, wie viele „Spinner" später rehabilitiert werden mussten. Die Geschichte hat uns aber auch gelehrt, wie viele „Spinner" tatsächlich Spinner waren. Das muss man halt aushalten.

Es ist natürlich enttäuschend für alle, die eine schöne Geschichte erwartet haben, aber die Sicht auf reale Gegebenheiten lässt eine schöne Geschichte nicht zu. Trotzdem kann man daran arbeiten, dass es eine schöne Geschichte wird. Gerade darum geht es eben in einer Utopie.

Eine Utopie ist wie eine Gebrauchsanweisung für die Zukunft. Eine Utopie ist kein Bausatz, kein fertiger Plan. Eine Utopie ist eine Idee, mehr nicht, aber auch nicht weniger.

Wo die Idee herkommt, ist im ersten Teil des Buches nachzuschlagen. Rational ist sie nicht und darf es auch nicht sein. Eine Utopie ist dort zuhause, wo es unscharf und diffus zugeht, wo es keiner Definitionen bedarf, wo Ahnungen herrschen, kurz dort, wo es warm und schön ist.

Sprache

Allein die Tatsache, dass unsere Sprache derart viele Begriffe für die Tugenden vorhält, lässt Rückschlüsse darauf zu, welch immense Rolle die Tugenden in unserer Menschheitsgeschichte gespielt haben müssen. Den Stellenwert einer Sache kann man oft an der sprachlichen Differenzierung ablesen. In der Seefahrt sind es die Winde und Wellen, für den Bauer die Erde und die Wolken, für den Jäger die Fährten, für den Bäcker das Mehl, für den Arzt die Krankheiten, für den Maler die Farben. Je nach Bedarf differenziert die Sprache immer mehr aus. Wie kann man sich erklären, dass die Tugenden in den öffentlichen Diskussionen heute eine Randerscheinung sind? Es scheint ein unbeliebtes Gesprächsthema zu sein. Man kann daran erkennen, inwieweit unsere Fixierung auf logisches und rationales Denken bereits Besitz von uns ergriffen hat.

Moral und Ethik sind selbstverständlich diffuse Begriffe und müssen es auch sein, sonst könnten sie ihre Aufgabe nicht erfüllen. Sie haben zu viele Zuständigkeitsbereiche, um sich auf eine Aufgabe festlegen zu lassen. Man kann schließlich jede menschliche Handlung im Licht der Ethik und Moral betrachten. Dieses Licht muss jeden Winkel erreichen, deshalb kann man ihm keine Quelle zuweisen. Für das rationale, zielorientierte und an monokausale Zusammenhänge gewohnte Denken ist dies eine Horrorvorstellung.

Wir wissen, dass Diskussionen über Tugenden zu keinen konkreten Ergebnissen führen können, und deshalb lassen wir es. Die Frage ist jedoch: Brauchen wir überhaupt konkrete Ergebnisse? Das verführerisch Schöne an konkreten Ergebnissen ist lediglich, dass wir sie anschließend als gelöst abhaken können. Auch das kindliche Spiel hat kein konkretes Ziel und ist dennoch unabdingbar für unsere Entwicklung. Von der Natur können wir lernen, dass alle „Lösungen" nur vorläufige Lösungen sind, je nach Entwicklungsstand. Kaum ein Lebewesen hat seit dem Beginn des Lebens auf der Erde bis heute überlebt. Wir alle und unsere gesamte Umgebung sind nur auf dem Wege. Die Evolution muss nicht rasten und sich ausruhen. Nur eines ist wirklich sicher: der Wandel! Auch die Gewichtung der Tugenden ist einem ständigen Wandel unterworfen und deshalb muss sie auch ständig neu kalibriert werden. Wir können dem nicht einfach aus dem Wege gehen, nur weil sich darüber nicht zielorientiert diskutieren lässt.

Es ist unabdingbar, dass wir Stellung beziehen, sonst geraten wir in einen Strudel der Beliebigkeit. Jeder muss seine Werte zuerst für sich selbst klären, dann aber auch im Abgleich mit der Gesellschaft. Man muss sich jederzeit darüber klar sein, dass Werte wandelbar sind, je nach Anforderung können sie anders gewichtet werden. Das hat nichts mit richtig oder falsch zu tun, sondern mit Anpassung, dem Grundprinzip der Evolution. Das heißt natürlich nicht, das Fähnchen nach dem

Wind zu hängen, denn diese Art der Wandelbarkeit ist keinesfalls als Opportunismus zu verstehen. Da geht es um Wahrhaftigkeit, um im Tugendbereich zu bleiben.

Wir begeben uns in große Gefahr, wenn wir diese wesentlichen Bereiche aus unseren Diskussionen heraushalten wollen. Ein innerer Seismograf sagt mir, dass uns dies zukünftig gewaltig um die Ohren fliegen wird. Es ist wie eine Magmakammer, die von uns allen unbemerkt immer mehr Druck aufbaut. Wenn wir den Zugang zu unserer Gefühlswelt derart fest verschließen, entsteht ein unguter Druck, denn die Gefühle sind nicht dadurch weg, nur weil man sie nicht mehr registriert.

Das rationale und logische Denken ist unverzichtbar und soll unter keinen Umständen beschnitten werden, aber wir müssen akzeptieren, dass dies nicht die ganze Dimension unseres Denkens ist.

NACHWORT

„Es gibt mehr Ding' im Himmel und auf Erden, als Eure Schulweisheit sich träumt" (William Shakespeare: Hamlet) – dieser Satz stimmt.

Was diese „Ding'" aber sind, weiß ich auch nicht – aber sie „sind".

Die gesellschaftlichen Diskussionen bleiben oft sehr an der Oberfläche verhaftet, da fast nur noch rational nachvollziehbare Argumentationen zugelassen scheinen. Das Gegenbild stellen rein emotional geführte Debatten dar. Die beiden Seiten scheinen einfach nicht mehr zueinander zu finden. Es entsteht ein Bild, als ob man sich für eine der beiden Positionen entscheiden müsste. Diese Art Spaltung der Gesellschaft wird viel zu selten in den Fokus genommen. Die kalte Logik erzeugt jedoch bei vielen Menschen eine Ahnung, dass da etwas nicht stimmt. Die Logik ist nicht für alle Menschen faszinierend. Auf der emotionalen Ebene fühlt sich aber jeder angesprochen, ob nun mit Zuneigung oder Abstoßung.

Wenn es den rationalen Argumenten nicht gelingt, die Emotionen mit ins Boot zu holen, werden sie auf Dauer nicht durchsetzungsfähig sein. Wir sollten uns davor hüten, den rational logischen Bereich ständig weiter auszubauen und den Rest einfach sich selbst zu überlassen.

Es liegt in der Natur der Sache, dass der rationale Anteil immer erfolgreicher sein wird, aber nur, wenn wir den „Erfolg" mit den gleichen Maßstäben messen. Wir sehen heute Wachstum und Erfolg sehr einseitig durch die Brille des Rationalen.

Wir sind fanatische Jünger des Messbaren. Hier muss uns ein Paradigmenwechsel gelingen, sonst fahren wir den Karren vor die Wand. Es sind die „diffusen" Ziele, die wieder in den Fokus rücken sollten. Es wäre wünschenswert, wenn wir am generationsübergreifenden Vertrauen arbeiten könnten. Es ist Zeit für Nietzsches Vision: „Die Umwertung aller Werte". Wir müssen uns dazu überwinden, wirklich wichtige Ziele als Werte zu benennen. Dazu bedarf es groß angelegter Diskussionen um Ethik, Moral und Tugenden. „Groß angelegt" bezieht sich auf Familie, Schule, Parlament und Medien. Nur weil diese unbequem sind, dürfen wir diesen Notwendigkeiten nicht aus dem Wege gehen.

Heute wird fast alles am Leistungsprinzip und am Geldwert beurteilt. Die ganze Schulausbildung, die Universitätsausbildung, der Beruf – alles gehorcht uniform einem einzigen Prinzip. Doch genau dieses Prinzip gilt es infrage zu stellen. Es ist durchaus eine Frage, wie lange wir es uns noch leisten können, moralisch zweifelhafte Persönlichkeiten mit hohen Positionen zu bekleiden.

Die rein biologische Tatsache, dass Vorbilder die einflussreichsten Lehrmeister sind, kann man nicht einfach außer Acht lassen. Schlechte Vorbilder wirken genauso stark wie gute Vorbilder. Das Grundprinzip allen Lernens ist nämlich das Nachahmen. Unsere Auswahlverfahren sind offensichtlich stark verbesserungswürdig beziehungsweise unzulänglich. Das wird nicht von heute auf morgen zu realisieren sein, aber eine Richtung könnte man schon vorgeben.

Wir müssen es uns leisten können, auch eine hochqualifizierte Person abzulehnen, wenn sie charakterlich als nicht geeignet erscheint. Dies wäre ein Paradigmenwechsel.